Zu diesem Buch

Unerkannte Morde – jeder Fall der Beginn eines unglaublichen Horrorszenarios. Vor allem will man nicht wahrhaben, dass es sich um Tatsachen handelt, die in unserer Nachbarschaft passierten – und sich jeden Tag irgendwo in diesem Lande so oder ähnlich wiederholen. Menschen werden erschlagen, erwürgt, vergiftet oder erschossen, absichtlich überfahren, in den Tod gestürzt oder in Salzsäure aufgelöst – ohne dass die Mordtaten erkannt und ohne dass die Täter zur Rechenschaft gezogen werden.

Gerichtsmediziner haben durch umfangreiche Studien herausgefunden, dass mindestens jeder zweite Mord und Totschlag unentdeckt bleibt. Weil Ärzte schlecht ausgebildet sind oder oberflächlich arbeiten, Polizisten Verbrechen übersehen und Staatsanwälte viel zu selten Leichen obduzieren lassen.

Aber schlimmer noch: Das Nichterkennen wird nicht nur staatlich geduldet, es ist offenbar sogar erwünscht. Denn obwohl das Problem seit Jahren bekannt ist, unternehmen Politiker nichts.

Dieses Buch dokumentiert ausführlich dreizehn schockierende Fälle und beschreibt ein Dilemma, das an der deutschen Rechtsstaatlichkeit zweifeln lässt …

Fred Sellin | Klaus Weber

Todesursache: NATÜRLICH

Warum die meisten Morde unentdeckt bleiben

Rowohlt Taschenbuch Verlag

Lektorat Bernd Gottwald

Originalausgabe

Veröffentlicht im Rowohlt Taschenbuch
Verlag GmbH, Reinbek bei Hamburg,
März 2001

Umschlaggestaltung Guido Klütsch
(Foto Tony Stone/Joop Greypink)
Satz Sabon und ITC Franklin Gothic
PostScript, PageOne
Gesamtherstellung Clausen & Bosse, Leck
Printed in Germany
ISBN 3 499 61139 2

Die Schreibweise entspricht
den Regeln der neuen Rechtschreibung.

Wir leben alle unter dem gleichen Himmel,
aber wir haben nicht alle den gleichen Horizont.

Konrad Adenauer

Inhalt

Anmerkung

Der Inhalt des Buches beruht auf Recherchen der Autoren. Ihre Erkenntnisse haben sie durch Interviews gewonnen, die sie mit zahlreichen Polizisten, Rechtsanwälten, Staatsanwälten, Richtern, Medizinern und Bestattern führten, durch umfangreiches Literaturstudium und durch aufwendige Untersuchungen von Kriminalfällen, bei denen zumindest anfangs die wirkliche Ursache des Todes übersehen, nicht erkannt oder absichtlich nicht ermittelt wurde. Wo es möglich war und angebracht erschien, sprachen sie mit Hinterbliebenen und Zeugen. Die Täter lehnten – bis auf einzelne Ausnahmen – eine Einvernahme ab.

Aus juristischen Gründen, auf Wunsch oder zum Schutz wurden die Namen einiger Personen, die die Arbeit der Autoren unterstützten, abgekürzt oder geändert. Das Gleiche gilt für die Protagonisten der beschriebenen Fallbeispiele und für Ortsangaben, deren Erwähnung Rückschlüsse auf bestimmte Informanten ermöglicht hätten. Im Text sind diese Angaben bei ihrer ersten Nennung mit einem Sternchen gekennzeichnet.

Vor allem einige der Personen, die von Berufs wegen mit der Aufklärung von Tötungsdelikten zu tun haben und beschriebenen Missständen sehr kritisch gegenüberstehen, mussten auf Anonymität bestehen, da sie Repressalien zu befürchten haben. Trotzdem wollten sie mit ihrer Meinung nicht hinterm Berg halten, um bestehende Mängel aufzudecken und Anregungen zu geben.

So absurd und unglaublich manche der Kriminalfälle dem Leser auch erscheinen mögen – sie haben sich alle in den vergangenen Jahren (die Autoren konzentrieren sich vor allem auf Ereignisse aus den letzten fünfzehn Jahren) tatsächlich in Deutschland zugetragen. Und sie verdeutlichen auf besonders anschauliche Weise, dass der perfekte Mord gar nicht nötig ist, um als Täter ungestraft davonzukommen. Viele geradezu dilettantisch verübte Tötungen werden nämlich dank allzu oberflächlicher oder schlichtweg unqualifizierter Ermittlungsarbeit als solche nicht erkannt.

Juristisch besonders sorgsam mussten die Autoren mit den Fallbeispielen umgehen, die noch nicht zur Entscheidung vor einem Gericht verhandelt wurden – und es vermutlich auch niemals werden. Selbst wenn unter diesen Umständen die eine oder andere Aussage zwangsläufig im Spekulativen bleibt, da der letzte Beweis hier nicht zu erbringen ist, sollten die entsprechenden Fälle dennoch Eingang in dieses Buch finden. Weil sie auf eine sehr drastische Art klar machen, wie es um Teile des Rechtssystems in diesem Lande bestellt ist.

Vorwort

Es war eine alte Geschichte, die im Januar 1999 bei der New Yorker Polizei hochkochte. Wohl oder übel mussten die Detectives die Akten eines Falls wieder hervorkramen, den sie bereits im Frühjahr 1996 beiseite gelegt hatten. Damals war die Todessache Alfred Hunt Howell ziemlich schnell erledigt worden. Das lag vor allem daran, dass der Millionär bereits das dreiundachtzigste Lebensjahr erreicht hatte, als man seine Leiche fand. Sie lag im Schlafzimmer seiner Villa im Stadtteil Bronx. Aufgrund seines hohen Alters nahmen die Polizisten an, dass er an einem Herzversagen verstorben war. Der Umstand, dass sie den Leichnam in einer auffälligen Blutlache vorfanden, schien sie bei ihren Überlegungen nicht zu stören. Auch nicht die Geldbörse des Toten, die – leer geräumt – direkt neben ihm lag. Ein Anruf beim Hausarzt des alten Mannes brachte den Fall binnen kurzer Zeit zum Abschluss. Nachdem der Mediziner ihnen bestätigte, dass der gebrechliche Mister Howell tatsächlich unter Herzproblemen gelitten hatte, landete der Todesfall auf dem Stapel der geklärten Vorgänge. Nach dieser Ferndiagnose, ohne sich den Verstorbenen überhaupt anzusehen, schrieb der Arzt einen Totenschein aus, damit die Leiche beerdigt werden konnte. Dem letzten Willen des Millionärs folgend, wurden seine Überreste eingeäschert.

Manchmal aber findet man selbst in der Asche eines Menschen noch Spuren. So war es auch in diesem Fall. Denn Alfred Hunt Howells Tod war alles andere als natürlich vonstatten gegangen, wie sich drei Jahre später herausstellte. Bloß woher diese plötzliche Erkenntnis? Das schlechte Gewissen muss es gewesen sein, das einen Verbrecher, der wegen einer anderen Straftat hinter Gittern saß, dazu brachte, den Tod des alten Millionärs nach so langer Zeit noch einmal zur Sprache zu bringen. Offenbar wollte er sich seine Untaten von der Seele reden. Jedenfalls gestand er, Howell damals mit einer Pistole erst niedergeschlagen und anschließend erschossen zu haben. Die tödliche Schussverletzung hatten die Kriminalpolizisten offenbar glatt übersehen. Und vermutlich hätten sie auch dem Geständnis kaum Glauben geschenkt, allein, um sich nicht dem Spott der Öffentlichkeit auszusetzen, wenn nicht nach der Exhumierung der Urne die Aussage des Häftlings bestätigt worden wäre. Unwiderruflich, auf wissenschaftliche Art und Weise. Denn tatsächlich gelang es den Gerichtsmedizinern mit komplizierten Laboruntersuchungen, Bleifragmente in der Asche nachzuweisen.

Zugegeben, diese Geschichte klingt wie der Plot eines Kriminalfilms, der sich der Effekte willen um Ungereimtheiten innerhalb der Story nicht schert. Da wird die Leiche eines alten Mannes gefunden. Der Kopf in Großaufnahme, daneben ausreichend Blut. Der Kommissar erscheint und man sieht ihm an, dass er noch etwas zerknirscht ist vom letzten Abend an der Bar. Er lässt die Leiche wegschaffen, telefoniert mit dem Arzt – und schließt den Fall ab. Moment, hier stimmt doch etwas nicht, wird der Zuschauer einwenden. Das soll natürlich auch so sein, denn mit dieser Erkenntnis steigt die Spannung, und er bleibt vor dem Bildschirm sitzen, weil er das Gefühl hat, mehr zu wissen, und weil ihn interessiert, wie die Sache ausgeht.

Tatsächlich aber ist der Fall keineswegs im Hirn eines Drehbuchautors entstanden. Schlimmer noch: Es gibt offenbar viele solcher Fälle. Natürlich, wird mancher an dieser Stelle zu bedenken geben, in den Vereinigten Staaten ist alles möglich. Schließlich wird dieses Land beherrscht von Kriminalität, von

Mord und Totschlag. Aber falsch gedacht: Es ist völlig überflüssig, über den Großen Teich zu schauen.

Erst kürzlich sorgte ein spektakulärer Verdacht im gesamten europäischen Blätterwald für Aufsehen. Ausgerechnet Sir Arthur Conan Doyle, der weltberühmte Schriftsteller, der den Meisterdetektiv Sherlock Holmes erfand, soll demnach vor über neunzig Jahren einen vermeintlichen Freund ins Jenseits befördert haben, spurenarm, wie es sich für einen wie ihn gehört. Ein britischer Amateurforscher jedenfalls will herausgefunden haben, dass er seinen Bestseller *Der Hund von Baskerville* gar nicht selbst verfasste. Er soll einfach das Manuskript eines anderen als Vorlage verwendet haben. Zunächst, so der Rechercheur, habe es auch keine Komplikationen gegeben. Erst als sich herausstellte, dass das Buch reißenden Absatz findet, habe er den eigentlichen Verfasser als Gefahr empfunden – und ihn mit Laudanum, einer Opiumtinktur, vergiftet. Dabei soll ihn dessen Gattin tatkräftig unterstützt haben, mit der ihn ein leidenschaftliches Verhältnis verband. Niemand schöpfte Verdacht, offiziell starb der Betrogene an Typhus.

Immerhin brachten die Nachforschungen mittlerweile so viele Indizien ans Licht, dass sich selbst Scotland Yard mit der Angelegenheit befasst. Es wird sogar in Erwägung gezogen, die Leiche des mutmaßlichen Mordopfers auszugraben, um die Überreste – falls es sie nach so langer Zeit dann noch gibt – nach Giften zu untersuchen. Belangt werden kann Sir Doyle freilich nicht mehr. Er ist seit siebzig Jahren tot.

So interessant der Ausgang dieses Falls auch sein mag, man braucht weder in die Ferne Amerikas noch in die Vergangenheit des letzten Jahrhunderts zu schweifen – Beispiele gibt es auch hierzulande und heute mehr als genug. Nehmen wir nur den mysteriösen Unfall, der sich am fünften März 1983 auf der Forststraße in Braunschweig ereignete. Kurz nach dreiundzwanzig Uhr war es, als ein schwarzer Alfa Romeo mit dem

Kennzeichen *GF-EL 96* plötzlich von der Fahrbahn abkam und gegen einen Baum prallte. Der prominente Besitzer des flotten Sportwagens, Lutz Eigendorf, ein aus der DDR geflüchteter Fußballprofi, erlag vierunddreißig Stunden später seinen schweren Schädel- und Brustverletzungen. Anschließend wurde sein Tod in den Medien betrauert. Bald wuchs Gras über die Spuren der Erinnerung. Als dann das politische System im Osten zusammenbrach, erschien der tödliche Unfall wieder im Licht der Öffentlichkeit. Ein WDR-Journalist fand in geheimen Dokumenten des alten Regimes Hinweise darauf, dass beim Unfalltod des Kickers offenbar Agenten der Stasi mit Gift nachhalfen, welches sie ihm zuvor eingeflößt haben sollen. Eigendorfs Leiche war nie danach untersucht worden.

Aber auch mit weniger Aufsehen erregenden Fällen sind die Zeitungsspalten zu füllen: *Blei im Schädel. Ein westfälischer Bauer zahlte 5000 Mark für einen Mord und narrte die Leichenbeschauer*, schrieb etwa die *Zeit*. *Vater erwürgte die Tochter – Ehefrau schwieg 32 Jahre lang!*, hieß es in der *Bild am Sonntag*. Die *Münstersche Zeitung* berichtete, wie Rechtsmediziner Spuren eines Gewaltverbrechens entdeckten: *Mord nach fünf Jahren aufgeklärt: Ehefrau in Haft*. Von einem Ehemann, der den Selbstmord seiner Frau in der Badewanne vorgetäuscht hatte, berichteten die Nachrichtenagenturen, als die Tat im Frühjahr 2000 nach fast zwanzig Jahren aufgedeckt und der Beschuldigte angeklagt wurde. Die *Sächsische Zeitung* wiederum befasste sich mit dem Todesfall eines Achtzehnjährigen aus der Nähe von Bautzen, der zunächst wie ein Selbstmord aussah. Anlass der Berichterstattung war der Verdacht, dass nicht der Junge sich selbst, sondern Sektenfanatiker ihn aufgeknüpft haben könnten. Und der *Spiegel* überschrieb ein Interview mit dem Rechtsmediziner Bernd Brinkmann über unentdeckte Morde, Schlampereien von Ärzten und Polizisten mit den Worten *Verordnete Vertuschung*.

Was aber verbirgt sich hinter solchen Schlagzeilen? Handelt es sich um perfekte Morde, die nur durch einen Zufall ans Licht kommen? Um seltene Pannen, die als Ausnahme zu betrachten sind? Oder stimmt etwas nicht mit dem System der Todesfall-Ermittlungen?

Dieses Buch geht der Sache auf den Grund. Und es bringt Erschütterndes zu Tage. Mindestens jedes zweite Tötungsdelikt wird in Deutschland nicht erkannt! Das jedoch liegt nicht an der außergewöhnlichen Cleverness der Täter, sondern vielmehr daran, dass Ärzte unzureichend ausgebildet sind oder schlampig arbeiten, dass Polizisten vorliegende Tatbestände falsch beurteilen, Wichtiges übersehen oder Erkenntnisse einfach vertuschen, dass Staatsanwälte viel zu selten Leichen obduzieren lassen, und schließlich auch daran, dass Rechtsmedizinern Fehler unterlaufen.

So scheint sich offenbar ein staatlich geduldetes Leichen-Unwesen etabliert zu haben. Krankenschwestern und -pfleger dürfen Patienten gleich reihenweise vergiften, ohne dass jemand einschreitet. Ärzte lassen die Leichen von Drogensüchtigen und Obdachlosen schnell in Särge verfrachten, damit niemand merkt, dass sie eigentlich auf den Seziertisch gehören. Sie stellen wissentlich falsche Totenscheine aus, ohne dafür juristisch belangt zu werden. In Altenheimen werden Bettlägerige einfach so lange sich selbst überlassen, bis sie sterben oder wenigstens so krank sind, dass ihnen nicht mehr geholfen werden kann. Kinder können auf noch so ungewöhnliche Weise sterben, ohne dass die Todesumstände näher untersucht werden.

Eine bittere Erkenntnis ist das, ein erschreckendes Horrorszenario, an dem sich seit Jahren nichts ändert. Und das, obwohl die meisten dieser Mängel durchaus abzustellen wären. Auch das zeigten die Recherchen zu dem Buch. Allerdings wäre das zwangsläufig auch mit zusätzlichen Kosten verbunden. Und natürlich würden qualifiziertere Todesermittlungen auch mehr Verbrechen zu Tage fördern, also ein schlechtes Licht auf die Sicherheit im Staate werfen. Eine höhere Kriminalitätsrate macht sich nun einmal nicht gut.

DAS PROBLEM

Warum Tötungsdelikte nicht erkannt werden

Natürlich gibt es ihn, den perfekten Mord. Es gibt sogar gleich mehrere Varianten davon. Die Sache mit der Badewanne zum Beispiel. Nein, nicht der Stromschlag-Mord mit Hilfe eines Föhns ist gemeint. Denn der hinterlässt – trotz des säubernden Wassers – Spuren, die erfahrene Kriminalisten und vor allem Gerichtsmediziner mittlerweile durchaus zu deuten wissen, unter anderem so genannte Strommarken. Außerdem funktioniert diese Art der Tötung in modernen Haushalten ohnehin kaum noch. Dank eines inzwischen sehr empfindlichen Schutzschalters, der in solchen Situationen schon bei niedrigen Ampere-Werten den Stromfluss lahm legt.

Es gibt eine andere, sicherere Methode, über die Mordermittler ungern sprechen: Liegt der Badende auf dem Rücken in der Wanne – und das ist ja meistens der Fall –, braucht man nur seine Füße zu greifen und den Körper überraschend und ruckartig in die Tiefe zu ziehen. Das plötzlich durch Nase und Mund eintretende Wasser führt dann erst zur Bewusstlosigkeit, anschließend zu einer Art Schocktod.

Jemanden mit Hilfe eines Kissens oder einer weichen Decke zu ersticken kann auch so eine Sache sein. Noch spurensicherer ist es, wenn man dabei ein nasses Handtuch benutzt. Auf der sicheren Seite ist man gleichermaßen, wenn man die Mühe nicht scheut und den ungeliebten Menschen in einem unbeobachteten Moment an einer einsamen Stelle in den Dolomiten von einem Berg stürzt und den Todesfall als bedauerlichen Unglücksfall deklariert. Vor unangenehmen Nachforschungen ist man schließlich auch ziemlich sicher mit einer Überdosis Insulin. Wird das vergiftete Opfer nicht innerhalb kürzester Zeit gefunden, sieht es schlecht aus für diejenigen, die klären sollen, woran der Tote gestorben ist. Schon nach vier Stunden ist das injizierte Gift – je nach Höhe der Dosis – kaum mehr nachweisbar. In diesem Fall arbeitet die Zeit – wie so oft bei Kriminalermittlungen – gegen Wahrheit und Wissenschaft. Läuft es ganz ungünstig, helfen selbst modernste toxikologische Untersuchungsmethoden nicht mehr weiter. Bleibt vielleicht der winzig kleine Punkt in der Armbeuge, die Einstichstelle der feinen Injektionsnadel. Aber um danach überhaupt zu suchen und sie dann auch entsprechend zu würdigen, muss man erst einmal darauf geeicht sein, dass der Leichnam aufgrund einer Giftgabe zu einem solchen wurde. Und genau darauf kommt es dem gewieften Verbrecher ja an: bei der Leichenschau keinen Verdacht zu erwecken. Hat der Arzt erst einmal einen natürlichen Tod bescheinigt, kann sich der Täter meist in Sicherheit wiegen.

Etwa ein Dutzend Möglichkeiten gibt es wohl, einen Mord so auszuführen, dass er mit hoher Wahrscheinlichkeit nicht als Tötungsdelikt erkannt wird. Mit relativ geringem Aufwand dürften in den Vereinigten Staaten – sicher auch anderswo – sogar Bücher zu beschaffen sein, in denen perfekte Morde Schritt für Schritt erklärt stehen. Auch im Internet sind bestimmt solche Sequenzen zu finden. All diese Mühen kann man sich jedoch auch getrost sparen. Wer es nur halbwegs geschickt anstellt, kann auf solcherlei Anleitungen verzichten. Er muss sich nicht einmal für eine perfekte Mordvariante entscheiden, um hierzulande ungeschoren davonzukommen.

Dass Mörder und Totschläger in Deutschland in großer Zahl nicht belangt werden – dafür sorgen schon andere. Mediziner zum Beispiel, Polizisten und Staatsanwälte. Menschen also, deren beruflicher Auftrag unter anderem darin besteht,

Spuren von Kriminalität zu entdecken, Straftäter aufzuspüren und einer gerechten Strafe zuzuführen. Warum das so ist? Weil sie Fehler machen, schlampig arbeiten, nur zu bequem sind oder Fakten absichtlich vertuschen. Und das oft genug, wie unzählige Fälle und verschiedene Untersuchungen beweisen. Die aussagekräftigste und zugleich ernüchterndste Studie legte 1997 ein Expertenteam um Professor Bernd Brinkmann vor, der das Institut für Rechtsmedizin der Universität Münster leitet. Sie ist mit dem unmissverständlichen Titel *Fehlleistungen bei der Leichenschau in der Bundesrepublik Deutschland* überschrieben. Vor allem zwei Fragen wollte die Deutsche Gesellschaft für Rechtsmedizin damit auf den Grund gehen.

Erstens: Wie groß ist die Dunkelziffer bei Tötungsdelikten? Das beinhaltet gleichzeitig die Frage, wie viele Verbrechen gegen das Leben hierzulande unentdeckt bleiben. Und schließlich: Wie viele Mörder und Totschläger laufen frei herum? Wenn auch davor niemand bezweifelte, dass es nicht erkannte Fälle dieser Kategorie gibt – blieb ihre Zahl bis dahin doch stets diffus. Auf einen erkannten Mord kommen drei nicht erkannte, schätzten die einen, andere vermuteten ein Verhältnis von gar eins zu sieben – und mehr.

Zweitens interessierte, woran oder an wem es eigentlich liegt, dass Gewaltverbrechen nicht erkannt werden. Ist in diesen Fällen vom Versagen Einzelner auszugehen oder gar das Ermittlungssystem als solches reformbedürftig?

Im Zuge der Studie wurden zwischen 1993 und 1995 an dreiundzwanzig der damals insgesamt achtunddreißig rechtsmedizinischen Institute jeweils über ein Jahr alle die Leichensachen dokumentiert, bei denen durch Obduktionen andere Todesursachen entdeckt wurden als bei der ersten Leichenschau.

Zur Erklärung sei Folgendes eingeschoben: Wenn ein Mensch stirbt oder eine unbekannte Leiche gefunden wird, verlangt es das Gesetz, dass ein Arzt hinzugerufen wird, der den Eintritt des Todes nicht nur per se feststellt, sondern diesen auch auf einer Todesbescheinigung (auch Leichenschauschein oder Totenschein) dokumentiert. Dieser Vorgang wird als ärztliche Leichenschau bezeichnet. Sie unterliegt den rechtlichen Regelungen des jeweiligen Bundeslandes und muss nach einem ebenso festgelegten Procedere durchgeführt werden. Dazu gehört unter anderem, dass die Leiche in jedem Fall in unbekleidetem Zustand zu besichtigen ist – und von allen Seiten. Neben der eigentlichen Feststellung des Todes kommt der ärztlichen Leichenschau auch in Hinblick auf die Ermittlung von Todesart und Todesursache eine immense Bedeutung zu. Nicht zuletzt deshalb, weil in der Regel schon der als Erster zum Toten gerufene Mediziner darüber entscheidet, ob ein Tötungsdelikt – ein Mord, ein Totschlag oder eine Körperverletzung mit Todesfolge – erkannt und dementsprechend verfolgt wird – oder eben nicht. Denn der erste Absatz des Paragraphen 159 der Strafprozessordnung legt fest: *Sind Anhaltspunkte dafür vorhanden, dass jemand eines nicht natürlichen Todes gestorben ist, oder wird der Leichnam eines Unbekannten gefunden, so sind die Polizei- und Gemeindebehörden zur sofortigen Anzeige an die Staatsanwaltschaft oder an das Amtsgericht verpflichtet.*

Klar definiert ist auch der Unterschied zwischen einem natürlichen und einem nicht natürlichen Tod. Dazu schreibt der Berliner Rechtsmediziner Volkmar Schneider in dem Buch *Die Leichenschau. Ein Leitfaden für Ärzte* sinngemäß: Der natürliche Tod ist ein Tod, der durch eine Krankheit eintritt, völlig unabhängig also von rechtlich bedeutsamen äußeren Einflüssen. Auch altersbedingte Tode sind auf Krankheiten oder Organversagen zurückzuführen. Ein nicht natürlicher Tod liegt demnach vor, wenn der Tod von außen herbeigeführt wird, durch fahrlässige oder vorsätzliche Tötungen, durch Unfälle oder Selbstmorde.

Wie sich bei der Münsteraner Studie herausstellte, war die Fehlerquote bei der ersten Einschätzung ebendieser Todesursache enorm. Rund 13 000 Verstorbene wurden damals obduziert. Bei sage und schreibe 2183 der Fälle stellten die Rechtsmediziner eine andere Todesursache als ursprünglich von ihren Berufskollegen vermerkt fest. Das jedoch sagt erst einmal nur etwas aus über die Fehler der Ärzte, die sich als Erste mit den Toten zu befassen hatten. Und es ist weiter nicht schlimm, wenn diese den Todesfall zunächst als *ungeklärt* oder *nicht natürlich* eingestuft haben, wenn er sich durch eine Obduktion als *natürlich* herausstellt. Ganz anders sieht es dagegen aus, wenn *nicht natürliche* Todesfälle von ihnen irrtümlicherweise oder mit Absicht als *natürliche* deklariert werden. Denn das sorgt meist dafür, dass die Verstorbenen bestattet werden, ohne dass jemand erfährt, dass sie in Wahrheit durch einen Unfall oder durch ein Tötungsdelikt ins Jenseits befördert wurden. Und, dass der oder die Täter ungeschoren davon kommen …

Im Rahmen der Untersuchung – und das ist das Alarmierende – wurden zweiundneunzig solcher Fälle entdeckt. Zweiundneunzig Menschen waren – offiziell beurkundet – eines natürlichen Todes gestorben, obwohl sie eigentlich auf sehr widernatürliche Art und Weise ums Leben kamen: neunundvierzig durch einen Unfall, neunzehn durch medizinische Maßnahmen, neun durch eigene Hand, fünf durch eine Überdosis Drogen und immerhin zehn durch Mord oder Totschlag. Mag auch das zunächst noch recht abstrakt klingen, erscheint das Ergebnis in einem anderen Licht, wenn man sich die einzelnen Tötungsdelikte vor Augen führt:

- So wurde in Sachsen ein Säuglingsmädchen tot im Wohnzimmer ihrer Eltern gefunden. Es lag unter seiner Bettdecke, der Stubenwagen war umgekippt. Auf der Todesbescheinigung vermerkte der hinzugerufene Arzt einen *natürlichen Tod.* Er ahnte nichts und vermutete einen plötzlichen Kindstod. Nur zufällig erhielt die Polizei später einen Hinweis, dem sie nachgehen musste. Also veranlassten die Beamten der Mordkommission über den zuständigen Staatsanwalt die Obduktion der Kinderleiche. Und die Gerichtsmediziner in Dresden wurden tatsächlich fündig. Sie entdeckten eindeutige Hinweise darauf, dass das Mädchen unter einer weichen Bedeckung gewaltsam erstickt worden war.

- Ähnlich ging ein Fall aus, den Gerichtsmediziner in Frankfurt am Main zu bearbeiten hatten. Ein achtunddreißigjähriger Mann wurde bereits ohne Bewusstsein in ein Krankenhaus eingeliefert. Kurz danach stellten die Ärzte den Hirntod des Patienten fest. Auf den Totenschein schrieben sie: *Herzstillstand, Kreislaufversagen, Gehirnblutung.* Also wurde auch er als natürlicher Todesfall eingestuft – bis sein Freund bei der Polizei aufkreuzte und die Beamten darüber informierte, dass der Verstorbene zwei Wochen zuvor in eine Schlägerei verwickelt worden war. Daraufhin wurde festgestellt, dass der Tod infolge eines schweren Schädel-Hirn-Traumas eingetreten war. Der Kontrahent wurde später wegen Körperverletzung mit Todesfolge belangt.
- In der Nähe von Münster wurde ein vierundfünfzigjähriger Mann an einer Raststätte aufgefunden. Auf die Rettungskräfte wirkte er völlig hilflos. Sie vermuteten, dass er einen Schlaganfall erlitten hatte. Der Notarzt konnte vor Ort nicht helfen. Er wies ihn in eine Klinik ein, wo er einen Tag später verstarb. Wieder war die Rede von einem *natürlichen* Todesfall. Erst mehrere Wochen nach seiner Beerdigung stellte sich die Wahrheit heraus. Seine Ehefrau erschien bei der Polizei und berichtete, dass ihr Mann wenige Tage vor seinem Tod an einer Prügelei beteiligt war. Daraufhin wurde seine Leiche exhumiert. Bei der Sektion fanden die

Gerichtsmediziner dann auch bestätigt, dass der Verstorbene einen heftigen Schlag auf den Kopf erhalten hatte, wodurch der spätere Hirninfarkt ausgelöst worden war.

- Auf einer Bank im Flughafen-Bahnhof von Frankfurt am Main wurde die Leiche eines polizeibekannten Obdachlosen entdeckt. Auf dem Totenschein des Neunundfünfzigjährigen wurde *natürlicher Tod, medizinisch nicht aufgeklärt* festgehalten. Auch das ein Irrtum, der allerdings nur erkannt werden konnte, weil der Tote zu wissenschaftlichen Zwecken in die Gerichtsmedizin gebracht wurde. Dort stellten die obduzierenden Ärzte ohne größere Mühe fest, dass er Opfer eines Überfalls geworden war. Unbekannte hatten ihm den Schädel eingeschlagen – und eine Verletzung hinterlassen, die man eigentlich auf den ersten Blick als Folge fremder Gewalteinwirkung hätte einordnen müssen.
- Völlig daneben lag auch ein Arzt in Thüringen. Dort starb ein vierunddreißigjähriger Dialysepatient nach einer handfesten Auseinandersetzung mit seinem Bruder. Der hatte ihm unter anderem einen heftigen Faustschlag ins Gesicht versetzt. Doch davon erfuhr die Polizei erst, als die Schwester des Toten Anzeige erstattete. Auch hier hatte der Mediziner bei der Leichenschau kein Fremdverschulden gesehen und auf *Tod durch Nierenversagen* getippt.
- Während eines Streits wurde ein Achtundzwanzigjähriger in einem Ort bei Kiel durch einen Steckschuss in die Brust getötet. Selbst ein unerfahrener Arzt hätte unter diesen Umständen die wahre Todesursache erkennen müssen, auch wenn er den Erschossenen nicht gerade blutüberströmt vorgefunden hatte. Trotzdem kann man davon ausgehen, dass eine Schussverletzung auffällig genug ist, um nicht übersehen zu werden. Nicht so in diesem Fall. Der leichenschauende Arzt bestätigte tatsächlich einen *natür-*

lichen Tod. Erst nachdem sich der reumütige Täter der Polizei stellte und ein Geständnis ablegte, wurde eine Obduktion veranlasst, bei der das tödliche Geschoss zum Vorschein kam.

- Im Raum Leipzig fanden Angehörige die Leiche einer zweiundachtzigjährigen Frau. Sie lag in ihrer Wohnung auf dem Fußboden. Aufgrund ihres hohen Alters ging der Arzt von einem *natürlichen Tod* aus. Trotzdem, die genauen Gründe konnten nicht mehr nachvollzogen werden, wurde später eine Sektion vorgenommen – und offenkundig, dass die Frau durch einen gewaltsam herbeigeführten Sturz zu Tode gekommen war. Dabei hatte sie einen Beckenbruch erlitten.
- Gerichtsmediziner in Münster mussten sich mit der Leiche eines fünf Monate alten Säuglings befassen. Die Mutter hatte sie zuvor selbst mit dem Auto ins Krankenhaus gefahren und gegenüber den Ärzten angegeben, dass das Kind im Auto gestorben sei. Niemand schöpfte Verdacht. Erst eine wissenschaftliche Sektion brachte die Wahrheit ans Licht: Der Säugling war mit einem Plastiksack erstickt worden. Von der eigenen Mutter, die die Tat später gestand.
- Einen Messerstich ins Herz übersah dagegen ein Arzt in der Nähe von Potsdam, der zu der Leiche eines sechzigjährigen Mannes gerufen wurde. Diese lag auf einem Gehweg. Der Mediziner schrieb *plötzlicher Herztod* in die Todesbescheinigung. Nur weil der Tote eingeäschert werden sollte, kam doch noch die wahre Todesursache ans Licht. Vor der Kremation muss – so sieht es das Gesetz vor – eine zweite Leichenschau vorgenommen werden. Für den Amtsarzt, der diese durchzuführen hat, ein leichter Auftrag: Die Stichverletzung war an der nackten Leiche nicht zu übersehen.

- Ein zwei Monate alter Junge wurde in Norddeutschland von seinem Vater tot in eine Klinik gebracht. Weil der Mann erzählte, dass er das Kind leblos mit Erbrochenem im Mund in seinem Bettchen aufgefunden hatte, gingen die Ärzte von *plötzlichem Kindstod* aus. Erst nach der Beerdigung des Säuglings wurde sein Tod ein Fall für die Kriminalpolizei. Ein anderer Arzt hatte zufällig die Todesanzeige gelesen, konnte sich an den Namen der Familie erinnern – und daran, dass er zwei Jahre zuvor schwerste Misshandlungssymptome bei einem Geschwisterkind des Jungen diagnostiziert hatte. Pflichtbewusst teilte er der Polizei seinen Verdacht mit. Daraufhin wurde die Säuglingsleiche wieder ausgegraben. Bei der Obduktion in der Hamburger Gerichtsmedizin fielen den Ärzten schwere Hirnhautblutungen auf, die durch starke Schläge gegen den Kopf hervorgerufen worden waren. Außerdem entdeckten die Rechtsmediziner alte und frische Rippenbrüche, dazu Augenhintergrundsblutungen, zu denen es nur als Folge heftigen Schüttelns des kleinen Kinderkörpers gekommen sein konnte.

Nahezu jeder Rechtsmediziner, der einige Jahre im Beruf ist, wird solche und ähnliche Fälle in seinem Archiv dokumentiert haben. Bei Hansjürgen Bratzke zum Beispiel, der Professor für Rechtsmedizin an der Universität in Frankfurt am Main ist, füllt die Sammlung inzwischen einen dicken Ordner, der im Regal seines Arbeitszimmers steht. Einer der Fälle erschien ihm so absurd, dass er den nur allzu offensichtlichen Ärztepfusch bei der Leichenschau sogar als Foto dokumentierte: Auf einer Bahre liegt die Leiche eines alten Mannes. Sie ist entkleidet. In der Brust, mehr auf der Seite des Herzens, steckt ein Küchenmesser. Etwa die Hälfte der Klingenlänge war in den Körper eingedrungen. Auf dem Bild ist aber noch etwas anderes zu sehen – der Leichenschauschein nämlich. Darauf hatte der zum Toten gerufene Arzt tatsächlich einen *natürlichen Tod* bescheinigt – und damit verraten, dass die Leichenschau in keiner Weise entsprechend den gesetzlichen Vorschriften erledigt worden war. Aber wenigstens hatte er keinen Mord übersehen. Der alte Mann soll sich das Messer selbst in den Torso gerammt haben. Eine ungewöhnliche, wenn auch nicht ganz seltene Form des Selbstmordes. Für die Hinterbliebenen ist es so oder so eine unangenehme Angelegenheit. Was würden die Nachbarn dazu sagen? Weil sie sich vor unangenehmen Gerüchten fürchteten, hatten sie sich entschlossen, den Suizid zu vertuschen. Sie legten also die Leiche des Mannes ins Bett und deckten sie bis zum Hals mit einem Tuch zu. Erst danach riefen sie einen Arzt und berichteten ihm, dass der Verstorbene in letzter Zeit häufig über Schmerzen in der rechten Brust geklagt habe. Nun ist nicht überliefert, ob der betreffende Arzt zu gutgläubig war oder der Verwandtschaft nur einen Gefallen erweisen wollte. Offensichtlich aber füllte er den Totenschein aus, ohne auch nur einen Blick unter die Decke zu werfen, die im Bereich des Herzens auffällig weit abgestanden haben muss. Anders ist sein Urteil, es handele sich bei der Todesursache um einen Herzinfarkt, jedenfalls nicht zu erklären.

Das vermutlich größte Problem bei der Leichenschau ist mangelnde Sorgfalt, schrieben der Münchner Rechtsmediziner Wolfgang Eisenmenger und seine Mitarbeiter Oliver Peschel und Fritz Priemer 1997 in der *Münchner Medizinischen Wochenschrift*. Ist dem etwas hinzuzufügen? Wohl kaum.

Doch zurück zu besagter Studie: Denn die beschriebenen Fälle allein sind es nicht, die Unbehagen verbreiten. Zu diesen zehn Verbrechensopfern, denen Ärzte fälschlicherweise ein natürliches Ableben attestiert hatten, wurden im Rahmen der Untersuchungen noch fünfunddreißig Todesfälle entdeckt, bei denen lediglich eine unklare Todesursache vermerkt worden war. Freilich müssen solch offene Diagnosen erlaubt sein, wenn sich ein Arzt unsicher ist. Allerdings wirken sie dann merkwürdig, wenn sich im Nachhinein herausstellt, dass die begutachteten Leichenkörper genug Anhaltspunkte für eine unmissverständliche Einschätzung vorzuweisen hatten. Während ihrer Untersuchung kamen die Experten zu dem Schluss, dass auch im erwähnten Bereich eine Vielzahl gravierender ärztlicher Fehlleistungen vorlag. Dabei scheiterte es nicht etwa am Mangel von Gewaltspuren, sondern schlichtweg am Nichterkennen oder gar am Ignorieren solch untrüglicher Zeichen.

Eines macht diese Erkenntnis noch schwerwiegender. Die Tatsache nämlich, dass viele Staatsanwälte ganz offenkundig dazu neigen, selbst bei medizinischen Unklarheiten keine Obduktionen anzuordnen, wenn die äußeren Umstände – der scheinbar unauffällige Fundort der Leiche etwa, die geordneten Familienverhältnisse oder der gute Ruf des Toten – für sie ein unverdächtiges Bild ergeben. Dabei sind Tötungsdelikte keineswegs Privilegien einer bestimmten Gesellschaftsschicht. Gerade das auffällig Unauffällige sollte einen guten Ermittler misstrauisch machen.

Die folgenden Beispiele sprechen eindeutig gegen eine solche lasche Praxis vieler Staatsanwälte, gründen sie sich doch alle auf die Unkenntnis oder das Unvermögen leichenschauender Ärzte: So wurden bei der Leiche eines zweiundachtzigjährigen Mannes aus Norddeutschland deutliche Würgemale und Erstickungszeichen nicht beachtet. Er war von seinem homosexuellen Freund bei oder nach dem Geschlechtsakt mit einer Plastiktüte umgebracht worden. In einem anderen Fall, der sich in Bayern zutrug, reichte der gut sichtbare Schädelbruch eines sechseinhalb Monate alten Säuglings nicht aus, um eine klare Todesdiagnose zu stellen. Und obwohl am Hals eines toten Obdachlosen, der im Englischen Garten in München aufgefunden wurde, Würgemale und Drosselmarken deutlich zu erkennen waren, ging auch hier der Arzt erst einmal nicht von einer Tötung aus. Selbst bei der Leiche eines dreiundvierzigjährigen Mannes aus Niedersachsen, der in der Nähe eines Osterfeuers von einem Auto angefahren und tödlich verletzt worden war, zeigte sich der leichenschauende Arzt unsicher – und ging merkwürdigerweise von einem Herzinfarkt als Todesursache aus. Unentdeckt geblieben wäre beinahe sogar der brutale Mord an einem Forstarbeiter in Hessen. Obwohl der Einunddreißigjährige durch einen Axthieb auf den Schädel zu Tode kam, ging der Arzt von einem tragischen Arbeitsunfall mit der Kettensäge aus, da diese direkt neben der Leiche lag. In Nordrhein-Westfalen schließlich genügten einem – unsicheren oder faulen? – Leichenschauer nicht einmal die Stich- und Schnittverletzungen, die einem Dreiundfünfzigjährigen beigebracht worden waren, um zu erkennen, dass er es mit einem Tötungsdelikt zu tun hatte.

Derlei Fälle gibt es noch viele. Allein in der erwähnten Arbeit der Rechtsmediziner sind genügend aufgelistet, mit denen die nächsten Seiten leicht zu füllen wären. Und dann könnte man die Zahlen all dieser Pannen nehmen, Hochrechnungen anstellen, Schätzungen auch, Prozentsätze ermitteln und dabei immer ein gewisses Dunkelfeld im Auge behalten. Jedes Jahr sterben rund 850 000 Menschen in der Bundesrepublik. Mit etwa 85 000 von ihnen befassen sich die Ermittler der Polizei näher, weil es sichere Anzeichen oder auch nur einen Verdacht gibt, dass jeder Einzelne von ihnen durch Gewalt oder einen Unfall das Zeitliche segnete. Und doch werden von diesen 85 000 nur spärliche 18 000 für eine Untersuchung in der Rechtsmedizin bestimmt. Rund 48 000 andere unklare Todesfälle werden ohne medizinische Nachforschungen zur letzten Ruhe gebettet.

Wenn allein hier schon eine beachtliche Zahl von Fehldiagnosen zu registrieren ist, wie die Forschungen der Rechtsmediziner eindrucksvoll belegen – wie viele Falscheinschätzungen möge es dann erst unter den restlichen 784 000 Todesfällen noch geben?

Wer will jetzt noch zweifeln: Es steht schlecht um die Leichenschau in unserem Land, schlecht auch um die Statistiken der deutschen Mordermittler. Während auf dem Sektor der Kapitalverbrechen bundesweit gern Aufklärungsquoten von 95 Prozent und mehr propagiert werden, bieten andere Zahlen nämlich weitaus weniger Grund zum Jubeln. Während beim Statistischen Bundesamt für das Jahr 1999 registriert ist, dass in Deutschland 844 112 Menschen starben, und die Statistik des Bundeskriminalamtes in Wiesbaden für dasselbe Jahr 1020 Tötungsdelikte verzeichnet, kommen die Fachkräfte aus den gerichtsmedizinischen Instituten unter Berücksichtigung von Dunkelfeldforschung und anderen Eventualitäten, die eine entsprechende Hochrechnung beeinflussen könnten, zu dem Ergebnis, dass jährlich mit 11 000 bis 22 000 nicht natürlichen Todesfällen zu rechnen ist, die als natürliche verbucht werden. Das heißt: Vermutlich werden jedes Jahr zwischen 11 000 und 22 000 Unfalltote, Selbstmörder, Drogentote und Opfer von Ärztepfusch und Tötungsdelikten beerdigt, ohne dass der wahre Grund ihres Ablebens bekannt wird. Das Zahlenverhältnis bei den Tötungsdelikten wirkt etwas überschaulicher, schockierend ist es trotzdem: Stimmen die Forschungen von Professor Brinkmann und seinen Mitstreitern, so gehen den Morddezernaten der Republik pro Jahr 1200 bis 2400 Tötungsdelikte durch die Lappen. Hinzu kommen geschätzte 2000 bis 4000 Todesfälle infolge misslungener Operationen und anderer medizinischer Fehlleistungen, die oft nicht nur versicherungs-, sondern auch gerichtsrelevant sein dürften. Das wiederum bedeutet, dass die meisten Tötungsdelikte in unserem Land tatsächlich unentdeckt bleiben. Die Täter somit auch …

Nun ist Deutschland ein zivilisiertes, hoch entwickeltes Industrieland und verfügt in vielen Bereichen über ein hohes Potenzial an qualifizierten Fachkräften und Forschern. Dazu gehören Experten, die sich auch im Weltmaßstab sehen lassen können. Der inzwischen verstorbene Berliner Rechtsmediziner Professor Otto Prokop war auf seinem Gebiet sicher einer von ihnen. Schon in den sechziger Jahren hat er wesentliche Schriften zur Problematik der forensischen Medizin veröffentlicht. Noch heute sind Werke von ihm – insbesondere das Buch *Forensische Medizin,* eine Art Bibel der Rechtsmedizin – in den Bücherschränken von Gerichtsmedizinern, Gutachtern, Kriminologen, Juristen und Polizisten zu finden. Heute sind neben Bernd Brinkmann und Alfred Du Chesne aus Münster auch Klaus Püschel aus Hamburg, Reinhard Vock und Friedrich Herber aus Leipzig, Hansjürgen Bratzke aus Frankfurt am Main und Wolfgang Eisenmenger aus München, um nur einige zu nennen, zweifellos zu den Kapazitäten ihres Fachbereichs zu zählen. Auch dank ihrer Arbeit hat die gerichtsmedizinische Forschung mittlerweile ein beachtliches Niveau erreicht. Das ist – auch international betrachtet – unbestritten. Trotzdem scheint es hierzulande an der Anerkennung ihrer wissenschaftlichen Erkenntnisse zu mangeln. Wie sonst ist es zu erklären, dass sie seit Jahren sprichwörtlich den Finger immer wieder in die Wunde legen können, ohne dass diese tatsächlich verarztet wird?

Obwohl die Rechtsmediziner immer wieder grundlegende Veränderungen einfordern, um in Zukunft die erschreckende Fehlerquote minimieren zu können, tut sich nichts oder nur unbedeutend wenig. Ihre Anregung, die Aus- und Weiterbildung von Medizinstudenten und Ärzten auf dem Gebiet der Leichenschau zu verstärken, verhallt ebenso folgenlos wie der Vorschlag, die Leichenschau nur von speziell ausgebildeten Medizinern vornehmen zu lassen. Von der Forderung nach einer höheren Rate an Obduktionen ganz zu schweigen. Stattdessen überlegen Politiker in einzelnen Bundesländern eher, die Zahl der gerichtsmedizinischen Einrichtungen zu reduzieren. Unrühmlicher Vorreiter ist hier das Land Nordrhein-Westfalen. Im August 2000 wurde bereits die Gerichtsmedizin in Aachen geschlossen, drei anderen Instituten in Essen, Bonn und Düsseldorf soll es schon bald ebenso ergehen. Aus Kostengründen. Und das ist – einseitig betrachtet – sogar verständlich. Denn bei Sparmaßnahmen auf diesem Gebiet ist mit der geringsten Gegenwehr zu rechnen. Gibt es bundesweit nur etwa 400 Rechtsmediziner, so verfügen sie nicht gerade über eine starke Lobby unter der Ärzteschaft. Denn viele der Kollegen halten nur den Dienst am lebenden Patienten mit dem Berufsethos und ihrem Berufsbild vereinbar. Kommt noch hinzu, dass sich die Klientel der Gerichtsmediziner nicht gegen Sparmaßnahmen wehren kann. Tote gehen nun einmal nicht für ihre Rechte auf die Straße. Tote haben hier offenbar gar keine Rechte.

Dabei stehen die Gerichtsmediziner mit ihren Forderungen nicht allein da. *Vielen der zum Leichenfundort gerufenen Ärzte fehlen die notwendigen rechtsmedizinischen Kenntnisse zur Beurteilung der vielfältigen Leichenerscheinungen,* formuliert etwa der Leitende Kriminaldirektor a. D. Armin Mätzler in seinem Buch *Todesermittlungen* die Meinung vieler Polizisten. *Sie werden häufig als Notdienst tuende Ärzte zu einem Leblosen gerufen, den sie nie vorher gesehen haben, von dem sie weder die Lebensumstände noch die Art möglicherweise vorangegangener Erkrankungen wissen, und dann sollen sie dort, oft unter ungünstigen Umständen, den Tod, dessen Ursache, das Fehlen möglichen Fremdverschuldens und anderes zweifelsfrei feststellen. Dabei mangelt es ihnen oft schon an dem Wissen um die sicheren und unsicheren Todeszeichen.* Über eine ähnliche Einstellung zu dieser Problematik weiß der

Autor bei leitenden Staatsanwälten zu berichten. *Die Generalstaatsanwälte*, zitiert er eine entsprechende Entschließung, *stellen mit Besorgnis fest, dass die Leichenschau in der zurzeit normierten Form – wonach grundsätzlich jeder Arzt zu ihrer Durchführung befugt ist – die sichere Feststellung nicht natürlicher Todesfälle nicht gewährleistet. Sie sind der Auffassung, dass hierdurch die Erkennung und Verfolgung von Straftaten gegen das Leben und damit ein gravierendes rechtsstaatliches Interesse gefährdet ist. Sie halten es für dringlich, die gesetzlichen Vorschriften der Länder, soweit nicht schon geschehen, dahin gehend zu ändern, dass nicht mehr jeder Arzt, sondern lediglich eine aus den zugelassenen Ärzten ausgewählte, ausreichende Anzahl besonders hierfür ausgebildeter Ärzte zur Durchführung der Leichenschau berechtigt sein soll …* Das klingt zwar recht kompliziert, aber vernünftig und im Sinne der Sache. Übrigens wurde ebendiese Entschließung bereits im Jahre 1983 verabschiedet – geändert aber hat sich seitdem nicht wirklich etwas. Wenngleich inzwischen vorgeschrieben wird, die Leichenschau nur am entkleideten Leichnam durchzuführen – immerhin ein Fortschritt, wenn man sich daran hält –, darf diese bis zum heutigen Tag nach wie vor jeder Arzt vornehmen – der Spitzenchirurg genauso wie der Psychiater im nächtlichen Notdienst. Und die Zahl der Obduktionen bewegt sich seit Jahren in steiler Kurve nach unten. Nur ein Beispiel: Die Stadt Köln wird von knapp einer Million Menschen bevölkert. Jedes Jahr sterben dort etwa 11 000 Einwohner. Von diesen Sterbefällen landen lediglich rund 1000 als Ermittlungsauftrag bei der Mordkommission der Kriminalpolizei. Für die fleißigen Beamten, es sind gut zwanzig, sicherlich genug Arbeit. Vermutlich aber hätten sie deutlich mehr zu tun, wenn nicht für nur knapp einhundert von diesen Leichen eine gerichtliche Sektion angeordnet werden würde. In keiner Großstadt wird weniger obduziert. *Unter diesen Umständen wird die eine oder andere reiche Witwe von gierigen Erben vergiftet, ohne dass wir es jemals mitkriegen*, sagt ein Ermittler, der es wissen muss. Allein der Vergleich mit Bayerns Landeshauptstadt München (rund 1,2 Millionen Einwohner) verdeutlicht die Misere: An der Isar werden jedes Jahr an die 2000 Leichen zur Autopsie in die Gerichtsmedizin gebracht. In Düsseldorf (571 000 Einwohner) sind es wenigstens noch 1000.

Welche Gründe also sind es, die herhalten müssen, um die längst fälligen Änderungen zu verhindern? Zunächst sind da Kostengründe zu vermuten. Dabei fällt weniger das Geld für eine Obduktion ins Gewicht, die kostet – inklusive feingeweblich-toxikologischer Untersuchungen – kaum mehr als 1500 Mark. Entscheidend dürfte eine andere Berechnung sein: Zusätzliche Ausbildungen würden zusätzliche Lehrkräfte erfordern, mehr Sektionen eben auch mehr Rechtsmediziner. Stiege dadurch die Anzahl erkannter Tötungsverbrechen, benötigte die Polizei ein größeres Heer an Ermittlern. Auch die Justiz wäre betroffen: Kämen noch mehr Fälle auf den Tisch, bräuchten die Behörden mehr Sachbearbeiter. Mehr Staatsanwälte. Mehr Verfahren. Mehr Richter. Mehr Gefängniszellen. Mehr Justizvollzugsbeamte ... Kaum auszudenken. Ein wahres Meer aus Mehrs würde da entstehen. Und die Kosten stiegen in astronomische Höhen.

Außerdem trüge es nicht gerade zum besseren Prestige eines Landes bei, würden sich plötzlich die Zahlen der Tötungsdelikte und dementsprechend der Täter verdoppeln oder gar verdreifachen. Von amerikanischen Kriminalitätsverhältnissen sind wir Deutschen eben gern meilenweit entfernt. Und das wollen wir – bitte schön – auch bleiben.

Bliebe zuletzt noch eine andere These: Würde man durch unqualifizierte Leichenschauen und andere Ermittlungspannen nicht mindestens jedem zweiten Mörder oder Totschläger zu einem Leben in Freiheit verhelfen, müssten mit ziemlicher

Sicherheit auch die Erfolgsstatistiken der Kriminalpolizei neu geschrieben werden. Denn andernfalls dürfte bei der knapp bemessenen Personaldecke deutscher Ermittlungsbehörden eine Aufklärungsquote von durchschnittlich fünfundneunzig Prozent bei Tötungsdelikten kaum noch zu erreichen sein.

Freilich sind das in erster Linie Vermutungen, wenngleich sie nahe liegend sind. Die Autoren ließen sich gern eines Besseren belehren, doch die folgend geschilderten Fälle, die empirischen Untersuchungen der Experten in den Leichenkellern und die Aussagen von leichenschauenden Ärzten und ermittelnden Polizisten sprechen ihre eigene Sprache.

DAS FRAGEZEICHEN

Warum manche Fälle nicht zu klären sind

Als Kriminalhauptkommissar Stallinger* einen neuen Bogen Papier in die Schreibmaschine spannte, war der neue Tag kaum drei Stunden alt. Der Leichenfall hatte einige Zeit in Anspruch genommen. Wie immer war es eine unerfreuliche Sache gewesen. Aber mittlerweile hatte er sich an das Schlimmste gewöhnt. Der Anblick einer Leiche konnte ihn nicht mehr aus der Fassung bringen. Mit einer Ausnahme: Wenn er zu einem toten Kind gerufen wurde, fiel es ihm noch immer schwer, seine Betroffenheit zu verbergen. Er wusste, dass sich das auch niemals ändern würde. Damit war er in dieser Nacht jedoch nicht konfrontiert worden, und darüber war er froh.

Der Polizist füllte den vorgedruckten Bogen *Anzeige eines unnatürlichen Todes* vorschriftsmäßig aus: Ort und Datum, das polizeiliche Aktenzeichen, seine Dienst-Telefonnummer und seinen Namen trug er am rechten Kopf der Seite in die dafür vorgesehenen Felder ein. Er stellte die Schreibmaschine zwei Zeilen weiter, tippte noch einmal das Datum und dazu die Uhrzeit ein, die Auskunft darüber gibt, wann er am Fundort der Leiche gewesen war. Darunter folgt der Platz für die Personalien des Verstorbenen – Familienname, Vorname, Geburtsname, Geburtstag, Familienstand, Beruf, Staatsangehörigkeit, Religion, Wohnung, nächste Angehörige …

Die Nachricht hatte ihn und seine Kollegen vom Kriminaldauerdienst eine halbe Stunde nach Mitternacht erreicht. Sie kam vom Dienstgruppenführer des Polizeireviers einer kleinen Stadt im Freistaat Sachsen. Die Schutzpolizisten waren zum Fundort der Leiche gerufen worden, nachdem ein Notarzt diese begutachtet und einen Totenschein mit der Feststellung *nicht aufgeklärte Todesart, Verdacht auf Vergiftung durch Alkohol* ausgestellt hatte. Angesichts der äußeren Umstände konnte er sich seiner Sache wirklich nicht sicher sein. *Die Wohnung des Verstorbenen machte im Allgemeinen einen verwahrlosten Eindruck*, werden die Ermittler später im *Leichen- und Ermittlungsbericht* festhalten. Das ist noch vornehm ausgedrückt. Die Leiche des Mannes lag quer auf seiner Schlafcouch. Eigentlich nur sein Oberkörper, der sich in Rückenlage befand, und der Kopf. Die Beine dagegen hingen herunter. In Reichweite stand ein weißer Plastikeimer mit Erbrochenem, auf dem Teppich waren Zigarettenkippen verstreut, und vor dem Kachelofen stapelte sich ein Berg leerer Bierdosen und Haushaltsmüll. Zu allem Überfluss war der Strom in der Wohnung abgeklemmt, da der Mieter, der nun tot auf der Couch lag, die Rechnungen nicht gezahlt hatte. Auch die Leiche selbst befand sich in einem desolaten Zustand. Während der Oberkörper mit einem ausgewaschenen T-Shirt und einem grau-weiß gestreiften Hemd bekleidet war, bedeckte lediglich eine lange blaue Unterhose den Unterleib und die Beine. Sämtliche Kleidungsstücke waren verschmutzt und rochen dementsprechend streng. Der Mann hatte sich offensichtlich seit Längerem nicht mehr gewaschen.

Unter diesen Gegebenheiten ist es nur allzu leicht nachzuvollziehen, dass ein Arzt nicht gerade darauf brennt, eine Leiche zu berühren oder gar auszukleiden, um eine fachgerechte Leichenschau vorzunehmen. Trotzdem hätte er sich überwinden müssen, denn eine solche ist folgendermaßen durchzuführen: Zunächst einmal kommt es darauf an, alles zu unternehmen, um die Leiche von allen Seiten und bei guter Beleuchtung in Augenschein nehmen zu können. Ist wie im Fall des Toten in Sachsen am Fundort keine Lichtquelle vorhanden, wird die Feuerwehr gebeten, Scheinwerfer aufzustellen. Die Vorschrift legt fest, die Leiche auf jeden Fall in unbekleidetem Zustand zu besichtigen. Gerade darauf wird jedoch häufig verzichtet, umso mehr, je schlechter der Zustand der Leiche ist. An einem von Fäulnisspuren geprägten Körper macht sich kaum ein Arzt zu schaffen, nicht freiwillig jedenfalls. Die erste Aufgabe des leichenschauenden Arztes ist es dann, den Tod des Menschen festzustellen. Die so genannten sicheren Zeichen des Todes wie Totenflecke, Leichenkälte und Totenstarre helfen ihm dabei. Bemerkt er auch nur die geringsten Lebenszeichen, hat er unverzüglich erste Hilfe zu leisten. Ist die Person bereits verstorben, beginnt er in der Regel am Kopf mit der Besichtigung der Leiche. Es ist seine Pflicht, die behaarte Kopfhaut nach Schwellungen, Platzwunden und anderen Verletzungen abzutasten. Danach widmet er dem Gesicht seine Aufmerksamkeit, schaut nach Verletzungen an Ohren, Augen, Mund und Nase. Dabei achtet er auf Blutungen ebenso wie auf Knochenbrüche (Nasenbein etwa), Lippenverätzungen (mögliche Vergiftung) und Schaumbildung an Mund und Nase, die auf ein Lungenödem, auf Erdrosseln, Ertrinken oder eine Schlafmittelvergiftung schließen lässt. Er sieht nach, ob sich in der Mundhöhle Erbrochenes (Hirntrauma oder Vergiftung) befindet, Blut oder eine andere Flüssigkeit. Auch der Mundgeruch kann Todesursachen (Vergiftungen zum Beispiel) preisgeben. Schließlich wendet er sich dem Halsbereich zu, um eventuelle Strangmarken und Würgemale zu entdecken, und gelangt dann zum Rumpf. Hier überprüft er unter anderem die Spannung der Bauchdecke. Immer im Blick dabei: Anzeichen von körperlicher oder Waffengewalt. Gleiches gilt für Arme, Hände, Beine und Füße. Zusätzlich prüft er, ob sich die Extremitäten abnorm bewegen lassen, frische Einstichstellen,

Brandnarben oder Strommarken vorhanden sind. Ist die Besichtigung der Vorderseite beendet, soll die Leiche gedreht und von hinten begutachtet werden. Die meisten Ärzte, die sorgfältig arbeiten, gehen dabei nach dem gleichen Schema vor. Im vorliegenden Fall hat sich der Arzt diesen Arbeitsgang offenbar erspart.

Möglicherweise kam dann auch so der etwas lapidare Diagnoseverdacht einer tödlichen Alkoholvergiftung zustande. Da er jedoch gleichzeitig eine Autopsie anregte, ist ihm letztlich kein Vorwurf zu machen. Wenn er sich in seinem Urteil unsicher zeigte, so würde er damit wenigstens dafür sorgen, dass die Polizei eingeschaltet und die Leiche einer Obduktion zugeführt wird.

Nachdem der Arzt den Totenschein ausgefüllt hatte, wurden also Kriminalhauptkommissar Stallinger und seine Kollegen in den Fall involviert. So steht es in der Vorschrift: Stellt der leichenschauende Arzt einen nicht natürlichen Tod fest, oder findet er keine Anhaltspunkte für ein alters- oder krankheitsbedingtes Ableben, muss die Mordkommission herangezogen werden. Ihre Aufgabe ist es, sämtliche Informationen am Fundort der Leiche zusammenzutragen, die Aufschluss über die Umstände des Todes geben können. *Die Probleme liegen nicht dort, wo es darum geht, einen Mord zu bearbeiten*, bringt es Armin Mätzler in seinem Lehrbuch *Todesermittlungen* auf den Punkt, *sondern dort, wo es darum geht, ihn zu erkennen.* An anderer Stelle gibt er den Kollegen mit auf den Weg: *Es gehört nun einmal zu den schwierigsten kriminalpolizeilichen Aufgaben, den Sachverhalt am Leichenfundort richtig zu beurteilen. Diese oft genug mit Blut, Schmutz und Gestank, also mit großer physischer und psychischer Belastung verbundene Arbeit erfordert von den Beamten neben großer Erfahrung und umfassender Kenntnis der Leichenerscheinungen ein hohes Maß an Verantwortungsbewusstsein, denn jedes*

Mal wird er erneut dabei mit der Frage konfrontiert, ob natürlicher Tod, Unglücksfall, Selbstmord oder Mord vorliegt.

So war es auch im Fall von Werner Krefft*, dem Toten in der sächsischen Kleinstadt. Aber was ist von Bedeutung in einer so verkommenen Behausung wie dieser? Ob der Wohnungsschlüssel von innen steckte und die Tür verschlossen war vielleicht. Denn das hätte ein Zeichen dafür sein können, dass an seinem Tod kein Dritter beteiligt war. Unter normalen Umständen. Wie hätte der Täter die Wohnung verlassen und gleichzeitig die Tür von innen verschließen können? Aber die Wohnung, in die die Polizisten gerufen wurden, besaß zwar eine abschließbare Tür, in der jedoch fehlte eine Glasscheibe, sodass jedermann hätte durchgreifen und das Schloss öffnen können. Auch die Lage der Leiche vermittelte den Beamten keine weiteren Aufschlüsse. Interessanter schienen da schon die Spuren von Verletzungen zu sein, die vor allem am Kopf auffielen: An der linken Stirn zwei kleine Wunden mit getrockneten Blutanhaftungen, dasselbe in den Nasenlöchern. Auf der linken Wange ein dunkel gefärbtes Hämatom. Von innen war die Wange an dieser Stelle aufgeplatzt. Um all das genauestens zu dokumentieren, wurden der Fundort der Leiche und sie selbst ausreichend fotografiert und auf Videoband aufgezeichnet. Die Bilder wird man später der Ermittlungsakte beilegen.

Anschließend waren Zeugen zu befragen. Als Erster kam Chris Friedemann* an die Reihe. Der damals zweiundvierzigjährige Brauereiarbeiter war derjenige gewesen, der die Leiche gefunden hatte. Er berichtete, wie er am späten Abend mit dem Zug aus Hamburg auf dem Bahnhof angekommen war und wie er sich dann zu Fuß zu der Wohnung begab, für die er auch einen Schlüssel besaß, da er dort mitwohnte. Er erzählte davon, dass kein Licht brannte, da der Strom abgestellt war, dass sein Mitbewohner arbeitslos war und sich willenlos seiner Trunksucht hingegeben hatte. Deshalb war es ihm, der

Geld verdiente, leid gewesen, für ihn den Strom mitzubezahlen. Eines Tages hätten ihn die Elektrizitätswerke dann abgestellt.

Da Friedemann im Dunkeln nichts sehen konnte, nahm er zunächst an, dass sein Freund lediglich einen Rausch ausschlief. Mehrmals versuchte er ihn zu wecken, allerdings ohne Erfolg. Irgendwann, später, sei ihm dann aufgegangen, dass hier etwas nicht stimmen konnte. Er lief zur nächsten Telefonzelle und rief über den kostenlosen Notruf die *110*. Da sich unter dieser Nummer niemand meldete, wählte er über den öffentlichen Apparat die Zentralnummer der Polizeiinspektion.

Diese Aussage brachte die Ermittler kaum weiter, den Tod des Mannes konnte sie jedenfalls nicht erhellen. Und wer sagte denn, dass er überhaupt die Wahrheit erzählte? Wenn er gegen einundzwanzig Uhr auf dem Bahnhof angekommen war, musste er eine halbe Stunde später in der Wohnung gewesen sein. Was aber ist in der Zwischenzeit geschehen, zwischen einundzwanzig Uhr dreißig und Mitternacht? Kam er nicht selbst als derjenige infrage, der dem Toten die Verletzungen beigebracht hatte? Die Polizisten mussten weitersuchen.

Der Nächste, den sie befragten, schien zumindest glaubwürdiger. Es war ein Nachbar aus dem Haus. Er hatte eine Geschichte parat, die in den Augen der Polizisten einen Sinn ergab und den Fall plötzlich in ein anderes Licht rückte. Offenbar versuchte Chris Friedemann, etwas zu verbergen. Bereits eine Woche zuvor war es nämlich zwischen ihm und seinem Mitbewohner zu einem Streit gekommen, der derart eskalierte, dass zwei andere Hausbewohner einschreiten wollten. Als diese jedoch die Wohnung im Erdgeschoss erreichten, hatten sich die Raufbolde bereits getrennt. Friedemanns Mitbewohner war auf die Straße getaumelt und an der nächsten Hauswand zusammengesackt. Daraufhin alarmierten die Gäste einer nahe gelegenen Gaststätte, denen die Auseinandersetzung ebenfalls nicht entgangen war, die Schnelle Medizinische Hilfe. Die Rettungssanitäter brachten den Betrunkenen ins nächste Hospital, wo er kein Unbekannter war. Schon einige Male zuvor war er als hilflose Person eingeliefert worden. Mehrfach hatten ihm die Ärzte geraten, sich in eine Entzugsklinik einweisen zu lassen.

Langsam fügten sich die Erkenntnisse der Ermittler wie ein Puzzle zusammen. Nun war es an der Zeit, die Familienangehörigen des Verstorbenen aufzusuchen. Zunächst wandten sie sich an seinen zwei Jahre älteren Bruder. Den schien die Todesnachricht nicht sonderlich zu überraschen. Er wirkte gefasst, als hätte er irgendwie damit gerechnet, sicher nicht an diesem Tag, nicht so früh, schließlich war der Jüngere gerade zweiunddreißig. Aber irgendwie muss er im Stillen darauf vorbereitet gewesen sein, dass es kein gutes Ende mit ihm nehmen würde. Noch am vergangenen Freitag hatte er sich große Sorgen um ihn gemacht. Der Bruder war nach dem eintägigen Krankenhausaufenthalt zu ihm gekommen. Sein Zustand war miserabel gewesen. An der linken Wange schmerzte eine frische Verletzung, die nach innen blutete. Auch der Mundwinkel war auf dieser Seite aufgeplatzt, die ganze linke Gesichtshälfte so sehr geschwollen, dass es ihm kaum möglich war, sich zu artikulieren. Seine Schmerzen hatte er mit ausreichend Alkohol so gut wie möglich betäubt. Da seine Familie angesichts dieses Anblicks sehr beunruhigt war, bat sie einen Arzt aus dem Ort um Hilfe. Neben den äußeren Verletzungen entdeckte dieser eine Blutung im Ohr. Er erkannte auch, dass der Kiefer des Patienten in Mitleidenschaft gezogen worden war, so stark, dass es ihm extreme Mühe bereiten musste, auch nur ein Wort zu sprechen. Da Werner Krefft eine Bescheinigung über die notärztliche Versorgung vom Vortag bei sich trug, der Arzt also durchaus annehmen konnte, dass seine Kollegen in der Klinik die Verletzungen als nicht so gravierend eingestuft hatten, kam es ihm offenbar nicht in den Sinn, den Patienten erneut zur Notbehandlung in ein Krankenhaus einzuweisen. Eine Entscheidung, die diesem möglicherweise das Leben kostete.

Fünf Tage nachdem die Mordkommission von dem ungeklärten Todesfall erfuhr, machten sich Gerichtsmediziner aus Dresden daran, die Leiche zu obduzieren. Eine Kriminalkommissarin übernahm die wenig erbauliche Aufgabe, der Sektion beizuwohnen. Das ist nicht Vorschrift, aber erlaubt. In manchen Fällen bietet sich die Anwesenheit eines Ermittlers geradezu an, da dieser den Obduzenten wichtige Hinweise über die Vorgeschichte des Toten und die Umstände seines Auffindens vermitteln kann. Festgeschrieben dagegen ist, dass bei dem Eingriff zwei Obduzenten zugegen sein müssen. Mindestens einer von ihnen soll ein ausgebildeter Rechtsmediziner sein. Zum Team gehören außerdem Sektionsgehilfen, die ihnen zur Hand gehen. Die Beobachtungen und Untersuchungsergebnisse werden in der Regel vom durchführenden Obduzenten auf das Band eines Diktiergerätes gesprochen, das anschließend von einer Sekretärin auf das Formblatt *Sektionsprotokoll* übertragen wird. Auf das offizielle Papier aus der Gerichtsmedizin brauchte die Mordkommission diesmal nicht zu warten. Die Kommissarin protokollierte die wichtigsten Erkenntnisse der Ärzte selbst. Fürs Erste genügte das.

Bevor die Gerichtsmediziner das Seziermesser jedoch ansetzten, nahmen sie zunächst eine äußere Besichtigung der Leiche vor. *Es ist geradezu eine Pflicht der Obduzenten*, erhebt Herwig Hamperl in seiner Anleitung für Studenten und junge Ärzte *Leichenöffnung, Befund und Diagnose* mahnend den Zeigefinger, *die eigene Bequemlichkeit und die der Sektionsgehilfen zu überwinden und vor der Obduktion jede Leiche vollkommen umzudrehen, um den Rücken genau betrachten zu können … Was man im Anfang unterlässt, ist später kaum mehr nachzuholen oder wird überhaupt vergessen*. Wichtig ist außerdem, dass bei der Ansicht des Körpers in systematischer Reihenfolge vorgegangen wird, ähnlich der ersten Leichenschau, vom Kopf an beginnend. Als Erstes wird der Haarschopf begutachtet, anschließend die Augen. Dazu werden die Augenlider geöffnet, um die Enge oder Weite der Pupillen und entsprechende Farbveränderungen beurteilen zu können. Danach kommen Nase, Ohren und Mund an die Reihe, der Hals, die Arme, der Brustkorb, die Bauchdecke, die Geschlechtsorgane, zum Schluss Beine und Füße. Entsprechende Angaben fanden sich in den Notizen der Polizistin wieder: Größe, Körperbau, Zustand der Bekleidung, ein alter Verband am rechten Unterschenkel, schließlich die sicheren Zeichen des Todes. Auffällig schien die beginnende Mumifizierung der Fingerendglieder und eine ausgedehnte borkige Hauterkrankung, die an zahlreichen Körperpartien auszumachen war. Nichts deutete dagegen auf Verletzungen hin, die infolge eines Kampfes entstanden sein könnten.

Erst durch die anschließende Leichenöffnung gewannen die Mediziner wichtige Erkenntnisse. Auch dieser Vorgang erfolgt nach einem bestimmten Schema, welches allerdings von Fall zu Fall abweichen kann. Das wiederum richtet sich nach den äußeren Verletzungen und danach, welche Todesursache vermutet wird. In der Regel beginnt der Obduzent die Leichenöffnung, indem er einen Schnitt von der linken zur rechten Schulter führt, etwa einen Zentimeter unterhalb der Schlüsselbeine. Danach setzt er zu einem Längsschnitt entlang der Körpermitte an, zieht diesen bis auf Höhe des Schambeins durch, ohne jedoch den Bauchnabel in Mitleidenschaft zu ziehen. Der wird in einem kleinen Bogen umkreist. Ist dieser Schritt erledigt, wird die Lage der inneren Organe in der Brust- und Bauchhöhle inspiziert. Anschließend geht der Rechtsmediziner daran, den Brustkorb zu öffnen, um die Organe für weitere Untersuchungen entnehmen zu können. Dafür müssen die Rippen durchtrennt werden. Das geschieht jeweils im Rippen-

Knorpel-Bereich. Je nach Alter und Beschaffenheit gelingt das mit einem Knorpelmesser, mit einer Schere oder Zange. Jetzt werden Herz, Lunge und Leber herausgenommen und später gesondert begutachtet und obduziert. Auf gleiche Weise wird in der Bauchhöhle, im Halsbereich und in der Kopfhöhle verfahren. Die Sektion des Schädels ist der letzte Schritt. Dabei wird zunächst mit einem halbkreisförmigen Schnitt im Bereich des Hinterkopfes die Voraussetzung geschaffen, den Schädelknochen freizulegen. Dann setzt der Mediziner eine elektrische Säge an, um das Schädeldach wie einen Deckel abnehmen zu können. Hierbei kommen oft die Sektionsgehilfen zum Einsatz. Haben sie die Grobarbeit erledigt, nimmt der Rechtsmediziner das Gehirn des Toten heraus, um es näher untersuchen zu können.

Was viele nicht wissen: Oftmals werden bei Obduktionen Teile von Körperorganen gesondert asserviert, damit eventuell zu einem späteren Zeitpunkt genauere Untersuchungen daran vorgenommen werden können. Manchmal jedoch auch in dem Glauben, mit dem rasanten Fortschreiten der Wissenschaftsentwicklung irgendwann neue Untersuchungsmethoden zur Verfügung zu haben. Dieser Umstand sorgt immer wieder für Diskussionen. Zuletzt in Hamburg, als zwei Mütter lange nach der Beerdigung ihrer verstorbenen Säuglinge erfuhren, dass sie diese ohne Gehirn unter die Erde gebracht hatten. Erst als sie den Obduktionsbericht zu lesen bekamen, war ihnen das klar geworden. Erschüttert angesichts dieser Tatsache, wandten sie sich an die Öffentlichkeit. Sie ahnten einen Gesetzesverstoß der Rechtsmediziner. So verständlich ihre Empörung war, hatten sich die Leichenöffner jedoch keiner Straftat schuldig gemacht. Das Hamburger Sektionsgesetz nämlich sieht vor, dass die für die Untersuchung erforderlichen Organe und Gewebe entnommen werden dürfen – und zwar ohne ausdrückliche Genehmigung der Angehörigen.

Selbst wenn die Ärzte die Gehirne über den eigentlichen Obduktionsauftrag hinaus für Forschungszwecke einbehalten hätten, wären rechtliche Schritte gegen sie sinnlos gewesen. Das liegt im Grunde daran, dass das Gesetz diese Frage nicht eindeutig klärt. Während eine Organentnahme erlaubt ist, wird die anschließende Aufbewahrung nicht ausdrücklich untersagt. Und was nicht verboten ist, ist im Zweifel erlaubt. Das ändert jedoch nichts daran, dass die Rechtsmediziner in den betreffenden Fällen den Eltern zusätzliches Leid hätten ersparen können. Sie hätten sie nur ausreichend über Sinn, Aufgabe und Umfang einer Obduktion informieren brauchen. Aber das bleibt in der Praxis oft auf der Strecke. Auch Leichenbestatter wissen davon zu berichten. Einer aus Nordrhein-Westfalen erinnert sich daran, dass an einem rechtsmedizinischen Institut im Zuge einer Studie zum plötzlichen Kindstod ebenso verfahren wurde. Während bei einigen Eltern das Einverständnis eingeholt wurde, das verstorbene Kind für wissenschaftliche Zwecke obduzieren zu dürfen, wurden andere nicht einmal darüber informiert, dass der Leiche Organe entnommen wurden. Mitunter schießen eben auch Rechtsmediziner in ihrem wissenschaftlichen Eifer über das Ziel hinaus.

Aber zurück zu den Ereignissen in der sächsischen Kleinstadt: Sinn und Zweck der Obduktion bestanden im Wesentlichen darin, Spuren an der Bekleidung und am Körper der Leiche zu sichern, Körperflüssigkeiten und Organproben zu entnehmen und Hinweise auf den Todeszeitpunkt und vor allem auf die Todesursache zu finden. Wie präzise und sorgfältig die Gerichtsmediziner vorgingen, verdeutlicht das Sektionsprotokoll, das hier in Auszügen wiedergegeben werden soll:

Äußere Besichtigung:

Leiche eines bekannten, zweiunddreißig Jahre alten Mannes von 176 Zentimeter Körpergröße und regelmäßigem Körperbau, reduzierter Ernährungszustand.

Deutliche Leichenkälte. Totenstarre bereits gelöst. Totenflecke rotviolett, überwiegend an der Körperrückseite, nicht wegdrückbar.

Bekleidung: Fein längs gestreiftes graues Oberhemd, alle sechs Knöpfe geöffnet, natürlich verschmutzt, lediglich in Schulterhöhe rechtsseitig Sekretantrocknungen, keine Stoffdefekte ...

Innere Besichtigung:

... Bruch der knöchernen Schädelbasis in der mittleren Schädelgrube, über das linke Felsenbein verlaufend, mit Eröffnung des linken Mittelohrraumes. Eine weitere Fissur (spaltförmiger Bruch) im Bereich der Siebbeinplatte rechts der Nasenscheidewand ...

Vorläufiges Gutachten:

1. Sektionsergebnis: Rundlich-bläuliche Hautverfärbung mit beginnender gelblich-grünlicher Verfärbung des Randsaumes der linken Wange, vom Mundwinkel bis zum Unterkiefer reichend. Rundliche Hautverfärbung unterhalb der Kinnspitze. Rundliche Hautverfärbung und Unterblutung in mittlerer Höhe des Nasenrückens.

Schädelbasislängsbruch durch die vordere Schädelgrube im Bereich der Siebbeinplatte rechts der Mitte. Schädelbasisbruch der mittleren Schädelgrube links seitlich mit Eröffnung des linken Mittelohrraumes. Hirnrinden- und -markblutungen der linken Großhirnhälfte im Bereich des Schläfenlappens seitlich und basal. Kirschgroße Blutung und Erweichung im rechten Großhirnhinterlappen. Eitrige Entzündung der weichen Hirnhäute im Bereich der Mantelkanten beider Großhirnhälften, vereinzelte Blutungen der weichen Hirnhäute in diesem Bereich.

Herdförmige Lungenentzündung des rechten Lungenunterlappens. Schleimig-eitrige Entzündung der Luftwege ...

2. Todesursache: Herdförmige Lungenentzündung, Hirnhautentzündung, Hirnprellung, Schädelbasisbrüche.

3. Todesart: Nicht natürlicher Tod

4. Toxikologisch-chemische Untersuchungen: Zur Zeit des Ablebens lag keine alkoholische Beeinflussung vor (gesondertes Gutachten) …

… 6. Diskussion: Zeichen erheblicher stumpfer Gewalteinwirkung auf den Schädel mit Brüchen der vorderen und mittleren Schädelgrube und ausgedehnten Hirnverletzungen. Die letztlich zum Tode führende Lungenentzündung ist eine Komplikation der Hirnverletzungen. Die Kausalität zwischen Hirnverletzung und Todeseintritt ist gegeben …

Rückschlüsse darauf, ob die festgestellten todesursächlichen Verletzungen Folge der genannten tätlichen Auseinandersetzung waren und somit zum Zeitpunkt der Vorstellung beim Arzt bereits bestanden haben, sind allein anhand morphologisch fassbarer Befunde nicht möglich …

Und genau das war es schließlich, was die Ermittlungen in dem mysteriösen Todesfall zum Stocken brachte. Einerseits waren sich die Rechtsmediziner ziemlich sicher, dass die schweren Kopfverletzungen von einem Sturz nicht herrühren konnten, andererseits fanden Kommissar Stallinger und seine Kollegen nicht den unwiderlegbaren Beweis, den sie für die Überführung des Täters dringend benötigten. Auch den Ärzten, bei denen sich der Schwerverletzte kurz vor seinem Tod vorgestellt hatte, war auf juristischem Weg nicht beizukommen. Sowohl der Krankenhaus-Arzt als auch der niedergelassene Mediziner versicherten, dass eine so gravierende Verletzung noch nicht vorhanden gewesen sei, als sie den Patienten untersuchten. Und auch von Chris Friedemann, dem Mitbewohner des Verstorbenen, brauchten die Beamten bei der Aufklärung des Falls keine Hilfe zu erwarten. Zwar gab er im Gegensatz zu seiner ersten Aussage, die er reichlich mit Unwahrheiten gespickt hatte, in einer zweiten Vernehmung zu, während eines Streits auf seinen Wohnungskumpan eingeschlagen zu haben – dass diese Attacken zu den tödlichen Verletzungen führten, war ihm allerdings nicht nachzuweisen. Dass zusätzliche Vernehmungen noch mehr gebracht hätten, hielten die Ermittler für unwahrscheinlich. Dabei waren sie keineswegs zufrieden mit dem Ergebnis ihrer Bemühungen. Ahnten sie wohl, dass die Staatsanwaltschaft unter den gegebenen Umständen eine Einstellung des Verfahrens in Betracht ziehen würde. Und so kam es dann auch. Sechs Monate nach dem Tod des Zweiunddreißigjährigen unterschrieb der zuständige Staatsanwalt folgende Verfügung:

Die in dieser Sache geführten Ermittlungen haben ergeben, dass bei Herrn Werner Krefft ein teilweise offener Schädelbruch vorlag, durch den eine Hirnhautentzündung verursacht wurde, an deren Folgen er schließlich starb. Der genaue Zeitpunkt der Verletzung ist nicht feststellbar. Als Ursache für den Bruch kommt ein Sturz ebenso in Betracht wie Schläge. Dem Mitbewohner Chris Friedemann ist strafbares Verhalten nicht nachzuweisen … Es ist somit das Vorliegen einer Straftat nicht hinreichend feststellbar. Es ist kein Anlass für die Erhebung der öffentlichen Klage gegeben. Das Verfahren wird daher eingestellt.

Am Ende blieben ein bitterer Beigeschmack und eine Reihe von Fragen. Zum Beispiel, warum nicht noch mehr Anstrengungen unternommen wurden, die Wahrheit herauszufinden. Lag es vielleicht daran, dass es sich bei dem Todesopfer um einen ziemlich verwahrlosten Alkoholiker handelte? Hatten die Beamten die vermüllte Wohnung auf der Suche nach einem möglichen Tatwerkzeug gründlich genug durchforstet? Hätte Chris Friedemann, der auffällig Ahnungslose, nicht strenger verhört werden müssen? War nicht auch das Ergebnis der Rechtsmediziner noch einmal zu überprüfen, die zwar einen Sturz, aber eben auch Schläge als Verletzungsursache in Betracht gezogen hatten?

Trotz aller Ungereimtheiten – manchmal ist es eben so. Nicht jeder Kriminalfall kann aufgeklärt werden. Und da stellen Tötungsdelikte keine Ausnahme dar. Sollte es sich bei dem beschriebenen Fall tatsächlich um ein Verbrechen gehandelt haben, so sind die Ermittlungsversager jetzt nicht mehr auszumachen. Arbeitete die Polizei zu oberflächlich? Gingen die Beamten zu gutgläubig einem zweifelhaften Zeugen auf den Leim, der eventuell als Täter infrage kam? Waren die Rechtsmediziner zu ungenau in ihrer Diagnose oder der Staatsanwalt zu forsch beim Abbruch der Ermittlungen? Der leichenschauende Arzt scheidet als Erfüllungsgehilfe des Täters diesmal jedenfalls aus.

Aber wie oft passieren solche Pannen? Wie oft kommen Täter davon, Mörder und Totschläger, weil ihre Taten als Selbstmorde oder Unfälle verkannt werden? Wie groß ist das so genannte Dunkelfeld? Natürlich gibt es Kriminalwissenschaftler und andere Forscher, die sich mit diesem Phänomen auseinander setzen, die in mehr oder minder regelmäßigen Abständen mit Ergebnissen in die Öffentlichkeit treten, die letztlich doch nur Spekulationen oder bestenfalls Hochrechnungen darstellen können. Die wirklichen Fakten aber bleiben uns verborgen.

Der Gießener Kriminologie-Professor Arthur Kreuzer will dazu einen Systemfehler im staatlichen Gefüge der Todesermittlungen erkannt haben. *Soweit ich das beurteilen kann*, lässt er sich in Sabine Rückerts Buch *Tote haben keine Lobby* zitieren, *ist es nicht nur unzuverlässig, ich würde sogar sagen, es ist fast zufällig. Ein Ermordeter, dem nicht das Messer in der Brust steckt, der nicht auf St. Pauli in Hamburg vor der Tür eines einschlägigen Lokals gefunden wird, dessen Ableben nicht von gellenden Hilferufen begleitet war, der nicht mit Schussspuren in der Blutlache liegt, der also nicht durch äußeren Anschein oder die Aussagen von Zeugen per se Aufmerk-*

samkeit und Verdacht erregt, hat sehr gute Chancen, dem Dunkelfeld anheim zu fallen. Je normaler und üblicher der Gesamteindruck, desto größer diese Chance.

So zugespitzt das klingen mag, unzählige Fälle aus der Mitte unserer Gesellschaft bestätigen genau das.

DIE FÄLLE

Unglaublich und doch wahr

Der ungeliebte Gönner

Warum Ermittler zu gutgläubig sind

Welche Verletzungen weist der Körper eines Menschen auf, wenn er aus etwa einem Meter Höhe bäuchlings ins Wasser fällt? Angenommen, diese Person ist einen Meter achtundsechzig groß und wiegt knapp sechsundfünfzig Kilogramm – wie würde dann die Antwort ausfallen? Wir alle kennen das: Es zwickt oder brennt ein bisschen in der Bauchgegend, wahrscheinlich verfärbt sich die Haut an den betroffenen Stellen zartrosa, bei empfindlichen Naturen auch kräftiger rot. Um den gleichen Effekt zu erzielen, könnte man sich mit der flachen Hand auf die Oberschenkel schlagen. Eine ernsthafte Verletzung würde freilich niemand davontragen. Noch weniger, wenn die betreffende Person, die auf das Wasser klatscht, noch vollständig bekleidet ist. Dann dürfte der Stoff wie ein Schutzpanzer wirken und vermutlich sogar die Rötung der Haut verhindern. Es ist also klar, dass man einen solchen Fall unbeschadet übersteht. Zumindest unter normalen Umständen würden wir das als Binsenweisheit abtun und über die oben gestellte Frage wohl kaum ernsthaft nachdenken. Tatsächlich aber kann diese lapidare Frage im hoch technisierten Zeitalter sogar Wissenschaftler beschäftigen. Natürlich wissen auch die um die Wirkung einer solchen Bauchlandung, womöglich ebenfalls aus eigener Erfahrung. Nur, es zu wissen bedeutet nicht gleichzeitig, es auch beweisen zu können. In der Wissenschaft gilt nicht unbedingt der normale Menschenverstand, hier geht es oft um andere Regeln.

Und so kam es, dass sich ein Gerichtsmediziner der Universität München gleich einen ganzen Nachmittag dieser Frage widmete. Dabei ging er sehr gründlich vor, denn er wusste, dass einiges auf dem Spiel stand. Nicht für ihn, wohl aber für eine Frau, die einen alten gebrechlichen Mann auf genau diese Weise ins Jenseits befördert haben sollte. Deshalb musste der Professor auf Nummer sicher gehen. Er fuhr mit einigen Testpersonen, die in Größe und Statur dem Toten ähnelten, in ein Schwimmbad. Dort wies er sie der Reihe nach an, sich von einem Startblock so ins Wasser fallen zu lassen, dass sie möglichst mit der ganzen Vorderseite ihres Körpers gleichzeitig auf das Wasser aufschlugen. Die Versuchspersonen stellten sich ziemlich geschickt an und landeten tatsächlich perfekte *Bauchplatscherer*, wie sie in Bayern genannt werden. Beim Eintreffen ins Wasser befanden sich die Füße etwa einen Meter vom Beckenrand entfernt. Auch das entsprach den tatsächlichen Gegebenheiten des zu klärenden Todesfalls. Der Aufprall, so der Experte, sei jeweils ziemlich kräftig gewesen, die Körper seien jedoch nur unwesentlich unter die Wasseroberfläche geraten. Mehr als einen halben Meter versanken sie nicht. Auch das sollte später von Bedeutung sein. Anschließend untersuchte er jeden Einzelnen und dokumentierte die Art der äußeren Verletzungen, die natürlich nicht mehr als eine schwache Rötung darstellten, wenn überhaupt. Zwar hielt es der Gerichtsmediziner für denkbar, dass es auch zu schwachen Hautabschürfungen hätte kommen können, aber nur im nackten Zustand des Körpers. Der alte Mann aber, um den es eigentlich ging, war vollständig bekleidet gewesen. Also schied eine derartige Vermutung aus. Das Ganze fand vor fachkundigen Zeugen statt, sodass die Ergebnisse des ungewöhnlichen Tests auch vor Gericht als Beweis taugten.

Später befasste sich noch ein Physiker des gleichen Instituts, ein anerkannter Experte für Probleme der Verletzungsmechanik, mit eben dieser Frage. Er ging der Sache theoretisch nach, führte dazu Simulationsversuche am Computer durch und errechnete die Koordinaten des Aufpralls eines den Maßen des Toten entsprechenden Körpers. Und auch er kam zu dem Schluss, dass dieser den unfreiwilligen Sturz durchaus ohne äußere Verletzungen hat überstehen können. Diese Erkenntnis diente allerdings nicht – wie vielleicht zu vermuten ist – der Entlastung der Beschuldigten, sondern dem Gegenteil. Sie bewies, dass das Opfer nicht nur bei einem Freitod, sondern auch bei einen gewaltsam herbei geführten Sturz ohne nennenswerte Verletzungen bleiben konnte. Dass der alte Mann trotzdem nur noch tot aus dem Wasser geborgen worden war, hatte demnach andere Gründe.

Bei dem Toten, der am zweiten September 1992 gegen Mittag von einem Feuerwehrmann aus einem Stausee in der Nähe des bayerischen Ortes Regen gezogen wurde, handelte es sich um den dreiundachtzigjährigen Walter Gausmann* . Seit dem Tod seiner Frau, die im Jahr 1989 verstarb, lebte der Rentner auf einem großzügigen Anwesen, das aus einem mit wertvollen Möbeln ausgestatteten Haus und einem Grundstück von über 2000 Quadratmetern Fläche bestand. Da auch er inzwischen krank war und viele Handgriffe im Haus und im Garten nicht mehr selbst zu erledigen vermochte, hielt er sich eine Haushälterin. Diese führte der Familie schon zu Lebzeiten seiner Frau den Haushalt. Jetzt betreute sie auch den Witwer, sie kam stundenweise. Um die Pflege des Grundstücks kümmerte sich regelmäßig ein Gärtner. Diese Hilfeleistungen konnte sich Walter Gausmann ohne weiteres leisten, da er über ein beträchtliches Vermögen verfügte, außerdem monatlich eine beachtliche Rente empfing. Doch die Haushälterin und der Gärtner waren für ihn mehr als nur Angestellte. Da er keine Verwandten mehr besaß, empfand er sie als eine Art Ersatzfamilie. Er hegte zu beiden starkes Vertrauen. Seine Sympathie und Dankbarkeit ihnen gegenüber gingen schließlich so weit, dass er sie in seinem Testament als Erben bedachte. Während die Haushälterin dreißig Prozent seines Vermögens bekommen sollte, sah er für den Gärtner einen Anteil von zehn Prozent vor. Immer noch eine beträchtliche Summe, wenn man bedenkt, dass der Rentner Grund- und Geldvermögen, einschließlich zahlreicher Wertpapiere und Schmuck, im Gesamtwert von über einer Million Mark besaß.

Als sich Anfang 1989 der Gesundheitszustand seiner Frau rapide verschlechtert hatte, wurde sie in einem Krankenhaus stationär aufgenommen. Dort besuchte Walter Gausmann sie beinahe jeden Tag, obwohl auch er zu diesem Zeitpunkt gesundheitlich schon nicht mehr auf der Höhe war. Da er sich nicht selbst versorgen wollte, kehrte er am frühen Nachmittag in ein nahe gelegenes Café ein, in dem er eine Mahlzeit einnahm. Bei dieser Gelegenheit lernte er eines Tages die Besitzerin des Lokals kennen. Roswitha Gerner*, die das Café gemeinsam mit ihrer Zwillingsschwester bewirtschaftete, bediente den alten Herren besonders freundlich. Dieser zeigte sich recht spendabel mit dem Trinkgeld. Und offenbar war er auch froh, wenn so wenig Betrieb war, dass sie sich für einige Minuten zu ihm setzen und mit ihm plaudern konnte. Diese Gespräche vertrieben seine Einsamkeit, außerdem boten sie ihm Gelegenheit, sich mit jemandem über seine Sorgen und die Krankheit seiner Frau auszutauschen.

Zwischen Roswitha Gerner und ihrem Stammkunden entwickelte sich daraus eine freundschaftliche Beziehung, die sie nach dem Tod seiner Frau weiterführten. Bald beschränkten sich die Kontakte nicht mehr auf den täglichen Besuch im Café. Die beiden verabredeten sich auch nach Geschäftsschluss und an den Wochenenden. Roswitha Gerner, die über vierzig Jahre jünger als ihr Begleiter war, übernahm die Rolle einer Gesellschaftsdame für den wohlhabenden Rentner. Nach einer gescheiterten Ehe und der Trennung von ihrem letzten Lebenspartner blieb ihr genügend Zeit. Ihr einziges Kind, eine Tochter, war bereits erwachsen, kam also allein zurecht. Walter Gausmann gab in ihrem Beisein den großzügigen Gentleman, auf Geld kam es ihm nicht an. Nicht nur, dass er bei den gemeinsamen Unternehmungen stets die Kosten übernahm, er schenkte ihr schon nach kurzer Zeit 35 000 Mark, damit sie sich ein BMW-Cabriolet kaufen konnte. Im Dezember 1989 suchte er sogar einen Notar auf und ließ Roswitha Gerner als Miterbin in sein Testament eintragen. Die Zuneigung der jüngeren Frau war ihm wichtig genug, um sie mit der Hälfte der zu erwartenden Erbschaft zu belohnen. Neben dem Geldvermögen sollten ihr außerdem 1200 Quadratmeter seines Grundstücks zufallen.

Da das Lokal nicht so gut lief, wie es sich die beiden Schwestern erhofft hatten, gaben sie es etwa ein Jahr später auf. Von da an arbeitete Roswitha Gerner halbtags in einer Reha-Klinik. Den Rest des Tages widmete sie Walter Gausmann, den sie täglich ab etwa vierzehn Uhr betreute. Sie fuhr ihn zum Beispiel in ihrem Cabriolet spazieren, erledigte Einkäufe und versorgte zunehmend auch seinen Haushalt. Abends gingen sie mehrmals die Woche gemeinsam essen. Der Rentner, der die Anwesenheit seiner jungen Freundin sehr genoss, bestand darauf, die Rechnungen zu übernehmen. Im Juli 1992 verabredeten beide, dass Roswitha Gerner ihre Teilarbeitsstelle kündigen sollte, um ihn in Zukunft noch besser versorgen zu können. Für ihre Dienste sollte sie neben den gewohnten Vergünstigungen ein monatliches Salär von 3000 Mark erhalten.

Der Rentner, dessen Gesundheitszustand sich zunehmend verschlechterte, entwickelte offenbar unbegrenztes Vertrauen zu seiner Begleiterin. Er erteilte ihr eine Bankvollmacht, damit sie alle notwendigen Zahlungen auch selbständig veranlassen konnte, und er übergab ihr Überweisungsträger, die er blanko unterschrieben hatte. Nur manchmal keimte Unsicherheit in ihm auf, empfand er vermutlich etwas Unbehagen, sich einer Person ausliefern zu müssen, mit der er nicht einmal verheiratet war. Andererseits schien ihm auch bewusst zu sein, dass ihm kaum eine andere Wahl blieb. Denn mit seinem Befinden stand es wahrlich nicht zum Besten. Nicht nur, dass er mit der Zeit ziemlich abgemagert war und nur noch knapp sechsundfünfzig Kilogramm auf die Waage brachte, seinem ausgezehrten Körper schwand auch zunehmend die Kraft. Zwar konnte er noch selbständig stehen und laufen, allerdings nur sehr kurze und ebene Strecken. Außerdem verschlechterte sich seine Sehkraft. Ohne Brille war er fast blind, und auch mit Sehgerät erreichte er nur vierzig Prozent der normalen Sehstärke. Die größte Sorge aber bereitete ihm sein Herz. Nachdem es mehrere Male bereits kurzzeitig seinen Dienst verweigert hatte, war ihm ein Herzschrittmacher implantiert worden. Mit einer programmierten Frequenz sorgte er dafür, dass sein Herz siebzig Mal in der Minute schlug. Auch das grenzte seine Belastbarkeit deutlich ein. Er musste sich nichts vormachen: Wenn er es vorher auch mitunter verdrängt hatte, so war er spätestens seit dieser Operation ein Pflegefall, also auf fremde Hilfe angewiesen.

Trotz all dieser Beschwerden war er geistig dagegen noch voll auf der Höhe der Zeit. Er wusste über seine wirtschaftlichen Verhältnisse Bescheid und war bei den gemeinsamen Unternehmungen für Roswitha Gerner durchaus ein charmanter und amüsanter Unterhalter. Seine Lebensfreude war es wohl auch, die ihn veranlasste, eine Unterbringung in einem Pflegeheim grundsätzlich abzulehnen. Wenn ihm schon nicht mehr viel Zeit blieb, wollte er diese doch in angenehmer Umgebung verbringen und in Gesellschaft von Menschen, die er sich selbst aussuchen konnte. Deshalb schied eine Heimunterbringung aus. Trotzdem verfiel er in manchen Momenten auch ins Grübeln, ob Roswitha Gerner die Richtige für seine Belange sei. Natürlich spürte er, dass sie kein Ersatz für die Frau war, mit der er jahrzehntelang zusammengelebt hatte. Er begriff wohl auch, dass er sich einen Teil ihrer Zuneigung regelrecht erkaufte. In solchen Phasen kam ihm schon mal ein zweifelnder Satz über die Lippen. *Schätzchen sei brav*, sagte er dann, *damit ich das Testament nicht ändere*. So ernst das vermutlich auch gemeint war, gab er sich trotzdem Mühe, es – wie es so seine Art war – scherzhaft klingen zu lassen.

Bei anderen Gelegenheiten zeigte er sich dagegen wieder äußerst spendabel. An ihrem vierundvierzigsten Geburtstag Anfang Juli 1992 etwa überraschte er Roswitha Gerner mit einem unterschriebenen Blankoscheck. Dazu übergab er ihr ein Schreiben, in dem er bescheinigte, ihr den Betrag von 230000 Mark für den Erwerb einer ganz bestimmten Eigentumswohnung zu schenken. Bei der Unterkunft handelte es sich um die Wohnung ihrer besten Freundin Ulla Blauner*, die diese veräußern wollte. Hatte Roswitha Gerner anfangs – vor ihrem Geburtstag – auch Interesse an diesem Objekt bekundet, so schien dieses jetzt erloschen. Trotzdem zeigte ihr das außergewöhnliche Geschenk, dass Walter Gausmann bestrebt war, ihr beinahe jeden Wunsch zu erfüllen. Dafür spricht unter anderem auch, dass er im selben Jahr seine letztwillige Verfügung noch einmal ändern ließ, wieder zu ihren Gunsten. Die beiden hatten mit einem Steuerberater besprochen, dass es wohl günstiger sei, das zu vererbende Grundstück in einer Hand zu belassen. Daraufhin wurde das Testament insofern geändert, als Roswitha Gerner nun sämtlichen Grundbesitz mit dem entsprechenden Inventar, dazu Schmuck und Geldvermögen erben sollte. Mit etwas Geschick hätten sich für sie, die bis dahin über kein nennenswertes Vermögen verfügte, damit alle finanziellen Sorgen für die Zukunft erledigt.

Der Tod des Walter Gausmann ließ schließlich auch nicht mehr lange auf sich warten. Am ersten September 1992 verabredete er sich mit Roswitha Gerner und deren Freundin zu einem gemeinsamen Abendessen in einem gemütlichen Lokal in Regen. Ulla Blauner holte die beiden mit ihrem Auto ab. Gegen einundzwanzig Uhr trafen die drei in dem Restaurant ein. Sie bestellten ihr Essen und einen guten Rotwein. Während die beiden Frauen im Verlauf des Abends jeweils zwei Gläser davon tranken, sprach der Rentner dem Getränk reichlicher zu. Ulla Blauner hielt sich schon deshalb zurück, weil sie am Abend zuvor an einer Feier teilgenommen hatte, deren Nachwehen sie noch deutlich spürte. Außerdem war sie es ja auch, die sich bereit erklärt hatte, die anderen mit ihrem Auto nach Hause zu bringen.

Kurz vor dreiundzwanzig Uhr begab sich die Runde auf den Heimweg. Bis dahin war der Abend ohne Zwischenfälle verlaufen. Der Gastwirt jedenfalls konnte sich später an keine Auseinandersetzung zwischen den ihm gut bekannten Gästen erinnern. Nur einmal hatte er sich um Ulla Blauner Sorgen gemacht, als diese auf die Toilette gegangen und nach zehn Minuten noch immer nicht zurückgekehrt war. Sicherheitshalber ging er nachschauen. Er klopfte an der WC-Tür und erkundigte sich nach dem Befinden seines Gastes. Ulla Blauner erklärte daraufhin, dass ihr von einer Feier am Vortag noch etwas übel sei.

Der Rückweg führte über eine gut ausgebaute Bundesstraße. Nach etwa zwei Kilometern zurückgelegter Strecke bat Walter Gausmann, das Fahrzeug zu stoppen. Ihm sei *kotterich*, sagte er, und er müsse dringend austreten. Daraufhin lenkte Ulla Blauner ihren Wagen nach rechts auf einen Parkplatz, wendete dann aber, um auf den gegenüberliegenden zu fahren. Die Parkfläche hier befindet sich direkt neben dem Regenstausee, sie bietet zehn Autos Platz. Um diese Zeit waren die drei jedoch die Einzigen, die dort hielten. Es war ein recht lauer Abend, der Himmel fast wolkenlos. Sterne waren deutlich zu erkennen, der Mond aber schien nicht. Auch eine elektrische Beleuchtung gab es nirgends. Von dem eigentlichen Parkplatz aus führt ein Schotterweg zu einer Brücke, die mit einem Geländer versehen ist, das einen Sturz ins Wasser unmöglich macht. Vor dem ersten Brückensockel, den man nach etwa fünfundzwanzig Metern erreicht, führt ein schmaler, kaum zwei Meter langer Pfad steil zum Wasser des Stausees hinunter. An dieser Stelle ist das Wasser sehr flach. Im Abstand von einem Meter vom Ufer erreicht es lediglich eine Tiefe von höchstens fünfzig Zentimetern.

Die genaue Schilderung der örtlichen Gegebenheiten mag wie das Vermessungsergebnis eines Hoch- und Tiefbau-Spezialisten anmuten. Sie sei hier jedoch gestattet, da sie für den unmittelbar bevorstehenden Tod des Walter Gausmann von Bedeutung ist. So verdeutlicht sie unter anderem nämlich, dass der Rentner an dieser Stelle nicht ins Wasser gefallen und ertrunken sein kann. Das war erst hinter dem zweiten Brückenpfeiler möglich, der sich gute vierzig Meter weiter befindet. Der Weg fällt hier noch steiler ab. Das Ufer ist mit Steinen befestigt. Die Wassertiefe misst in einem Radius von zwei Metern ab Uferkante zwischen knapp einem Meter und einem Meter sechzig. Genau diese Tiefe würde – entsprechend den eingangs erwähnten Messungen im Schwimmbad – für einen

Sturz ins Wasser ausreichen, ohne sich dabei äußere Verletzungen zuzuziehen. Die zunächst merkwürdig anmutenden Tests erfüllten also einen ernst zu nehmenden Zweck.

Der gebrechliche Walter Gausmann, dem nach dem Gaststättenbesuch übel war und der dringend seine Notdurft verrichten musste, stieg auf dem Parkplatz aus dem Wagen. Dann schlug er den Weg in Richtung Stausee ein. Er ging sehr langsam, da er in der Dunkelheit einerseits kaum etwas sah, der unebene Schotterweg ihm andererseits seine ganze Konzentration abnötigte. Halfen ihm zunächst die grellen Lichtkegel der Autoscheinwerfer bei der Orientierung, verlor sich seine Gestalt bald in der Dunkelheit. Einen kurzen Augenblick später, vermutlich auf Höhe jenes zweiten Brückenpfeilers, erleichterte er sich. Danach muss alles sehr schnell gegangen sein. Was in diesem Moment jedoch wirklich passierte, blieb lange Zeit, gut fünf Jahre, im Unklaren.

Auf jeden Fall kam Walter Gausmann von seinem kleinen Fußmarsch nicht mehr zum Auto von Ulla Blauner zurück. Zunächst begaben sich die Frauen selbst auf die Suche, fuhren mit dem Wagen über besagte Brücke, hielten kurz dahinter an, stiegen aus und riefen mehrmals den Namen des Rentners. Da sie in der Finsternis nichts sehen konnten und sich der Gerufene auch nicht meldete, schlug Ulla Blauner vor, zur nächsten Polizeiwache zu fahren, um Hilfe zu holen. Davon jedoch hielt Roswitha Gerner nichts. Sie wollte zunächst weitersuchen, willigte aber, als sich kein Erfolg einstellte, ein, die Polizei aufzusuchen, um eine Vermisstenanzeige zu erstatten. Nach dem Bericht der Frauen deutete für die Beamten alles auf einen Unfall hin. Möglicherweise, vermuteten sie, hatte der kranke Mann beim Urinieren das Gleichgewicht verloren und war ins Wasser des Stausees gestürzt. Da ihn die Frauen als sehr gebrechlich beschrieben, was ja auch zutraf, und außerdem mitteilten, dass er den Abend über dem Alkohol in nicht unerheblichem Maße zugesprochen hatte, schien das eine denkbare Erklärung für sein Verschwinden zu sein. Aufgrund dieser Vermutungen verloren die Polizisten keine Zeit und starteten noch in derselben Nacht eine Suchaktion. Mittlerweile war es nach Mitternacht und Walter Gausmann seit fast einer Stunde verschwunden. Es dauerte noch einmal eine halbe Stunde, bis die erforderlichen Gerätschaften am Stausee eintrafen. Ein Teil der Wasseroberfläche wurde von der Feuerwehr mit Scheinwerfern abgeleuchtet, gleichzeitig bereiteten sich zwei Männer auf einen ersten Tauchgang vor. Andere Rettungskräfte benutzten Schlauchboote, um den See in einem Radius von rund einhundert Metern um die Brücke nach dem Vermissten abzusuchen.

Die Mühe war vergeblich. Die Leiche des Rentners war bereits zu weit abgetrieben, schwamm zu diesem Zeitpunkt schon etwa vierzig bis fünfzig Meter außerhalb des Suchradius im Wasser. Und wurde mit jeder Minute von der Strömung weiter fort geschwemmt. Erst elf Stunden später – nachdem es hell wurde, war eine zweite Suchaktion angelaufen – entdeckte ein Feuerwehrmann den vollständig bekleideten Leichnam und barg ihn, einen knappen Kilometer von der Brücke entfernt. Als Todestag wurde der 1. September 1992 vermerkt.

Um die genaue Todesursache zu ermitteln, wurde Walter Gausmanns Leiche in das rechtsmedizinischen Institut der Universität München gebracht. Das ist bei Unfällen dieser Art zunächst nichts Ungewöhnliches. Wenig spektakulär war auch, was die Obduktion erbrachte. Demnach hatte der Rentner einen normalen Ertrinkungstod erlitten. Bei frischen Wasserleichen ist diese Diagnose für den Fachmann oft schon äußerlich zu erkennen: Vor Mund und Nase des Toten bildet sich ein Schaumpilz, der häufig schneeweiß ist, durch kleinere Blutbeimengungen aber durchaus auch rötlich oder leicht bräunlich verfärbt sein kann. Eine Sektion bringt schließlich die letzte Gewissheit: *Der innere Hauptbefund*, heißt es im *Atlas der Gerichtsmedizin* von Wolfgang Maresch, *ist die Ertrinkungslunge: Die Lungen sind grau-weiß beziehungsweise bei Kindern gelblich-rosa, sie sind überbläht, also groß und steif. Die Schnittfläche ist meist trocken beziehungsweise von eigenartig trockenem steifem Schaum benetzt.* Dazu komme es, weil das eingesaugte Wasser durch eine überdauernde Herz- und Kreislauftätigkeit auch noch nach Eintreten des Atemstillstandes abtransportiert werde.

Dass Walter Gausmann schon vor dem Eintreffen ins Wasser tot war, schied für die Gerichtsmediziner somit aus. Während der Autopsie fanden sie weder Hinweise auf ein Herzversagen noch auf einen Gehirnschlag. Beide Todesursachen hätten dazu geführt, dass ebendiese markanten Zeichen des Ertrinkens nur äußerst gering beziehungsweise überhaupt nicht ausgeprägt gewesen sein würden. Schließlich waren auch keine äußeren Verletzungsspuren auszumachen, die den Verdacht nahe gelegt hätten, dass ein Dritter beim Tod des Rentners nachgeholfen hatte. Es wurde lediglich eine leichte Hautabschürfung am rechten Knie ausgemacht, die jedoch rechtfertigte ein solches Denken keineswegs. Im Gegenteil, für die Rechtsmediziner erschien ein Unfalltod völlig plausibel. Zumal sich der alte Mann in der Nacht seines Todes in einer körperlich schlechten Verfassung befunden hatte. Außerdem war er mit einer Blutalkoholkonzentration von 1,15 Promille alles andere als nüchtern gewesen. Beide Tatsachen dürften nach Ansicht der Mediziner auch dafür verantwortlich gewesen sein, dass er nicht in der Lage war, sich trotz relativ geringer Wassertiefe selbst zu retten. Erschwerend mag hinzugekommen sein, dass er sich in der Dunkelheit nur schwer orientieren konnte und von seiner nassen Kleidung in seinem Agieren stark eingeschränkt wurde. Umso mehr, da er ohnehin nur mit Hilfe eines Herzschrittmachers leben konnte und jede körperliche Anstrengung für ihn zu einer kaum zu bewältigenden Tortur werden konnte. Und selbst wenn diese Erklärung für seinen Tod nicht ausgereicht hätte, gäbe es nach Meinung der Rechtsmediziner noch eine zweite Möglichkeit, die zum Ableben des Mannes geführt haben könnte – ein so genannter Badetod. In einem solchen Fall wird beim Auftreffen des menschlichen Körpers auf die Wasseroberfläche durch das Wasser reflektorisch eine Bewusstlosigkeit oder gar ein Herzstillstand ausgelöst. Die betreffende Person würde dann untergehen, ohne eine weitere Reaktion zu zeigen. Auch dann würden sich die typischen Befunde eines Ertrinkungstodes einstellen.

Die Obduktion fand einen Tag nach der Bergung der Leiche statt. Damit hatten die Gerichtsmediziner ihre Arbeit geleistet. Sie waren sehr sorgfältig vorgegangen. Ein erfahrener Arzt, der jedes Jahr rund 600 Sektionen durchführt, hatte die Untersuchungen geleitet. Jetzt waren die Beamten der Kriminalpolizei am Zuge, die bei einem tödlichen Unfall die Hintergründe zu recherchieren hatten. Im Wesentlichen ging es darum, den Unfall als solchen zu bestätigen, ein Fremdverschulden also auszuschließen. Im Zuge dieser Ermittlungen mussten die Aussagen von Roswitha Gerner und Ulla Blauner im Mittelpunkt stehen. Die beiden Frauen waren es, die den Rentner zuletzt begleitet hatten. Sie waren die einzig interessanten Zeugen. Natürlich galt es auch, die Haushälterin zu befragen, den Gärtner und Nachbarn. Vielleicht ergaben sich ja auch Hinweise für eine beabsichtigte Selbsttötung, die der Rentner vielleicht seit längerem geplant und während eines Gesprächs flüchtig erwähnt hatte. Er war immerhin schwer krank und wusste, dass seine Tage gezählt waren.

Doch auf Spuren oder Hinweise, die einen solchen Verdacht erhärtet hätten, stießen die Ermittler nicht. Blieben schließlich noch der Wirt und die Bedienung des Lokals, in dem die drei zusammen zu Abend gegessen hatten. Aber auch sie hatten keine auffälligen Beobachtungen zu berichten. Während der zwei Stunden, die Walter Gausmann mit seinen beiden Begleiterinnen in dem Restaurant verbrachte, war es zwischen ihnen zu keinen auffälligen Missstimmungen gekommen. Sie verhielten sich freundlich, unterhielten sich angeregt, wirkten nicht einmal gereizt. Wie es die Wirtsleute von früheren Besuchen von ihnen gewohnt waren.

Auch die beiden Frauen stellten das Geschehen an diesem Abend so dar, als sie von der Polizei als Zeugen vernommen wurden. Ihre Aussagen stimmten in jeder Einzelheit überein. Unabhängig voneinander gaben sie zu Protokoll, dass sie am Abend des 1. September gegen dreiundzwanzig Uhr das Lokal verließen, dass Ulla Blauner den Wagen steuerte, dass Walter Gausmann auf der Heimfahrt nach wenigen Kilometern darum bat, auf einem Parkplatz anzuhalten, weil ihm *kotterich* war und er austreten musste, dass er mit den Worten *ich lasse mir beim Piseln nicht zuschauen* eine Begleitung ablehnte und dann allein aus dem Fahrzeug stieg, dass die Frauen daraufhin im Auto warteten und jeweils eine Zigarette rauchten – sie räumten ein, dass es auch zwei gewesen sein konnten, so genau könnten sie sich daran nicht erinnern –, dass es ihnen jedoch Sorgen bereitete, als er nach zehn Minuten noch nicht zurück war, dass sie dann selbst ausstiegen, um zu Fuß nach ihm zu suchen, dass sie anschließend auch über die Brücke fuhren und bei heruntergelassenem Fenster nach ihm Ausschau hielten, von dem Vermissten aber nichts hörten und sahen, dass sie bald befürchteten, er könnte beim Austreten in den Stausee gefallen sein, dass sie dadurch ziemlich verwirrt waren und zur Gaststätte zurückfuhren, in der Hoffnung, Herrn Gausmann dort zu finden, und dass sie sich schließlich zur nächsten Polizeistation begaben, um Hilfe zu holen …

Diese Version der Zeuginnen muss die Beamten überzeugt

haben. Sollten sie jemals einen Verdacht gegen sie gehegt haben, trennten sie sich bald von dem Gedanken, sie könnten mit dem Tod des Mannes etwas zu tun haben. Und da auch die Obduktion einwandfrei ergeben hatte, dass Walter Gausmann einen Ertrinkungstod gestorben war, wurden die Ermittlungen durch die zuständige Staatsanwaltschaft eingestellt. So, wie es der Paragraph 170, Absatz zwei, der Strafprozessordnung vorsieht. Der besagt, dass ein Verfahren einzustellen ist, wenn die Ermittlungen keinen genügenden Anlass zur Erhebung einer öffentlichen Klage ergeben haben. Da also weder einer der Frauen noch beiden und auch nicht jemand anderem nachgewiesen werden konnte, dass er am Tod des Rentners beteiligt war oder Schuld daran trug, wurde der Todesfall Gausmann als geklärt zu den Akten gelegt und als tödlicher Unfall verbucht.

Im Nachhinein scheint diese Entscheidung zumindest kritikwürdig. Aber im Nachhinein ist man ja immer schlauer. Trotzdem: Lagen bei den Schilderungen der Frauen einige Zweifel nicht gerade auf der Hand? Warum zum Beispiel entschied sich ein schwer kranker Mann, dem jeder Schritt größte Anstrengung abverlangte, zu einem Fußmarsch von vierzig oder fünfzig Metern, obwohl sich ihm direkt neben dem geparkten Auto ein geeigneter Platz geboten hätte, seine Notdurft im Schutz der Dunkelheit zu verrichten? Warum ließen die Frauen eine knappe Stunde ins Land gehen, ehe sie sich an die Polizei wandten? Was sollte die Fahrt zurück zu dem fast zwei Kilometer entfernten Lokal? Muss ihnen doch klar gewesen sein, dass Walter Gausmann niemals in der Lage gewesen wäre, den Weg zu Fuß und schon gar nicht in so kurzer Zeit zu bewältigen. Und hätte die Beamten nicht allein die Tatsache, dass Roswitha Gerner als Haupterbin des Vermögens des alten Mannes eingesetzt war, sensibler machen müssen?

Die sterblichen Überreste des Walter Gausmann wurden auf

dem Friedhof seiner Heimatstadt beerdigt. Sie kamen in das Gemeinschaftsgrab, welches er beim Tod seiner Ehefrau erworben hatte. Zu der Zeremonie auf dem Friedhof versammelten sich zahlreiche Menschen, die den Toten gekannt und gemocht hatten. Seine alte Haushälterin weinte an seinem Grab, der Gärtner war erschienen, dazu Nachbarn, ehemalige Arbeitskollegen und Freunde, und auch Roswitha Gerner und Ulla Blauner trugen ihre Trauer zur Schau. Keine zwei Monate darauf wurde das Testament des Verstorbenen eröffnet, das zuständige Amtsgericht stellte die entsprechenden Teilerbscheine aus. Roswitha Gerner fiel das Wohnhaus samt Inventar und einem Grundstück von 2400 Quadratmeter Fläche zu. Den Grundbesitz veräußerte sie später für eine halbe Million Mark. Außerdem versuchte sie, sich auch das gesamte Barvermögen, das Walter Gausmann hinterlassen hatte, unter den Nagel zu reißen. Das betrug etwa 300 000 Mark und sollte entsprechend dem Wunsch des Verstorbenen eigentlich unter den drei Erben aufgeteilt werden. Ihre Versuche, mit bereits vordatierten Blankoschecks an das Geld zu gelangen, scheiterten jedoch, da sich mehrere Banken in Deutschland und Österreich weigerten, die geforderten Transaktionen auf ihr Konto vorzunehmen.

Ansonsten lief das Leben von Roswitha Gerner in geordneten Bahnen weiter. Sie behielt ihre Mietwohnung, fuhr zunächst auch weiterhin das BMW-Cabriolet und führte ein eher unauffälliges Dasein. Bald fand sie einen neuen Partner, in den sie sich verliebte. Sie war klug genug, mit der üppigen Erbschaft in ihrem Heimatort nicht zu protzen. Auch die Freundschaft zu Ulla Blauner blieb bestehen. Die beiden Frauen trafen sich weiterhin regelmäßig. Erst als die Freundin, die aus erster Ehe zwei Kinder zu versorgen hatte und deshalb in dieser Zeit keinem Beruf nachging, im Frühjahr 1993 einen neuen Mann kennen lernte und wieder arbeiten ging, nahmen die

Kontakte ab. Jetzt trafen sich die Frauen seltener, ließen die Verbindung aber nicht vollständig abreißen. Das geschah erst, nachdem Ulla Blauner erneut heiratete, noch ein drittes Kind bekam und im Jahr 1996 mit ihrer Familie nach Augsburg zog. Die räumliche Entfernung sorgte dafür, dass die Beziehung der beiden allmählich einschlief, zuletzt nur noch aus gelegentlichen telefonischen Kontakten bestand.

Unter diesen Umständen wären sich die zwei Frauen womöglich auch nie wieder begegnet – wenn es bei der zuständigen Kriminalpolizei nicht einen gewissen Kriminaloberkommissar Klausen* gegeben hätte, der sich im Frühsommer 1997 noch einmal die Akten des Unglücksfalls Walter Gausmann zu Gemüte führte. Seine Motivation, sich nach fast fünf Jahren einem eigentlich abgeschlossenen Fall zuzuwenden, ist schwerlich nachzuvollziehen. Ein Rechtsanwalt, der später in dieser Sache aktiv werden sollte, kann sich daran erinnern, dass der Polizist mit einem der Erben neben Roswitha Gerner verwandt war. Dieser soll ihn auf einige Ungereimtheiten aufmerksam gemacht haben, die im Zuge der damaligen Ermittlungen nicht geklärt worden seien.

In der offiziellen Verlautbarung des Polizeipräsidiums hieß es lediglich, dass ein Kriminalbeamter neu auf den Fall angesetzt worden sei. Dieser habe beim Studium der alten Ermittlungsakten einen Widerspruch innerhalb einer der Zeugenaussagen entdeckt. Daraufhin hätte man sich entschieden, den Fall neu aufzurollen.

Tatsächlich aber hatte Klausen in Absprache mit der Staatsanwaltschaft bereits umfangreiche Ermittlungen angestellt, ehe es überhaupt bekannt wurde. Nicht zuletzt deshalb, weil er wollte, dass sich die Personen, die plötzlich als Vollstrecker eines Tötungsdeliktes in Betracht kamen, weiter in Sicherheit wogen. Klausen und seine Kollegen hatten nicht nur den möglichen Tatort, den Parkplatz und die Brücke am Stausee, noch einmal genauestens unter die Lupe genommen, sondern auch heimlich das Telefon einer der Tatverdächtigen angezapft. Wären ihre Recherchen bekannt geworden, hätten sie kaum mit brauchbaren Hinweisen rechnen können. Aber auch so hielten sich die Ergebnisse der Telefonüberwachung in Grenzen. Offenbar war es so, dass die beiden Personen, die nach neuester Überzeugung der Beamten als Einzige wussten, wie Walter Gausmann tatsächlich ums Leben gekommen war, die Nacht seines Todes aus ihrem Gedächtnis verdrängt hatten – und damit ganz gut leben konnten.

Bei der zweifelhaften Aussage handelte es sich um Angaben, die Roswitha Gerner geäußert hatte. Es war nur ein kleines Detail, welches sie nun verdächtig machte. Roswitha Gerner hatte in einer ihrer Vernehmungen angegeben, dass sie ihre Freundin Ulla Blauner aufgefordert habe, den Parkplatz zu wechseln, weil sie den gegenüberliegenden bei der Anfahrt durch das helle Scheinwerferlicht habe einsehen und dabei feststellen können, dass dieser leer ist. Tatsächlich aber war das aufgrund einer Linkskurve gar nicht möglich. Im Gegenteil, die Straße verlief so, dass sie den zuerst angefahrenen Parkplatz hatte überblicken können. Daraus ergab sich nun natürlich die Frage, warum sie dafür gesorgt hatte, dass ihre Freundin die Straßenseite wechselte. Und warum Walter Gausmann ausgerechnet an dem Stausee seine Notdurft verrichten sollte.

Eine Winzigkeit, die bisher alle übersehen hatten. Ein unscheinbarer Fehler, eine falsche Beschreibung, die nur jemandem auffallen konnte, der darauf gestoßen wurde oder aber die Örtlichkeiten, um die es ging, bestens kannte. Daher scheint es nicht ganz abwegig, dass hinter den neuerlichen Aktivitäten anfangs nur das Gerücht eines benachteiligten Erben stand und dass Kommissar Klausen von da an nach einer Unstimmigkeit gesucht hatte, um den Fall noch einmal angehen zu können. Was auch immer es letztlich war, es ist egal, führte es den Ermittler und seine Mitstreiter doch endlich auf die richtige Spur.

Am 22. Juli 1997, knapp fünf Jahre nach dem mysteriösen Tod von Walter Gausmann, erhielt Roswitha Gerner in ihrer Wohnung Besuch von zwei Polizisten der Mordkommission. Sie teilten ihr mit, dass die Ermittlungen in dem Fall wieder aufgenommen seien und dass sie und ihre Freundin unter Mordverdacht stünden. Einen Haftbefehl hatten die Männer allerdings noch nicht dabei. Sie wollten erst einmal abwarten, wie sich die Verdächtige nach der überraschenden Offenbarung verhielt. Würde sie den entscheidenden Beweis selbst liefern? Würde sie sich selbst verraten? Doch diese Hoffnung wurde nur halb erfüllt. Zwar rief Roswitha Gerner tatsächlich Ulla Blauner an, nachdem die Beamten ihre Wohnung verlassen hatten, gebar sich dabei aber schlau genug, nicht die ganze Wahrheit auszuplaudern. Die Mitschnitt-Protokolle der Telefonüberwachung jedenfalls lieferten nicht genügend Anhaltspunkte, um sie als Mörderin überführen zu können.

Dafür sorgte schon bald ihre einstmals beste Freundin. Nachdem beide Frauen zwei Tage später unter dem dringenden Tatverdacht, gemeinsam ein Tötungsverbrechen begangen zu haben, verhaftet und in einem Untersuchungsgefängnis einquartiert wurden, bekam es Ulla Blauner mit der Angst zu tun. Bisher hatte sie angenommen, dass die Tat niemals nachzuweisen sein würde, da sie und Roswitha Gerner die einzigen Zeugen waren. Wenn sie schwiegen, hatte sie gedacht, könnte ihnen nichts passieren. Und damit lag sie auch gar nicht so verkehrt. Denn Beweise gab es nicht. Doch als sie sich plötzlich in einer Gefängniszelle wiederfand, schrumpfte ihr Sicherheitsgefühl. Auf einmal sah die Sache ganz anders aus. Wollte sie für diese Freundschaft wirklich so viel riskieren, für eine Freundschaft, die es eigentlich gar nicht mehr gab? Sie im Gefängnis – das ging nun wirklich zu weit. Sie hatte ihr eigenes

Leben, eine Familie und Kinder, die zu versorgen waren. Vermutlich ist ihr all das durch den Kopf gegangen, bevor sie sich entschied, den Mordermittlern ihr Herz auszuschütten. Sie selbst konnte ihre Hände in Unschuld waschen, wurde schon bald aus der Haft entlassen. Ein Verfahren, das gegen sie geführt wurde, weil sie den Mord an Walter Gausmann möglicherweise begünstigt und weil sie bei den ersten Ermittlungen immer wieder falsche Angaben gemacht hatte, wurde nach wenigen Monaten eingestellt.

Ganz anders verhielt sich Roswitha Gerner. Eisern beharrte sie auf ihrer Version, schilderte den Verlauf des fraglichen Abends wiederholt so, wie sie es bereits unmittelbar nach dem Tod des alten Mannes getan hatte. Selbst vor Gericht räumte sie nicht ein, beim Todessturz des Rentners nachgeholfen zu haben, um sich die Erbschaft zu sichern. Denn wie sich während der Verhandlung herausstellte, war das Verhältnis zwischen Walter Gausmann und der Angeklagten in den letzten Wochen vor seinem Tod abgekühlt. Der Gönner fühlte sich trotz beträchtlicher Geldzuwendungen zunehmend vernachlässigt. Die Tatsache, dass es Roswitha Gerner schließlich abgelehnt hatte, sich eine Wohnung in seiner Nähe zu nehmen, um im Bedarfsfall schnell zur Stelle sein zu können, stimmte den pflegebedürftigen Mann zusätzlich missmutig. Er beklagte sich darüber, dass sie oft nicht mehr zu erreichen war, wenn er abends seine Medikamente einnehmen musste. Aufgrund seiner erheblichen Sehschwäche war er dabei aber auf Hilfe angewiesen. Darüber ärgerte sich Walter Gausmann so sehr, dass er sich entschied, die Pflegebeziehung zu Roswitha Gerner zu beenden. Diesen Entschluss teilte er nicht nur seiner Haushälterin mit, sondern auch einer Nachbarin, der er am Nachmittag vor der verhängnisvollen Verabredung im Garten begegnete. Obwohl er zu Letzterer keinen näheren Kontakt pflegte, war er offenbar so wütend, dass er seinem Ärger Luft machen musste. Noch am selben Tag, erzählte er ihr, werde er sich von dieser Person trennen. Beim gemeinsamen Abendessen wolle er ihr seinen Entschluss mitteilen. Seine Betreuung und Versorgung mit Essen und Medikamenten sollte ab sofort wieder die Haushälterin übernehmen. Sie hatte sich dazu bereit erklärt.

All das kam während des Gerichtsprozesses zur Sprache, der im Frühjahr 1998 stattfand. Diese Fakten legten offen, dass Roswitha Gerner – und nur sie – ein Motiv hatte, Walter Gausmann zu töten. Entsprachen die Trennungsabsichten ihres Gönners der Wahrheit, musste sie befürchten, dass er über kurz oder lang auch sein Testament ändern würde. Nach einer solchen Trennung hätte es für den alten Mann keinen Grund mehr gegeben, ihr sein Vermögen zu vermachen. Zu dieser großzügigen Erbschaft hatte er sich nur aufgrund ihrer einst guten Pflegeleistungen entschlossen. Trotz belastender Erklärungsnot kam die Angeklagte auch jetzt nicht dem Schwurgericht entgegen. Sie verweigerte weiterhin die Aussage oder beharrte auf den bereits dargebrachten Erklärungen. So waren schließlich fünfzehn Verhandlungstage, komplizierte Geländevermessungen durch Bautechniker, gerichtsmedizinische Gutachten, exakte Untersuchungen der Strömungsverhältnisse im Stausee, detaillierte Auskünfte über die damaligen Wetterverhältnisse, die mikroskopische Spurensuche an den Kleidungsstücken des Toten und eben auch die Sprungtests im Schwimmbad vonnöten, um das Puzzle eines fast perfekten Mordes zusammenzusetzen. Wären die Ermittler damals gleich so gründlich vorgegangen, wäre der Fall vermutlich nicht zu einer Ermittlungspanne verkommen.

Am Ende blieb dem Gericht nur eine Erkenntnis, und die zweifelsfrei: Roswitha Gerner ist eine Mörderin. Sie hatte Walter Gausmann begleitet, als er für eine Pinkelpause das Auto verließ. Sie war es auch, die mit ihm bis zum zweiten Pfeiler der Brücke ging, ihn dabei vermutlich noch stützte, weil die unebene Strecke für den gebrechlichen Mann schwer zu bewältigen war. Und sie war es schließlich, die ihn vom Ufer aus ins Wasser stieß – wohl wissend, dass das seinen sicheren Tod bedeutete. Eine solche Handlungsweise wertete das Gericht als *vorsätzliches Töten aus Habgier* und sprach für die Angeklagte die vom Gesetz dafür vorgesehene Höchststrafe aus: Lebenslänglich.

Die Kronzeugin

Warum die Justiz manchmal blind ist

Sehr geehrter Herr Staatsanwalt,
zwischenzeitlich hatte ich die Ermittlungsakte vorliegen. Offensichtlich hatte sich mein letztes Schreiben an Sie mit der Zusendung der Akte geschnitten. Nach Studium der Akte bin ich jedoch der Auffassung, dass meine Mutmaßungen, dass das Ermittlungsverfahren hier nur höchst unzureichend betrieben wird, zutreffend sind. Bereits bei oberflächlicher Betrachtung der Akte fiel mir auf, dass offensichtlich zwanghaft versucht wird, Frau Dragovic in ein bestimmtes Licht zu rücken … Mithin muss ich den Verdacht hegen, dass hier versucht wird, eine Legende bezüglich meiner Mandantin zu basteln, die so nicht zutreffend ist …*

Das Schreiben, das hier auszugsweise wiedergegeben ist, wurde am zwanzigsten Februar 1997 in der Kanzlei eines Rechtsanwalts verfasst. Es war an die Staatsanwaltschaft einer Stadt in Nordrhein-Westfalen adressiert und betraf einen recht diffizilen Fall. In dem Papier hatte der Anwalt all die Dinge zusammengetragen, die ihm in besagter Angelegenheit merkwürdig erschienen. Nach seinem Verständnis deuteten sie darauf hin, dass nicht nur schludrig ermittelt wurde, sondern Aussagen nach Gutdünken formuliert und dem gewünschten Gesamtgedanken angepasst worden waren. Am Ende umfasste seine Dienstpost sieben DIN-A4-Seiten. Gegenstand der kritisierten Ermittlungen war der Tatbestand der Körperverletzung, der an sich sehr häufig vorkommt und von daher zunächst wenig spektakulär ist. Hier aber lag die Sache anders, weil es um zwei Kontrahenten ging, die ungleicher nicht sein sollten, es offenbar aber doch waren.

Der Rechtsanwalt hatte die juristische Interessenvertretung von Olga Dragovic übernommen, einer Frau, die allzu gern einem gesellschaftlichen Stand zugerechnet wurde, der hierzulande wenig bis keine Anerkennung genießt. Zum einen war sie als jugoslawische Staatsbürgerin auf kaum nachvollziehbaren Pfaden nach Deutschland gekommen, verfügte für einen gewissen Zeitraum sogar über ein Visum und die entsprechende Aufenthaltserlaubnis. Zum anderen verdiente sie ihr Geld in einer Nachtbar, die sich in einem kleinen Ort am westlichen Rand Deutschlands befand und in der Regel nur von Männern aufgesucht wurde. Was wiederum daran lag, dass dieses Etablissement seine Kundschaft mit ziemlich eindeutigen, auf männliches Publikum fixierte Offerten köderte. Die Bedienung, wie Olga allesamt schlanke junge Frauen aus Ostblockstaaten, einige auch aus Deutschland, servierte Schampus und russischen Kaviar im String-Tanga. Oder sie kredenzte erst süße Cocktails und salzige Chips, um dann wie zufällig auf dem Schoß eines gierigen Gastes zu landen. Einige der Damen räkelten sich zwischendurch auf einem Tisch zu schummriger Musik und ließen die ohnehin knappen Hüllen manchmal gleich ganz fallen. Für Männer, die dabei auf den Geschmack kamen, standen plüschige Séparées zur Verfügung.

Nun war das nicht unbedingt das, was sich Olga Dragovic unter einem Traumberuf vorstellte, und schon gar nicht, was sie sich für ihr Leben wünschte, als sie ihre Heimat verließ, um im Westen alles besser zu machen. Die Neunundzwanzigjährige war keine junge Frau gewesen, die Flausen im Kopf hatte. Vielleicht hatte sie ein bisschen vom Glück geträumt, wie die meisten in ihrem Alter. Aber sie wollte nicht viel: in einem Beruf arbeiten, der ihr Spaß bereitete und ein paar Mark einbrachte. Eines Tages einen Mann treffen, der sie und den sie so sehr liebte, dass sie ihn heiraten und mit ihm Kinder bekommen würde. Von diesen kleinen Träumen aber war sie mindestens so weit entfernt wie von ihrer Heimatstadt Belgrad. In dieser zweifelhaften Gastwirtschaft, in diesem Kaff, in dem abends nach zehn die Bürgersteige hochgeklappt wurden. Und das verletzte sie, sorgte dafür, dass sie ein wenig die Achtung vor sich selbst verlor. Denn diese Olga, die sie Nacht für Nacht in der Bar zum Besten gab, existierte nicht wirklich. Die wahre Olga Dragovic war viel sensibler, nachdenklicher und zerbrechlicher. Sie war ein guter Mensch. Doch weil sie das eben nicht mehr sein durfte, hat sie den Ausweg in der Flucht gesucht. Irgendwann hat sie sie zum ersten Mal genommen, diese Mittel, die Leid erträglicher machen, Schmerz betäuben und Wehmut vertreiben – wenigstens für Momente. Sie hat Tabletten genommen, Drogen und so manches Mal zur Flasche gegriffen. Und sich damit nur noch weiter ins Abseits manövriert.

Alles in allem war diese Olga Dragovic zu diesem Zeitpunkt wahrlich nicht gerade eine Vorzeigemandantin. Einen guten Rechtsanwalt freilich darf das nicht kümmern, einem guten Anwalt geht es um die Sache, um Recht und Gesetz. Und hatte er sich nicht genau deshalb entschlossen, dieser Frau zur Seite zu stehen? War es nicht das gewesen? Für jemanden da zu sein. Sie hatte einen starken Verbündeten auch bitter nötig, wie sich bald herausstellen sollte.

Im November 1996 erschien in einer Wochenzeitung, die bundesweit vertrieben wird, ein Bericht, den vier Polizisten, die Olga gut kannte, gern verhindert hätten. Bisher war der Fall – ihr Fall – nur in der Lokalzeitung zur Sprache gekommen, fast übersehbar in der Größe; und der Schreiber war sehr vorsichtig vorgegangen, hatte die Vorwürfe im Konjunktiv formuliert, keine genauen Details verraten und schon gar nicht die Betroffenen beim Namen genannt, nicht einmal ihre genaue Dienststelle. So war der Skandal bis dahin untergegangen, war keiner geworden. Nun, mit der Veröffentlichung in dem Blatt, von dem wöchentlich rund 2,5 Millionen Exemplare verkauft wurden, sah die Angelegenheit plötzlich anders aus. Zwar wurden darin die Familiennamen der Polizisten nur abgekürzt erwähnt, dafür aber die vier Herren im Foto gezeigt. Und mit den schwammigen Andeutungen war es auch vorbei. Rund elf Millionen Menschen konnten lesen, was sich in einer nordrhein-westfälischen Kleinstadt zugetragen haben soll: *Einst wurden … als diensteifrige Polizisten geschätzt, von vorbildlicher Dienstauffassung und zu Höherem berufen. Ihren Vorgesetzten gefiel das so sehr, dass sie dem Quartett Anfang der achtziger Jahre den begehrten ET-Status* (Einsatztrupp – Schutzpolizisten, die in Zivil auf Verbrecherjagd gehen, d. A.) *verliehen. Die vier Männer wurden mit Privilegien ausgestattet, nach denen sich jeder gewöhnliche Schutzpolizist sehnt: Sie brauchten keine Uniform mehr zu tragen, konnten sich die Dienstzeit frei einteilen, bekamen nicht einmal konkrete Ermittlungsaufträge. Ihr Einsatzbefehl lautete stets gleich: Kriminalitätsbekämpfung, Schwerpunkt Drogendelikte. Zur allgemeinen Kriminalitätsbekämpfung rechnet man beispielsweise das Vorgehen gegen Bestechlichkeit und illegale Prostitution. Doch … und seine Kumpane müssen da was falsch verstanden haben. Denn diese Delikte wurden von ihnen nicht nur nicht geahndet, sondern sogar selbst begangen. So steht es in der sechsundzwanzigseitigen Anklageschrift, die der Staatsanwalt gegen sie verfasst und beim Landgericht eingereicht hat. Da steht noch viel mehr drin: Von Strafvereitelung im Amt ist die Rede und von Hilfe zum Verstoß gegen das Ausländergesetz. Gelegenheit für derlei Gaunereien hatten die Polizisten reichlich. Denn ihre nächtlichen Sondereinsätze führten sie viel zu selten auf die Straße, dafür aber umso häufiger in die plüschige Bar im Rheinischen. Und da schoben sie dann Dienst, wie er in keiner Vorschrift steht …* An einer anderen Stelle wird der Text, in dem sich sein Verfasser immer wieder auf Details aus den Ermittlungsakten und der Anklageschrift beruft, noch deutlicher: *… Und so gab es erst Bier und Schaumwein gratis und dann die freie Auswahl für den Höhepunkt im Séparée. «Die Männer haben kräftig hingelangt», plaudert Prostituierte Irene (33). Allerdings nicht immer mit dem erhofften Erfolg: «Einer von ihnen war einmal sogar so besoffen, dass er beim Überstreifen des Kondoms eingepennt und von der Matratze gerollt ist.»* Über den Zeitraum von gut einem Jahr, zwischen Ende 1992 und Frühjahr 1994, sollen die Beamten den Rundum-Service insgesamt über achtzig Mal während ihrer Dienstzeit in Anspruch genommen haben. Eine der Frauen, von denen sie sich dabei verwöhnen ließen, war Olga Dragovic.

Rausgekommen war die ganze Chose durch den Wirt der Bar. Dabei hatte ihn nicht etwa Böswilligkeit geleitet, seine bewaffneten Stammgäste zu verpfeifen, sondern schlichtweg sein gut ausgeprägter Selbsterhaltungstrieb. Denn der Sechsundfünfzigjährige gehörte damals wahrlich nicht zu denen, die sich große Sprünge leisten konnten. Und schon gar nicht Ärger mit der Polizei. Als gebürtiger Slowene wusste er, was auf dem Spiel stand, und dass es nie lohnte, sich mit der Staatsgewalt anzulegen. Er war nach dem Umsturz im Osten mit seiner Frau aufgebrochen, das Glück in der Bundesrepublik zu suchen, die ihnen Gutes verhieß. Die Gastwirtschaft lag ihnen am meisten, darin hatten sie sich in ihrer Heimat ausprobiert, also versuchten sie es mit einem Lokal. Nicht gleich der erste Versuch gelang ihnen, sie gaben aber nicht auf, bis sie an die kleine kuschelige Bar gerieten, in diesem ziemlich verschlafenen Ort, unscheinbar auf einem Hinterhof. Und vor allem abseits einer Großstadt, wo man das, was sie ihren Gästen boten, zuhauf finden konnte.

In ländlichen Gegenden aber verhält es sich anders damit. Da wird über Etablissements wie diesem nur hinter vorgehaltener Hand getuschelt. Und fragt man jemanden danach, fühlt sich dieser bemüßigt, auch ja den Eindruck zu erwecken, dass er dessen Existenz nur akzeptiert, weil er dazu gezwungen ist: *Tja, was soll man da schon machen? Lohnt ja doch nicht.* Und natürlich legt er Wert darauf, dem Fremden zu erklären, dass er den Laden auch gar nicht richtig kennt, er doch nicht, nicht von innen; ja, dass er nicht einmal weiß, was sich hinter der unschuldig weißen Außenhaut des Gebäudes verbirgt. Aber dann soll es doch immer wieder vorkommen, dass sich Menschen genau diesen Schlags plötzlich begegnen – in einer dunklen Ecke des angeblich so verhassten Lokals. Vielleicht grüßen sie sich flüchtig, oder sie tun so, als würden sie den anderen nicht sehen. Aber auch das ist ungefährlich, denn auf jeden Fall werden sie stillschweigend einen Pakt der Scheinheiligkeit schließen. Jeder weiß vom anderen, dass dieser ihn bestimmt nicht verraten wird. Genau das ist es, was solchen Lokalen dann doch jede Menge Gäste beschert. Und es kehren natürlich auch Kunden ein, die aus Städten kommen, die weit genug entfernt liegen und zum Teil eine beträchtliche Fahrstrecke erfordern, um dann im Schutz der Anonymität ihren Neigungen nachgehen zu können. All das wusste der Serbe. Er wusste auch, wie er seine Kundschaft anlockte und sie bei Laune hielt. Und er verfügte über die notwendigen Kontakte, an entsprechendes Personal für seinen Laden heranzukommen.

Über gewöhnliche Stellenanzeigen funktionierte das natürlich nicht. Da waren andere Verbindungen vonnöten. Sie liefen über persönliche Kontakte. Über allerhand zwielichtige Typen, die sich Helfer nannten oder Verbindungsmänner, Transporteure oder Geschäftsmänner. Wobei sich deren geschäftliches Dasein weniger darin begründete, über ein Büro und eine Sekretärin zu verfügen. Sie gehörten zu der Art Geschäftsleute, die im Zweifel eine scharfe Handfeuerwaffe einem Schreibtisch vorzogen. Dass es bei diesen Herrschaften nicht immer ganz koscher zuging, haben die Polizisten, die vier vom elitären Einsatztrupp mit dem Hang zur mitternächtlichen Gemütlichkeit, vielleicht nicht erkennen können. Mag sein, dass sie es tatsächlich übersehen haben, was freilich gegen ihren kriminalistischen Instinkt spräche, dessen sie einst so gerühmt wurden. Es wäre aber auch denkbar, dass sie es absichtlich übersahen. Wie auch immer die Angelegenheit zu bewerten ist – da sie gegen das verwerfliche Vorgehen nicht in Aktion traten, erledigten das andere für sie. Dummerweise handelte es sich dabei ausgerechnet um ein paar Berufskollegen, Beamte des Sittendezernats nämlich, die ihren Dienst im Gegensatz zu ihnen vorschriftsmäßig versahen. Sie hatten sich damals nicht vom Rotlichtschimmer der Bar einlullen lassen und ihren Betreiber ins Visier genommen, und das schon seit längerer Zeit. Peinlich nur, dass die trinkfreudigen Jungs vom Einsatztrupp offenbar nichts davon mitbekamen.

Als der Gastwirt eines Tages dann zur Vernehmung ins Polizeipräsidium gebeten wurde, weil die Polizisten von der Sitte genügend Beweise gegen ihn gesammelt hatten, um ihn der Förderung der Prostitution, des mehrfachen Verstoßes gegen das Ausländergesetz und anderer Delikte beschuldigen zu können, erlebten diese selbst eine Überraschung. Denn der Wirt zeigte sich verblüfft – und gab einiges zum Besten: Wie, meinte er, könne es denn sein, dass sich in seinem Lokal regelmäßig vier Beamte des gleichen Dienstherren an den süßen Früchten der Versuchung labten und gegen seine Geschäftsgebaren so gar nichts einzuwenden hatten? Nun sollte er, der sich seinen Stammgästen gegenüber doch immer großzügig gezeigt hatte, plötzlich ein Verbrecher sein? Das könne doch nicht mit rechten Dingen zugehen. Wenn er ein Ganove sei, müssten es diese Herren doch erst recht sein. Schließlich hätten sie das Treiben in seiner Bar nicht nur geduldet, sondern selbst auch ausreichend genossen …

Es kann angenommen werden, dass die Beamten von der Sitte ganz schön ins Staunen gerieten, als sie das hörten. Ihnen muss klar gewesen sein, dass so eine Sache nicht hinter den Mauern des Polizeigebäudes zu verbergen ist. Und sie werden auch keinen Grund gehabt haben, das Treiben ihrer Kollegen zu decken. Wenn deren nächtliche Sonderschichten schon Skandal genug waren, was hätten die Medien erst daraus gemacht, wenn man versuchte, den Eskapaden nicht nachzugehen? Doch diese Ansicht teilten die Verantwortlichen der Polizeibehörde offensichtlich nicht. Die Vorgänge wurden erst einmal für Monate gedeckelt. Erst als Informationen an die Öffentlichkeit durchsickerten, beeilte man sich im Präsidium mit einer Verlautbarung. *Gegen diese Polizeibeamten musste ein Verfahren wegen Verdachts der Bestechlichkeit, Vorteilsnahme und Strafvereitelung eingeleitet werden*, hieß es nun. Und konsequenterweise: *Die Beamten wurden sofort vom Dienst suspendiert.*

Nun ist ein solcher Vorgang für eine Polizeibehörde unangenehm genug. Eigentlich ist es egal, wie sie darauf reagiert – er schädigt in jedem Fall ihrem Ruf. Doch schlimmer noch ist es, wenn sich der bloße Verdacht zur Gewissheit auswächst. Aber so weit war die Angelegenheit zum Glück noch nicht gediehen. Zunächst gingen erst einmal Sonderermittler an die Startlinie. Die Federführung behielt sich die Staatsanwaltschaft vor, allein schon um auszuschließen, dass vielleicht aus falscher Solidarität gemogelt wird.

An dieser Stelle kommt Olga Dragovic wieder ins Spiel. Ein verwaschenes Farbporträt, auf dem ihr Kopf und der Oberkörper zu sehen ist, fand sich plötzlich in den Ermittlungsakten wieder. Neben den Fotos von etwa einem Dutzend anderer Frauen, die sich in der Bar um das Wohl der Kundschaft gekümmert hatten. Sie alle waren als Zeugen vernommen und für eine gesonderte Handakte fotografisch erfasst worden. In denselben Unterlagen hefteten die Ermittler Polaroids von den vier Polizisten ab, die sie den Bar-Frauen vorlegten. Obwohl die Qualität der Fotos zu wünschen übrig ließ, konnten die meisten von ihnen die Männer eindeutig als ihre ehemaligen Stammgäste identifizieren. Das fiel vor allem denen leicht, die von den sündigen Beamten bevorzugt zur eigenen Betreuung ausgewählt worden waren. Dazu gehörte eine dreiunddreißigjährige Ungarin, eine vierundzwanzigjährige Tschechin, dazu gehörte auch Olga, die hübsche Jugoslawin. Sie alle waren auf einen Schlag arbeitslos, da die Bar behördlich geschlossen wurde. Also hatten sie nichts mehr zu verlieren, als sie der Reihe nach als Zeugen vernommen wurden. Während sich einige trotzdem zierten, ihr Wissen über die nächtlichen Bar-Besuche der Polizisten preiszugeben, erinnerten sich andere sogar an kleinste Details, an sexuelle Vorlieben und die Libido steigernde Extrawünsche. Die Aussagen wurden sorgfältig protokolliert, dazu die Wohnanschriften und Telefonnummern der Zeuginnen. Nachdem diese ihren Part erledigt hatten, durften sie gehen. Da einige von ihnen keine rechtmäßige Aufenthaltsgenehmigung besaßen, reisten sie zunächst in ihre Heimatländer zurück. Andere täuschten eine solche Rückreise nur vor, kamen tatsächlich aber bei Freunden in Frankfurt, Düsseldorf oder in einer anderen Stadt unter. Und die Ermittler nahmen tatenlos in Kauf, dass sie sich ihrem Zugriff entzogen. Schon nach wenigen Monaten war der Aufenthaltsort einiger Frauen nicht mehr festzustellen und die Gefahr ziemlich gegenständlich, sie als Zeugen für einen bevorstehenden Gerichtsprozess verloren zu haben. Wie sollten sie nun noch zur Verhandlung geladen werden können? Hofften die Ermittler etwa, dass sich ein Richter mit den Niederschriften ihrer Aussagen zufrieden geben würde? Immerhin würde es sich nicht um einen x-beliebigen Prozess handeln, sondern um ein kompliziertes Verfahren, bei dem vier Polizisten nachgewiesen werden soll, dass sie über achtzig Mal gegen Gesetze verstoßen haben. Kein Richter würde die Brisanz eines solchen Falles unterschätzen, keiner sich auch nur dem Verdacht aussetzen, Kungeleien geduldet zu haben. In Prozessen wie diesem sind keine Oberflächlichkeiten erlaubt, keine Halbheiten, nur Beweise, an denen es nichts zu rütteln gibt.

Bis dahin sprach alles gegen die Polizisten – und das ziemlich eindeutig. Die Aussagen der Frauen und des Gastwirts und einige dienstliche Zwischenfälle, die bis dahin kaum beachtet worden waren. Einmal zum Beispiel, während einer Nachtschicht, hatte die Einsatzleitstelle versucht, den Einsatztrupp über Funk zu erreichen. Da die Herren es zu dieser Zeit aber vorzogen, in der Bar einzukehren, waren ihre Funkgeräte über längere Zeit verwaist. Der Einsatz musste ohne die Spezialtruppe stattfinden. Zu ähnlichen Pannen soll es später noch mehrmals gekommen sein. Erst jetzt gab es eine Erklärung dafür.

All das hatten die Ermittler zusammengetragen, ehe die Staatsanwaltschaft eine Anklageschrift verfasste. Diese wurde beim Gericht eingereicht, welches einer Anklageerhebung gegen die vier Polizisten zustimmte. Zuletzt terminierte man die Verhandlungstage und verschickte Vorladungen an die Zeugen. Während einige – wie erwartet – nicht zugestellt werden konnten, unternahm man einige Anstrengungen, um Olga Dragovic ausfindig zu machen. Sie war inzwischen nach Belgrad zurückgekehrt, wo sie vorübergehend bei ihrer Mutter wohnte. Außerdem hatte sie sich in Behandlung eines Arztes begeben, der ihr helfen sollte, von den Drogen loszukommen.

Mit seiner Hilfe war es ihr in relativ kurzer Zeit gelungen, auf harte Rauschmittel verzichten zu können. Dafür bekam sie von ihm regelmäßig die ausreichende Dosis des Drogenersatzmittels Methadon. Ihr Zustand verbesserte sich zunehmend. Sie wollte ihr Leben ändern.

Der Brief aus Deutschland enthielt eine richterliche Vorladung. Olga Dragovic sollte als Hauptbelastungszeugin zur Hauptverhandlung gegen die vier Polizisten erscheinen. Das Schreiben erreichte sie planmäßig. Ihr blieb genug Zeit, sich Flugtickets und ein Visum für die Reise zu beschaffen. Sie wählte einen Abflugtermin, der ihr genug Zeit ließ, einen Umweg einzuplanen. Die Maschine landete nicht auf einem nordrhein-westfälischen Flughafen, sondern in Stuttgart*. Dort wollte sie ihrer Tante einen Besuch abstatten. Sie hatten sich telefonisch verabredet. Die Verwandtschaft lud sie ein, ein paar Tage zu bleiben. So weit lief alles planmäßig. Bis Olga Dragovic Entzugserscheinungen bekam, da sie nun nicht mehr regelmäßig zu ihrem Arzt gehen und Ersatzmittel in Empfang nehmen konnte. Da sie sich von ihrem letzten Deutschland-Aufenthalt noch gut in der Bahnhofsszene von Köln* auskannte, also auch wusste, wo sie sich Drogen beschaffen konnte, nahm sie auf der Weiterreise zum Gerichtsort nochmals einen Umweg. Von dort aus meldete sie sich – wie verabredet – bei einem Polizisten, der für die Unterbringung der wichtigen Zeugin verantwortlich war.

Da das Gericht, an dem der Prozess gegen die Polizisten bereits begonnen hatte, befürchtete, sie könnte rückfällig und als ernst zu nehmende Zeugin unbrauchbar werden, wurde sie von der Polizei in einem kleinen Familienhotel in unmittelbarer Nähe untergebracht. Außerdem organisierten sie einen Termin bei einem Polizeiarzt, der verschiedene Tabletten verschrieb, die ihr helfen sollten, mit den Entzugserscheinungen zurechtzukommen. Doch diese Dosis erschien ihr zu gering, sodass sie sich bereits am folgenden Morgen erneut an die Polizei wandte, um abermals zu einem Arzt gebracht zu werden. Diesmal erhielt sie Methadon, vermischt mit Wasser und Himbeersaft. Auch das genügte ihr nicht. Deshalb versuchte sie, sich selbst Haschisch oder Koks zu besorgen. Dabei wurde sie erwischt und für eine Nacht in Polizeigewahrsam genommen. Sie hatte Alkohol getrunken, aber keine Drogen genommen.

Als sie am darauf folgenden Abend wieder in der kleinen Herberge erschien, wirkte sie auf die Angestellte an der Rezeption völlig unauffällig. Sie war bei klarem Bewusstsein, konnte sich ohne Mühe und deutlich artikulieren. Es war auch nicht besonders spät, als sie in ihrem Zimmer verschwand, gerade mal zwanzig Uhr oder kurz danach. Etwa eine Stunde später lauschte die Rezeptionistin noch einmal an der Tür. Sie vernahm, dass der Fernseher lief. Ansonsten bemerkte sie nichts Ungewöhnliches.

Knapp zwölf Stunden später gingen in der Polizeizentrale die Alarmglocken. Olga Dragovic war telefonisch nicht in ihrem Zimmer zu erreichen. Niemand hatte sie aus dem Hotel gehen sehen. Einen Tag noch, stöhnten die Beamten, dann ist es endlich vorbei, dann hat sie ihre Aussage gemacht. Und wir brauchen uns nicht mehr um sie zu kümmern. Doch jetzt mussten sie sich erst einmal in ihr Fahrzeug schwingen und das Hotel ansteuern. Vielleicht stand sie ja gerade unter der Dusche und hatte das Läuten des Telefons deshalb nicht gehört. In der Zwischenzeit sollte die Hotelchefin nach dem Rechten sehen. Noch ehe die Polizisten losfuhren, erreichte sie ihr Notruf. Olga Dragovic, die am Abend zuvor noch bei bester Gesundheit war, lag plötzlich regungslos auf dem Boden ihres Zimmers, neben dem Bett, die Augen weit aufgerissen, die Pupillen ungewöhnlich geweitet, der Puls bei null. Sie, die Kronzeugin, atmete nicht mehr. Einen Tag vor ihrer wichtigen Aussage befand sich die junge aufblühende Frau plötzlich und ohne ersichtlichen Grund an der Schwelle des Todes. Dabei wollte sie unbedingt in dem Prozess aussagen. Das hatte sie dem Gericht zugesagt. In Zusagen war Olga Dragovic sehr zuverlässig. Zusagen waren für sie Versprechen. Und Versprechen hielt sie ein. Außerdem wollte sie für Gerechtigkeit sorgen und endlich mit diesem Abschnitt ihres Lebens ins Reine kommen. Doch plötzlich sah es so aus, als würde sie nicht einmal den beginnenden Tag überstehen. Der Notarzt holte sie nur durch eine direkte Herzmassage am geöffneten Brustkorb und künstliche Beatmung ins Leben zurück.

Zunächst vermuteten Ärzte und Polizisten, sie könnte sich mit einer Überdosis Tabletten vergiftet haben, womöglich unabsichtlich, aus Versehen, als die Sucht sie übermannte. Im Mülleimer entdeckten sie drei Packungen der Mittel, die ihr der Polizeiarzt verschrieben hatte. Sie waren leer. Aber aus medizinischer Sicht nicht einmal ansatzweise ausreichend, um sich damit ins Jenseits zu befördern. So wurde die junge Frau erst in ein Krankenhaus eingeliefert und später ein Fall für die Rechtsmediziner. Nicht, weil sie starb, sondern weil es galt, die Ursache ihres mysteriösen Zusammenbruchs zu erforschen. Allerdings wurden die Fachkräfte zu spät eingeschaltet. Während es ihnen gelang, eindeutig auszuschließen, dass die Patientin mit den Tabletten einen Selbstmordversuch unternommen haben konnte *(… liegen die nachgewiesenen Konzentrationen der o. a. Substanzen im wirksamen, aber nicht toxischen Bereich … Sie liegen im niedrig-therapeutischen bzw. untertherapeutischen Bereich)*, mussten sie ein hundertprozentiges Ergebnis versagen. Auffällig erschien ihnen jedoch das Ergebnis einer Blutuntersuchung. Die nämlich hatte eine Blutzuckerkonzentration erbracht, die weit unter dem Normalwert lag. Tritt ein solcher Zustand ein, sprechen die Mediziner von einer Hypoglykämie. Die tritt zum Beispiel dann auf, wenn der menschliche Körper in erheblichem Maße mit Insulin überversorgt wird. Durch Injizieren einer zu hohen Dosis etwa. Denn eigentlich sorgt das in der Bauchspeicheldrüse produzierte Hormon Insulin dafür, dass der Organismus über einen normalen Blutzuckergehalt verfügt. Wird jedoch zu wenig davon gebildet, stellt sich Diabetes mellitus ein, die Zuckerkrankheit. Da das bei Olga Dragovic jedoch nicht der Fall war, konnte ein solcher Wert eigentlich nur durch eine Überdosis Insulin erzielt worden sein, die zu einer lebensbedrohlichen Hypoglykämie geführt haben könnte.

Eine ... als mögliche Ursache überlegte Insulinverabreichung, heißt es dann auch in einem Gutachten, *ist zwar denkbar, aber retrospektiv gesehen nicht nachweisbar, da zugeführtes Insulin ziemlich schnell ausgeschieden wird. Bei Verdacht einer Überdosierung müssten also entsprechende Untersuchungen möglichst schnell durchgeführt werden ...* Genau das aber war versäumt worden. Die einzige Spur, um diesen Fall zu klären, hatte man selbst verwischt. Was möglicherweise gar nicht dem Unvermögen des Notarztes oder der Ärzte, die sich in der Klinik um die junge Frau kümmerten, zuzuschreiben ist. Sie waren bemüht, ihre Patientin am Leben zu erhalten. Das war ihre Aufgabe, dem galt ihr Interesse. Trotzdem wäre die Sache vermutlich anders ausgegangen, wäre von Anfang an auch ein erfahrener Gerichtsmediziner eingeschaltet worden. Er hätte sein Augenmerk auf Spuren richten können, die es vielleicht ermöglich hätten, einen heiklen Kriminalfall zu klären. Denn ganz sicher kann es nicht Olga Dragovic gewesen sein, die sich in so einen Zustand manövrierte. Wer war es dann? Wer wusste, in welchem Hotel sie untergebracht war? Wer hatte ungehindert Zugang zu ihrem Zimmer?

Bis heute wurden diese Fragen nicht geklärt. Der Fall geriet schnell zu den Akten. Doch Olgas Eltern schleppen die quälenden Gedanken seit Jahren mit sich herum. Mittlerweile ist ihnen klar geworden, dass sie auf eine Antwort nicht mehr zu hoffen brauchen. Auch der Rechtsanwalt hat längst das Handtuch geworfen. Für wen sollte er auch noch kämpfen? Olga, seine Mandantin, die gerade im Begriff gewesen war, ihr Leben zu ändern, die einen Freund hatte und sich Kinder wünschte, ist aus ihrem Koma nie wieder erwacht. Sie hatte bei ihrem Zusammenbruch in dem Hotelzimmer schwerste Hirnschädigungen erlitten – und keine Chance, jemals gesund zu werden. Nach zwei Jahren im Dämmerzustand zwischen Leben und Tod ist sie wenige Tage vor Weihnachten 1998 verstorben. An Lungenentzündung und Herzversagen. Offiziell also eines natürlichen Todes. Dabei ahnen alle Beteiligten, dass sie das Rätsel um die wahre Ursache ihres Todes mit ins Grab genommen hat. War es in Wirklichkeit eine Körperverletzung mit Todesfolge, ein versuchter Totschlag oder ein versuchter Mord?

Zumindest die vier Polizisten werden das Schicksal von Olga Dragovic kaum bedauern. So konnte die Kronzeugin wenigstens im Prozess nicht gegen sie aussagen. Und noch einen anderen Vorteil hatte es für sie: Nachdem der Zwischenfall bekannt wurde, bekam es auch die zweite Belastungszeugin, ebenfalls eine ehemalige Angestellte der Nachtbar, mit der Angst zu tun und setzte sich schleunigst ins Ausland ab. Ihre Spur verlor sich in Spanien. Dort in Sicherheit, schickte sie ein Fax an den Richter. Sie teilte ihm mit, dass sie nicht vor Gericht erscheinen werde, weil sie um ihr Leben fürchte.

Auch das können sich die angeklagten Polizisten nur gewünscht haben. Das Gericht musste sie am letzten Verhandlungstag im Frühjahr 1997 schließlich freisprechen – aus Mangel an Beweisen. Seitdem versehen alle vier wieder ihren Dienst.

Der brave Stier

Warum die wichtigsten Spuren übersehen werden

Willi war der denkbar schlechteste Zeuge! Er war gerade zwei Jahre alt, wog aber immerhin schon stattliche sechzehn Zentner. Ansonsten aber wies er keine besonderen Merkmale auf. Nichts, was ihn von den anderen seiner Art unterschieden hätte …

So jedenfalls müssen es die Polizisten registriert haben, die am Morgen eines trüben Märztages des Jahres 1993 zu dem Bauerngehöft der Familie Marlé* in einem kleinen Dorf in der Nähe von Augsburg gerufen wurden. Exakt vier Minuten nach neun war der Notruf in der Zentrale eingegangen. Der Dienst habende Beamte alarmierte zunächst einen Notarztwagen. Fast gleichzeitig rollte eine Streifenwagen-Besatzung vom Hof.

Johannes Marlé war zu diesem Zeitpunkt schon fast drei Stunden auf den Beinen. Wie jeden Morgen hatte sich der korpulente Mann gegen sechs Uhr fünfzehn, lange vor dem Sonnenaufgang, aus dem Bett gewälzt. Auf ein erstes Frühstück verzichtete er. Stattdessen streifte er die verblichene blaugraue Arbeitskleidung über und marschierte mit Gummistiefeln an den Füßen quer über den schlecht gepflasterten Hof zum Kuhstall. Hier führte er seit zwanzig Jahren immer die gleichen Handgriffe aus. Als Erstes setzte er die kleine Melkanlage in Betrieb und sorgte dafür, dass alle achtundvierzig Milchkühe in gewohnter Folge an die Reihe kamen.

Später – nachdem sie das Frühstück für die jüngste Tochter

bereitet und das zehnjährige Mädchen zur Schule geschickt hatte – stieß seine Frau Karla* zu ihm. Sie trug blaue Jeanshosen und hatte sich wegen der morgendlichen Kälte einen grauen Mantel aus derbem Stoff übergestreift und ein doppelt gefaltetes Tuch auf den Kopf gebunden. Wortlos half sie ihrem Mann zunächst beim Melken. Während sie sich im Anschluss daran den Kälbern zuwandte, die mit Wasser zu tränken waren, stellte Johannes Marlé das Futter für die Tiere zusammen.

Die Arbeit ging dem Ehepaar leicht von der Hand. Jeder immer selbe Handgriff war ihnen über die Jahre automatisiert in Fleisch und Blut übergegangen. Nicht einmal Worte der Abstimmung bedurfte es zwischen den beiden. Jeder wusste, was zu tun war. Die Milch war das Wichtigste. Bald würde der Milchmann kommen und die frisch gefüllten Aluminiumkannen abholen. Die Milch war vor allem deshalb wichtig, weil die Marlés damit einen Großteil ihres Lebensunterhalts verdienten. Wenn es gut lief, brachte es jede Kuh im Jahr auf rund 4500 Liter. Der Liter wurde von der Molkerei mit dreiundsechzig Pfennigen bezahlt, was am Jahresende eine Brutto-Summe von über 120000 Mark ausmachte.

Johannes Marlé hatte den Bauernhof neunzehn Jahre zuvor von seinen Eltern übernommen. Diese hatten ihm das Anwesen und sämtliche Ländereien überschrieben, nachdem der in die Jahre gekommene Vater nach einer schweren Krankheit kürzer treten musste. Obwohl er und seine Frau neben Johannes, dem Zweitältesten, noch fünf weitere Kinder großgezogen hatten, entschieden sie sich damals für ihn, weil er es war, der seit früher Kindheit das größte Interesse für die Landwirtschaft, die Tiere und den Hof der Eltern gezeigt hatte. Das setzte sich auch nach dem Abschluss der Volksschule fort. Er wollte Bauer werden. Zunächst besuchte er für drei Jahre eine landwirtschaftliche Berufsschule, anschließend belegte er noch zwei Wintersemester an einer Landwirtschaftsschule.

Mit knapp fünfundzwanzig Jahren hielten ihn die Eltern für reif und qualifiziert genug, ihr Lebenswerk fortzuführen. Per notariellen Übergabevertrag gingen zweiundzwanzig Hektar Grundbesitz und der komplette Bauernhof mit sämtlichen Tieren und Maschinen an den Sohn. Dafür – so wurde vereinbart – räumte er den Eltern lebenslanges Wohnrecht ein, und zahlte ihnen monatlich eine Rente aus dem Gewinn, den Hof und Gut abwarfen.

Im selben Jahr heiratete der neue Hofherr seine Freundin Karla, die er drei Jahre zuvor auf einer Hochzeitsfeier im Dorf kennen gelernt hatte. Die eigene Feier fiel allerdings recht spärlich aus, da die junge Braut bereits im fünften Monat schwanger ging. Außerdem waren sich seine Angetraute und die Eltern nicht so sympathisch, wie er es sich gewünscht hätte. Karla stammte aus einer wohlhabenden Großbauernfamilie, die in einem Nachbardorf lebte. Ihre Schwiegereltern hielten sie für hochnäsig und faul. Hatte es anfangs noch gemeinsame Tischzeiten gegeben, so wurde dieses Ritual nach einigen Streitereien zwischen den alten und jungen Leuten abgeschafft. Die Karla, dieses Luder, sei an allem schuld gewesen, wird Johannes' Mutter später im Dorf herumerzählen. Sie habe sich die Hände nicht schmutzig machen wollen. Dafür sei sie sich zu fein gewesen. Zuletzt lebten die Ehepaare auf dem Grundstück nebeneinander, ohne noch ein Wort miteinander zu wechseln. Nicht nur die Alten litten darunter, auch Johannes quälte es. Er fühlte sich hin- und hergerissen.

Die Polizisten wussten von alldem nichts, als sie das weißgrüne Polizeifahrzeug an diesem Tag am Eingang des unübersichtlichen Grundstücks parkten. Der Marlé'sche Hof liegt am nordöstlichen Rand der kleinen Gemeinde, einer Ansammlung von etwa drei Dutzend Wohnhäusern und einer Kirche, einer Wirtschaft, einem Dorfladen und einer Bäckerei. Von der einzigen Hauptstraße des Ortes führt ein schmaler geteerter Weg zum Gehöft. Dahinter liegen umzäunte Viehweiden, die unmittelbar vor den ersten Bäumen eines Mischwaldes enden. Die Nachbarn rechts und links sind ebenfalls Bauern, die große Anwesen bewirtschaften. Nur ein paar Schritte entfernt befindet sich die Dorfkirche, daneben der Friedhof. Der u-förmige Gebäudekomplex, der den Marlés gehörte, umfasste ein zweigeschossiges Wohnhaus, dessen Außenwände noch unverputzt waren, einen Schweine- und einen Rinderstall, eine Scheune und zwei Garagen.

Die Beamten fuhren ihren Wagen behutsam vor. Der Anrufer hatte von einem Zuchtbullen berichtet, der sich losgerissen und dessen Ehefrau niedergerannt haben sollte. Also war Vorsicht geboten. Wenngleich die Beamten seit einiger Zeit ihren Dienst auf dem Land versahen, mussten sie sich mit der Egozentrik eines wild gewordenen Stiers nicht unbedingt auskennen. Doch als sie das Gut erreichten, erkannten sie schnell, dass die Gefahr bereits gebannt war. Der Hausherr stand mit einer Schaufel in der Hand auf dem Hof und erklärte ihnen, dass er den Stier inzwischen mit Nachbarn eingefangen und in die Scheune gesperrt habe. Wenige Minuten später traf ein Rettungswagen mit einer Notärztin ein. Johannes Marlé führte sie in den Stall. Dort, direkt neben der Behausung des Zuchtstiers Willi, lag seine Frau auf dem Boden. Eine Nachbarin hatte sie zuvor in die stabile Seitenlage gebracht, weil sie annahm, dass das in jedem Fall die richtige Erste-Hilfe-Maßnahme ist. Sie hatte die Bäuerin auf dem Rücken liegend vorgefunden, ein Bein ausgestreckt, das andere leicht angewinkelt. Dass Karla Marlé jedoch nicht mehr wirklich zu helfen war, ahnte sie wohl. Diese Erkenntnis behielt sie jedoch erst einmal für sich. Sie war keine Ärztin und deshalb nicht befugt, eine so schwer wiegende Feststellung zu treffen. Möglicherweise, dachte sie, war die Frau ja auf den Boden gestürzt, nachdem der Stier sie gerammt hatte, dabei nur unglücklich gefallen und jetzt lediglich bewusstlos.

Doch die Diagnose der Ärztin bestätigte ihre Vermutung. Nicht nur, dass Karla Marlé sich nicht rührte, auch ihre Atmung war nicht mehr zu vernehmen. Die Körperhaut der hilflosen Person hatte bei ihrem Eintreffen bereits eine leichenartige Blässe angenommen, wird sie später im Einsatzprotokoll vermerken. Die Augen seien geöffnet gewesen, die Pupillen weit und starr. Da die Bäuerin auf dem Boden lag, wies ihr Körper eine auffallend niedrige Temperatur auf. Aus dem Mund lief Blut und auch in der Luftröhre hatte sich reichlich Blut angesammelt. Am Hinterkopf, der noch immer mit dem Kopftuch bedeckt war, fand die Ärztin eine etwa handtellergroße weiche Schwellung und eine kleine Wunde, die nur schwach blutete. Außerdem entdeckte die Medizinerin ein bläulich gefärbtes Hämatom, das sich über den gesamten Bereich des Unter- und Mittelbauches ausdehnte. Daraufhin ließ sie die leblose Frau von den Rettungssanitätern in den Notarztwagen tragen. Dort führte sie ein EKG durch und maß den Puls. Als sie keine Lebensfunktionen mehr feststellen konnte, versuchte sie, Karla Marlé zu reanimieren. Doch auch dieses Unterfangen scheiterte. Der Ärztin blieb nichts mehr, als den Tod der Frau zu bescheinigen. Als mutmaßlichen Todeszeitpunkt bestimmte sie die Zeit zwischen acht Uhr fünfzig und neun Uhr fünf.

Für Johannes Marlé lief alles nach Plan. Und er spielte seine Rolle beinahe perfekt. Als ihm die Notärztin mitteilte, dass sie seiner Frau nicht mehr helfen könne, dass diese tot sei, brach er in Tränen aus, fiel auf die Knie und jammerte. Seine Vorstellung erschien der Ärztin so echt, dass sie ihm sogar eine Beruhigungsspritze mit *Valium* verabreichte.

Knapp zwei Stunden später jedoch, als sich der Trubel auf seinem Hof gelegt hatte, fühlte Marlé sich bereits wieder in der

Lage, den Stier an seinen angestammten Platz zurückzubringen. Dieser machte einen so friedlichen Eindruck, dass er ihn lediglich am Nasenring festhielt und nicht einmal einen Strick benötigte, um das Tier in den Stall zu führen. Natürlich nur, weil ihn niemand dabei beobachten konnte.

Im Dorf spielte Johannes Marlé den trauernden Ehemann, entwurzelt und bedauernswert, da er sich nun allein um zwei Kinder zu kümmern hatte. Er organisierte die Beerdigung auf dem Dorffriedhof, besprach die notwendigen Details mit dem Pfarrer, bestellte beim Blumenbinder einen Kranz und ließ Trauerkärtchen drucken:

Wie traurig ist's in unserm Haus,
wo man die Gattin und Mutter trug hinaus,
wo jenes Herz voll Liebe fehlt,
das Groß und Klein mit Glück beseelt,
wo uns kein Mutteraug' mehr grüßt,
kein Mutterherz den Schmerz versüßt,
da ist das Haus so öd und leer,
als ob es uns kein Heim mehr wär'.

Zur Beisetzung versammelten sich dann fast alle aus dem Dorf und die Verwandten seiner verstorbenen Frau. Auch vor ihnen mimte er den gebrochenen Mann, der durch einen tragischen Unfall um das Licht und den Halt in seinem Leben gebracht worden war. Dass er nur vier Tage nach dem Tod der angeblich so geliebten Frau mit Hilfe eines Rechtsanwalts alle Hebel in Bewegung setzte, um an die Prämien ihrer drei Lebensversicherungen zu gelangen, verschwieg er tunlichst. Selbstverständlich auch, dass er diese erst kurze Zeit vor ihrem überraschenden Tod heimlich abgeschlossen und dafür ihre Unterschrift mehrmals gefälscht hatte. Wäre sein Plan aufgegangen, hätte er mit den zu erwartenden 900 000 Mark fast alle seine Schulden zahlen können, die sich über die Jahre angesammelt hatten. Nicht nur, weil er den landwirtschaftlichen

Betrieb durch übertriebene Investitionen in moderne Maschinen in die roten Zahlen gewirtschaftet, sondern auch weil er mehrfach auf wenig Erfolg versprechende Aktien und Wertpapiere gesetzt hatte. Außerdem hatte er in Erwartung hoher Gewinne immer wieder Kredite aufgenommen, die er zurückzuzahlen nicht mehr in der Lage war. Das wäre nur möglich gewesen, wenn er das gesamte Hab und Gut, das er von seinen Eltern übernommen hatte, einschließlich des eigenen, selbst errichteten Wohnhauses, veräußert hätte. Doch daran hatte er all die Jahre, die es finanziell bergab ging, wohl nie ernsthaft einen Gedanken verschwendet.

Der Tod seiner Frau hätte aber noch einen anderen Vorteil gehabt: Endlich hätte er sich wieder mit seinen Eltern versöhnen können. Dass das einst gute Verhältnis zu ihnen nach seiner Eheschließung und dem Einzug seiner Frau auf den Hof zerbrochen war, hatte er nie verwunden. War es anfangs die Zuneigung zu seiner Frau, die ihn diesen Zustand einigermaßen ertragen ließ, so blieb von den Gefühlen über die Jahre nichts mehr übrig. Die Liebe der beiden hatte sich im Alltagstrott aufgebraucht. Die Nachbarn im Dorf tuschelten sogar darüber, dass Karla Marlé einen Geliebten habe. Aber auch ihm, dem Bauern, wurden Verhältnisse angedichtet. Tatsächlich aber soll seine Frau zuletzt Trennungsabsichten zur Sprache gebracht haben. Möglicherweise waren die es auch, die Johannes Marlé auf die Idee brachten, dem Schicksal nachzuhelfen und Profit daraus zu schlagen.

Zunächst aber nahmen ihm die Menschen in seiner Umgebung ab, dass er unter dem Verlust seiner Frau tatsächlich litt. Selbst die Beamten der Polizei müssen darauf reingefallen sein. Wie sonst wäre es zu erklären, dass sie an besagtem 12. März den Ort des Geschehens verließen, ohne Spuren zu sichern? Wurden – wie bei tödlichen Unfällen üblich – auch die Kollegen der Kriminalpolizei informiert, so kam es offenbar niemandem in den Sinn, in dem Stall nach Hinweisen zu suchen, die geholfen hätten, das Geschehene zu erhellen.

Selbst wenn einer der Polizisten später erklären wird, dass er genau das getan habe, muss die Gründlichkeit seiner Arbeit doch zumindest infrage gestellt werden. Alle Spuren, die möglicherweise für das gewaltsame Herbeiführen des Todes durch einen Dritten gesprochen hätten, wurden jedenfalls ignoriert. Weder der Stier, der Karla Marlé den Todesstoß versetzt haben sollte, noch die Kette, von der er sich zuvor angeblich losriss, wurden sichergestellt. Auch die landwirtschaftlichen Werkzeuge, die sich in dem Stall unmittelbar neben dem Fundort der Leiche befunden hatten und als Tatwaffen zwangsläufig hätten in Betracht gezogen werden müssen, erfuhren keine Beachtung. Eine Futterschaufel etwa, die dazu gedient haben könnte, die Bäuerin von hinten niederzuschlagen, wurde ebenso unberücksichtigt gelassen wie die Blutspuren auf dem Fußboden, die von der Kopfverletzung des Opfers herrührten. Letztere wollen die Beamten gar nicht erst entdeckt haben.

Während die Schaufel erst drei Monate später in der Asservatenkammer der Polizei landete, von daher für die Spurensicherung aber nicht mehr beweiskräftig sein konnte, ließ Johannes Marlé den Stier selbst beiseite schaffen. Er habe ihn nach dem schlimmen Vorfall nicht mehr sehen können, erzählte er später, und habe ihn deshalb zu einem Schlachter gegeben. Ganz zu schweigen von der Kleidung der Getöteten. Auch die überließen die Beamten dem Bauern, der sie unmittelbar nach dem Tod seiner Frau verbrannte.

Die Beamten vor Ort müssen seinen Angaben geglaubt haben, dass es sich um einen tragischen Unglücksfall handelte. Sonst gäbe es auch keine Erklärung dafür, dass keiner von ihnen auf die Idee kam, den Stall sicherheitshalber für die Benutzung zu sperren und zu versiegeln, um gegebenenfalls später noch genauere Tatortuntersuchungen durchführen zu können. So wurde Johannes Marlé die Möglichkeit geboten, sämtliche Spuren – falls vorhanden – zu beseitigen. Kann man eigentlich noch mehr dafür tun, dass ein Mord unentdeckt bleibt?

Dass all diese Dinge von Bedeutung gewesen sein könnten, drang offenbar erst später ins Bewusstsein der Ermittler. Schließlich förderte es erst ein aufwendiger Gerichtsprozess vor dem Schwurgericht des Augsburger Landgerichts zu Tage, zu dem es ein gutes Jahr später dann doch noch kommen sollte. Aber eigentlich nur, weil sich ein Polizist, der mit dem mysteriösen Todesfall der Bäuerin betraut war und nebenbei wohl für eines der Büros jobbte, bei denen Johannes Marlé die Lebensversicherungen auf seine Frau abgeschlossen hatte. Er war es schließlich, der sich an eine andere Straftat erinnern konnte, die der Bauer schon fünfzehn Jahre zuvor begangen hatte:

Es war in der Nacht eines der letzten Junitage des Jahres 1978, als der Bauer gegen ein Uhr dreißig noch einmal aufstand, um einen Plan in die Tat umzusetzen, der ihm zu einer beträchtlichen Summe Geld verhelfen sollte. Denn auch damals war er schon klamm. Am Abend zuvor hatte er sich eine Schachtel Streichhölzer, die er sonst im Heizungskeller aufbewahrte, in die Tasche seiner Arbeitshose gesteckt. Damit ausgerüstet, verließ er leise und ohne Licht zu machen, das eheliche Schlafzimmer. Der Bauer kannte sich in seinem weitläufigen Gehöft so gut aus, dass er auch im Hausflur und in den Ställen kein Licht benötigte, um den rechten Weg zu finden. Im Schutze der Dunkelheit schlich er sich in die Scheune, schob die große Holztür einen Spalt breit auf und kniete drinnen vor einem etwa ein Meter zwanzig hohen Heuhaufen nieder. Dann zog er die Streichhölzer aus seiner Tasche, und in Sekundenschnelle flammte das ausgedörrte Erntegut lichterloh. Der Bauer begab sich schleunigst auf den Rückweg, verriegelte dabei alle Türen von innen. Im Schlafzimmer zog er seine Kleidung wieder aus und legte sich ins Bett. Nur eine Viertelstunde brauchte er abzuwarten, dann hörte er die Schreie seiner Mutter, die den Ausbruch des Feuers bemerkt hatte. Ehe er den Raum verließ, sah er aus dem Schlafzimmerfenster und vergewisserte sich, dass die Scheune und ein Teil der Stallungen auch wirklich in Flammen standen, so sehr, dass sich Löscharbeiten erübrigen würden. Erst danach alarmierte er Polizei und Feuerwehr.

Mehr aber unternahm er nicht. Obwohl es zu diesem Zeitpunkt noch möglich war, wenigstens einige der gefährdeten Tiere zu retten, verfiel der Bauer in Agonie. Später wird er dieses Nichtstun als Folge eines Schocks zu erklären versuchen. Tatsächlich hoffte er insgeheim, dass möglichst viel niederbrennt, bevor die Löschzüge der Feuerwehr eintreffen. Als die Rettungskräfte etwa fünfzehn Minuten später den Hof der Marlés erreichten, waren die meisten Tiere verendet, zumindest aber von meterhohen Flammen eingeschlossen und dem sicheren Feuertod ausgeliefert.

Johannes Marlé hatte sich bemüht, das Feuer so unauffällig wie möglich zu legen. Er hatte getreu seinem Plan gehandelt, der unter anderem vorsah, dass er im Wohnhaus alle Türen von innen abschloss. Damit wollte er den Eindruck erwecken, dass niemand aus dem Haus, sondern nur ein Fremder das Feuer gelegt haben konnte. Warum er dann, als die Feuerwehrmänner eingetroffen waren, alles daransetzte, sich selbst verdächtig zu machen, ist unklar. Möglicherweise war er von seinem Plan so überzeugt, dass er leichtsinnig wurde. Vielleicht aber war es auch nur die Ignoranz eines Mannes, der sich für unfehlbar hielt. Was auch immer ihn zu seinem Verhalten bewogen hat, es führte dazu, dass er noch in derselben Nacht von den Brandermittlern verdächtigt wurde, bei dem Feuer nachgeholfen zu haben. Nicht nur, dass er nicht einmal einen Versuch unternahm, die eingesperrten Tiere zu retten – er beteiligte sich auch nicht an den Löscharbeiten. Und als ihn ein Polizist aufforderte, doch wenigstens einen Tierarzt zu holen, um die verletzten Tiere versorgen zu lassen, hatte er nur geantwortet: *Lass doch die Schweine verrecken.* So verhält sich keiner, der mit Leib und Seele Bauer ist und seine Tiere liebt.

Bei der ersten Untersuchung des Brandortes nach den Löscharbeiten bestätigte sich zumindest der Verdacht, dass es sich um eine Brandstiftung gehandelt haben musste. Eine Selbstentzündung des Heus schied nach Ansicht der Experten ebenso aus wie ein Feuer, das durch einen Defekt der elektrischen Anlage ausgelöst wurde. Alles sprach dafür, dass jemand mit einem Streichholz oder Feuerzeug den Brand gelegt hatte. Unangenehm für den Bauern, der sich den großen Reibach erträumt hatte. Und so wand er sich in seiner ersten Vernehmung um die Wahrheit herum. Immer wieder bestritt er, für den Ausbruch des Feuers selbst gesorgt zu haben. Erst nachdem ihm die Ermittler einige Ungereimtheiten seiner Aussage vorhielten und ihm erklärten, dass er durchaus mit einer milderen Bestrafung zu rechnen hätte, wenn er gesteht, offenbarte er sich ihnen. Er habe sich in einer ausweglosen Situation befunden, gestand er. Einerseits seien die Eltern und seine Ehefrau nicht miteinander klargekommen, sogar handgreifliche Auseinandersetzungen habe es in letzter Zeit gegeben, andererseits habe er den Hof nicht einfach veräußern und mit Frau und Kindern wegziehen können. Im Übergabevertrag seiner Eltern sei eine entsprechende Klausel festgehalten worden. Außerdem hätte die Familie damit ihre Existenzgrundlage verloren. Also habe er in seiner Verzweiflung und Ratlosigkeit diesen Brand inszeniert. Mit der Auszahlung der Versicherungssumme, habe er gehofft, würden sich all seine Probleme erledigen lassen.

Das Gegenteil trat ein. Noch am Tage seines Geständnisses zog Johannes Marlé in eine Gefängniszelle ein. Die durfte er nur gegen eine Kaution von 10 000 Mark und bei Einhaltung einiger Meldepflichten wieder verlassen. Im Februar 1979 musste er sich dann vor einem Gericht verantworten. Obwohl er bis zur Hauptverhandlung sein Geständnis wieder zurückzog und stattdessen behauptete, er habe den rüden Verhörmethoden der Kriminalpolizisten nicht standhalten können und nur deshalb zu allem ja gesagt, was ihm vorgehalten wurde, sprachen alle Indizien auch jetzt noch gegen ihn. Die Ermittler hatten zum Beispiel herausgefunden, dass die Drohanrufe, von denen er ihnen schon vor dem Brand berichtet hatte, niemals eingegangen waren. Da er diese Lügengeschichte auch nach dem nächtlichen Feuer weiterspann, hatten sie sein Telefon überwacht. Der heimliche Lauschangriff ergab jedoch keinerlei Verdachtsmomente gegen andere Personen. Ominöse Drohanrufe gingen jedenfalls nicht ein. Nicht zuletzt sprach auch die Erhöhung der Gebäudeversicherung, die er ausgerechnet einen Monat vor dem Brand getätigt hatte, gegen seine Unschuldsbehauptung. Das sah auch der Richter so, der ihn wegen schwerer Brandstiftung und Versicherungsbetrug zu zwei Jahren Haft verurteilte. Allerdings wurde die Strafe auf Bewährung ausgesprochen, was ihm ermöglichte, den Hof weiterzuführen.

Schon einmal also hatte Johannes Marlé eine Straftat begangen, um einen persönlichen Vorteil daraus zu ziehen. Erst das machte ihn wirklich verdächtig, jetzt, nach dem mysteriösen Tod seiner Frau. *Wir hätten den Fall vermutlich zu den Akten legen, als Unfall abhaken müssen*, gibt später dann auch ein Ermittler zu. *Wir hatten ja keine Beweise.* Denn dass ein Stier verrückt spielt und auf Menschen losgeht, schien so abwegig nicht. Immerhin wurden bei der Landwirtschaftlichen Berufsgenossenschaft in Schwaben zwischen 1989 und 1993 insgesamt 503 Unfälle mit Bullen gemeldet, von denen vier tödlich endeten. Handelte es sich dabei in überwiegender Zahl auch um Zwischenfälle mit Mastbullen, die sich in ihren Boxen frei bewegen konnten und nicht wie der Zuchtstier der Marlés angekettet waren, hatten sich vereinzelt auch Fälle ereignet, bei denen sich die Tiere von der Kette losrissen. Außerdem waren aus den Jahren zuvor auch mehrere tödliche Unfälle mit Zuchtstieren registriert. Bei einem hatte sich das Tier ebenfalls losgerissen und den Vater des Landwirts, der ihn wieder einfangen wollte, zu Boden gestoßen und tödlich verletzt. Wahrscheinlich war es also schon, dass sich ein solcher Fall auch auf dem Anwesen der Familie Marlé zugetragen haben konnte.

Erst die Vermutung, dass Johann Marlé – wie bei dem selbst gelegten Brand – offenbar genug kriminelle Energie besaß, um Straftaten zu begehen, rückte ihn wirklich ins Visier der Ermittler. Zu diesem Zeitpunkt war seine Frau längst beerdigt. Und der Witwer sich seiner Sache offenbar so sicher, dass er sich, wenig trauernd, mit den Versicherungen anlegte, um an die Prämien für den Unfalltod seiner Frau zu gelangen. Außerdem versuchte er, einen Heiratsvermittler zu schnellerer Arbeit zu aktivieren, den er bereits vor dem Tod seiner Frau mit der Suche nach einer geeigneten Nachfolgerin beauftragt hatte. Für die Ermittler fügte sich ein Teilchen des kriminalistischen Puzzles zum nächsten. Dabei half vor allem der Umstand, dass Karla Marlé nach ihrem mysteriösen Tod wenigstens obduziert worden war. Nachdem sich nämlich der Tatverdacht gegen ihren Mann erhärtete, konnten Sachverständige beauftragt werden, die die Ergebnisse der Obduktion entsprechend auszuwerten in der Lage waren.

Vor welch einer komplizierten Aufgabe sie damit standen, kam im Prozess gegen Johannes Marlé zur Sprache. Kriminalpolizei und Staatsanwaltschaft hatten zwar keine handfesten

Beweise, dafür aber eine Vielzahl von Indizien zusammengetragen, die für eine Anklage gegen den damals Fünfundvierzigjährigen genügten. Die Anklagevertreter warfen ihm Mord in Tateinheit mit Urkundenfälschung und versuchten Betruges in jeweils drei Fällen vor. Im Nachgang hatten die Ermittler ihre Arbeit dann umso gründlicher erledigt, was jedoch nichts daran änderte, dass der Angeklagte noch am Tage seiner Verurteilung darauf beharrte, unschuldig zu sein. Darauf pocht er übrigens heute noch, als würde er all das nicht zur Kenntnis nehmen, was gegen ihn, also für seine Täterschaft spricht.

Da war zunächst die Tatsache, dass er heimlich drei Lebensversicherungen auf seine Frau abgeschlossen und dafür ihre Unterschriften gefälscht hat. Bei einem regulären Unfalltod hätte ihm das die besagte Versicherungssumme von 900 000 Mark eingebracht. Das wiederum wäre genau der Betrag gewesen, den er benötigte, um seine Schulden zu begleichen. Gegen seine Unschuld sprachen auch seine Bemühungen, noch vor dem Tod seiner Ehefrau mit Hilfe von mindestens zwei Heiratsvermittlern eine neue Partnerin zu finden, die schnell und willig ihre Nachfolge auf dem Hof übernehmen sollte. Sicherlich hoffte er gleichzeitig darauf, dass sich die neue Frau besser mit seinen Eltern verstehen würde.

Vor allem aber sprachen die medizinischen Untersuchungsergebnisse gegen ihn, die bei der Obduktion seiner toten Frau zutage traten. Eine an ihrer Leiche festgestellte Kopfschwarten-Durchtrennung konnte nicht durch den Angriff eines Stieres herbeigeführt worden sein. Daran gab es überhaupt keinen Zweifel. Wenn, dann konnte eine Verletzung mit dieser Folge nur durch einen Schlag mit einem stumpfen Gegenstand auf den Kopf entstanden sein. Deutliche Zeichen waren auch die Verletzungen, die im Bauchbereich der toten Frau diagnostiziert worden waren. Das Bauchtrauma mit großflächiger Quetschung des Bauchdeckenfettgewebes und der -muskulatur sowie eine ausgedehnte Blutung konnten schwerlich von einem Stoß durch den Kopf des Stieres verursacht worden sein. Nach Meinung mehrerer Experten waren dafür eher Tritte mit den Hufen des Tieres verantwortlich, das demnach mit seinem gesamten Gewicht über die bereits am Boden liegende Frau gelaufen sein muss. Auch die Version der Anwälte des Angeklagten, seine Frau sei vor dem Stier geflüchtet, dabei gestürzt und dann totgetreten worden, konnte anhand der Verletzungsbilder widerlegt werden.

Nach Abwägen aller Informationen, die die Ermittler im Nachhinein über die Todesumstände, die örtlichen Gegebenheiten und über mögliche Verletzungsquellen in dem Kuhstall gesammelt hatten, kam die Schwurgerichtskammer zu dem Schluss, dass Johannes Marlé seine Frau vorsätzlich getötet haben muss. Vor allem einem Mediziner des rechtsmedizinischen Instituts der Universität München war es zu verdanken, dass der Tatablauf anhand der Verletzungsspuren an der Toten nachvollzogen werden konnte. Demnach soll der Bauer auf folgende Weise vorgegangen sein: Während beide eine Weile zusammen im Stall arbeiteten, muss er auf eine günstige Gelegenheit gewartet haben, seine Frau von hinten niederzuschlagen. Der Schlag, so der Gerichtsmediziner, muss mit einem nicht scharfen, aber kantigen Gegenstand geführt worden sein. Ein scharfes Schlaggerät, beispielsweise ein Messer, hätte nämlich eine glatte Durchtrennung der Kopfschwarte zur Folge gehabt, nicht die *leicht schürfende, tangentiale*, die die tote Bäuerin aufwies. Auch ein Schlag mit einer glatten oder runden Fläche schied aus – dieser hätte aller Wahrscheinlichkeit nach keine Durchtrennung, sondern lediglich ein Aufplatzen bewirkt. Also kamen nur die Futterschaufel beziehungsweise eine kantige Holz- oder Eisenstange als Tatwerkzeuge in Betracht. Die Eisenstange, die Marlé zum Führen des Zuchtstiers hin und wieder benutzt hatte, passte auf diese Beschreibung. Für wahrscheinlicher hielt es das Gericht jedoch, dass der Schlag mit der Schaufel ausgeführt wurde, und zwar so, das die Unterseite des Schaufelblattes, dort, wo der Stiel befestigt ist, auf den Kopf traf. An ebendieser Stelle wurden nämlich auch Blutspuren entdeckt. Da die Schaufel jedoch erst drei Monate nach dem tödlichen Vorfall sichergestellt worden war, konnten Experten vom Bayerischen Landeskriminalamt daran zwar noch Blut nachweisen und auch, dass es sich dabei um menschliches handelte – mehr aber eben nicht. Den letzten Beweis musste das Gericht in dieser Sache schuldig bleiben. Auch die Frage, ob der Schlag von vorn, von hinten oder von der Seite erfolgte, konnte nicht eindeutig geklärt werden. Dafür schieden alle anderen Verletzungsmöglichkeiten, durch das Horn des Stiers etwa oder durch einen Sturz, schon deshalb aus, weil der ein Meter siebenundsechzig großen Frau die Verletzung von oben beigebracht worden war. An einer Stelle, die einerseits von dem Stier nicht zu erreichen war, andererseits bei einem Sturz nicht betroffen gewesen wäre. Somit erledigten sich auch die Argumente, die Marlés Anwalt zur Verteidigung vorbrachte. Die Behauptung etwa, das Tier habe sein Opfer erst niedergerannt, totgetrampelt und dann bis zur Auffindstelle geschoben oder gerollt. In einem solchen Fall wäre die Kleidung der Toten nicht nur erheblich verschmutzt, sondern auch stark beschädigt worden. Außerdem hätte ein solches Vorgehen des Tieres auch dazu geführt, dass die Bäuerin viel stärker verletzt oder gar verstümmelt worden wäre.

Aber weiter mit der Version des Gerichts: Von der Wucht des Schlages getroffen, stürzte die Bäuerin zu Boden. Durch den Aufprall des Kopfes auf den Betonfußboden zog sie sich einen Schädelbasisbruch zu, der dazu führte, dass sie bewusstlos liegen blieb. Hier konnte der Gerichtsmediziner eindeutig nachweisen, dass die Frau nach hinten gefallen sein muss.

Während seine Frau reglos auf dem Boden lag, ging Johann Marlé zu dem Zuchtstier, löste dessen Kette und brachte das sechzehn Zentner schwere Tier irgendwie dazu, über ihren Körper zu laufen. Dadurch wurden die bereits erwähnten Verletzungen im Bauchbereich hervorgerufen. Durch den Tritt des Stiers kam es zu einem raschen Blutdruckabfall. Das wiederum beweist, dass ihr der Schlag auf den Kopf und die Sturzverletzungen davor beigebracht worden sein müssen. Nach den zentnerschweren Tritten nämlich war der Blutfluss im Körper zumindest so stark beeinträchtigt, dass es zu den Einblutungen im Bereich des Hinterkopfs nicht mehr gekommen wäre. Ebenso hätte es keinen Blutaustritt an der verletzten Kopfschwarte mehr gegeben.

Zehn Verhandlungstage benötigte das Gericht, um dem Verdächtigen seine Schuld nachzuweisen. Dabei glich der Prozess eher einem Sachverständigen-Marathon. Nur dank ihrer Leistungen konnte dem Angeklagten letztlich auch ohne das Corpus Delicti Stier seine Tat nachgewiesen werden. Der Bauer wurde wegen Mordes, dreifacher Urkundenfälschung und versuchten Betruges in drei Fällen verurteilt. Das Gericht bildete daraus eine Gesamtstrafe. Da der Prozess keine strafmildernden Umstände erbrachte, erhielt Johann Marlé eine lebenslange Freiheitsstrafe. Nach frühestens fünfzehn Jahren kann er eine Haftverschonung beantragen.

Der Obdachlose

Warum einige weniger Rechte als andere haben

Wie viel ist ein Mensch wert in unserer Gesellschaft? Wie viel ist er dann noch wert, wenn er tot ist? Und wie viel, wenn er tot ist und ein Obdachloser war? Besaß er noch Rechte, als er lebte? Besitzt er sie im Tod?

Hans Werner Müller* aus dem sächsischen Städtchen Weißwasser war ein gleichberechtigtes Mitglied der sozialistischen Gesellschaft, als es die Deutsche Demokratische Republik noch gab. Er war sogar ein wenig mehr, fast schon privilegiert, als Glasgestalter eine Art Künstler. Er ist deswegen nicht berühmt geworden, aber doch bekannt, wenigstens in seinem Gewerbe. Noch heute stehen in so mancher ostdeutschen Wohnzimmervitrine Gläser, denen er zu ihrem Aussehen verhalf; Weingläser mit Zierrändern, Biertulpen mit Blumenmuster, Cognacschwenker mit feinem Schliff und Sektkelche ganz schlicht. Geschmackssache freilich, damals aber, in den achtziger Jahren, waren seine Kreationen durchaus begehrt und ein Vorzeigeartikel auf der Leipziger Messe.

Dann kam die Wende, und Männer wie er waren plötzlich nicht mehr gefragt. Trotzdem konnte er sich noch halten, eine Zeit lang, weil er eben gut war. Erst als Vorletzter aller Glasdesigner in der Fabrik wurde er entlassen. Mit fünfundvierzig, zu jung als Rentner, zu alt, um noch wirklich eine Chance zu haben. Aufgesteckt hat er trotzdem nicht, nicht so schnell. Hat es noch einmal versucht als Selbständiger, als Computerfachmann, aber der Erfolg blieb aus. In dieser Zeit muss etwas zerbrochen sein in ihm. Als kurz danach auch noch seine Frau starb, sie war an Krebs erkrankt, verlor er völlig den Boden unter den Füßen. Was hat ein Mann auch noch, wenn ihm alles genommen wird? Ehre und Stolz vielleicht, aber darauf pfiff er. Er war keiner von denen, die sich immer wieder selbst aus dem Loch ziehen können. Irgendwann hat er kapituliert. Als es gar nicht mehr ging, hat er sein bürgerliches Leben aufgegeben und sich auf der Straße verloren. Als Obdachloser zog er umher, mit ein paar Plastiktüten, in denen er seine letzte Habe verbarg. Er hauste in Abrisshäusern, schlief auf alten Matratzen vom Sperrmüll und deckte sich mit Fetzen aus der Altkleidersammlung zu. Manchmal blieben ihm auch nur Zeitungen, vergilbte Reiseprospekte, die er irgendwo auflas, und die Pappen ausgedienter Kartons aus dem Supermarkt.

Zugegeben, es sah nicht rosig aus für Hans Werner Müller. Aber wenigstens hielt er sich von der Flasche fern, wenigstens blieb er bei klarem Verstand und tat niemandem etwas zu Leide. Wert aber war er seiner Gesellschaft nicht mehr als die 916 Mark, die er sich jeden Monat als Sozialhilfe beim Amt abholen durfte.

Als am einunddreißigsten Januar 2000 seine Leiche gefunden wurde, nicht einmal mehr das. Nicht einmal einen genauen Blick, eine sorgfältige Leichenschau war er dem Arzt wert, der gerufen worden war, um seinen Tod zu beurkunden. Die Polizisten, die ebenfalls erschienen, verhielten sich nicht anders.

Und genau hier beginnt die eigentliche Geschichte, das Drama, das vor Augen führt, wie mit Menschen aus der untersten Hierarchie der Gesellschaft umgegangen wird. Haben sie zu Lebzeiten schon keine Lobby, niemanden, der sich wirklich für sie interessiert, für ihr Leid und das Schicksal, das sie an den Rand trieb – werden sie mitunter nicht besser behandelt als ein Tierkadaver, wenn sie erst einmal das Zeitliche gesegnet haben. *Ekelleichen* werden ihre sterblichen Überreste manchmal genannt, von Polizisten und Medizinern gleichermaßen, wenn diese erst nach Tagen entdeckt werden, halb verwest und kaum noch zu identifizieren. Wen sollte der Leichnam dann auch noch interessieren, wenn es keine Hinterbliebenen gibt oder diese sich schämen, mit dem Verstorbenen familiär verbandelt gewesen zu sein? *Machen wir uns doch nichts vor*, sagt ein Arzt aus Nordfriesland, der schon zu so mancher *Ekelleiche* gerufen worden ist, *das Einfachste ist doch, wenn Verstorbene dieser Art ohne großes Aufsehen im Grab verschwinden. Welcher Arzt verspürt schon Lust, sich an einer unappetitlichen Leiche zu schaffen zu machen? Und welcher Polizist brennt darauf, im Obdachlosenmilieu oder in der Drogenszene herumzuschnüffeln? Das ist in jedem Fall ein verdrießlicher Job, und wer einigermaßen Ahnung von der Materie hat, der weiß das. Und hat auch nichts dagegen, wenn ihm das erspart bleibt.* Das Schlimme sei, sagt er, dass am Fundort einer solchen Leiche der eine dann offenbar schon stillschweigend mit dem Einverständnis des anderen rechnet, die Angelegenheit besser unter den Teppich zu kehren.

Die Leichensache Hans Werner Müller wäre beinahe genauso ausgegangen. Sie wurde am 31. Januar 2000 gegen siebzehn Uhr der Polizei zur Kenntnis gebracht. Ein junger Mann, der den Zweiundfünfzigjährigen hin und wieder besuchte, war auf seine Leiche gestoßen. In einem finsteren Zimmer eines ehemaligen Kindergartens, der dafür vorgesehen war, bald abgerissen zu werden. Hier hatte sich der Obdachlose die letzten Monate seines Lebens aufgehalten.

Da es in dem baufälligen Gebäude zu dunkel und die Stromversorgung vor langer Zeit gekappt worden war, rückte die Feuerwehr an, um einen Scheinwerfer aufzubauen. Hans Werner Müller lag im hinteren Ende eines Flurs, rechts in der Ecke. Braune Cordhosen, zerfledderte Turnschuhe, ein Auslaufmodell, lilafarbene Winterjacke, darunter drei Pullover, grau und braun und blau, und ein gestreiftes Hemd. Er lag auf dem Rücken, die Beine ausgestreckt, den linken Arm am Körper, den rechten leicht abgewandt. Sein Mund stand offen, die Augen waren geschlossen. Vom rechten Nasenflügel aus verliefen Blutspuren quer über die rechte Gesichtshälfte und über das rechte Auge und verloren sich in den Haaren. Mehrere schmale Rinnsale, die noch nicht getrocknet waren. Ein Zeichen dafür, dass er noch nicht lange tot sein konnte. Auch die Körperwärme war noch nicht auf Zimmertemperatur gesunken, die zu diesem Zeitpunkt elf Grad Celsius betrug. Während sich auf dem Rücken erste Totenflecke ausbildeten, war die Totenstarre noch nicht eingetreten.

Gehen wir die Sache an dieser Stelle einmal ganz wissenschaftlich an, ganz im Sinne der Gesetzesvorschriften. Dass hieße, dass die Leiche erstens unbekleidet zu *beschauen* wäre, von allen Seiten selbstverständlich, dass für ausreichend Licht gesorgt sein müsste und dass sich der Arzt die Mühe zu machen hätte, auch die so genannten Körperöffnungen des Toten genau anzusehen, die Mundhöhle, die Nasenöffnungen, die äußeren Gehörgänge, die Afteröffnung und den Genitalbereich.

Wie sehr das von der Realität mitunter abweicht, verdeutlich das *Geständnis* eines Allgemeinmediziners aus Berlin, der als niedergelassener Arzt beschäftigt ist und nebenbei nicht selten zu frisch Verstorbenen gerufen wird. Darüber ist er einerseits ganz froh, bringt ein Einsatz doch zusätzliches Geld, je nach Härtegrad und Entfernung sind zwischen achtzig und zweihundert Mark üblich. Andererseits sind es nun wirklich keine Aufträge, die das Wohlbefinden fördern, selbst bei einem altgedienten Haudegen seines Fachs nicht. Als solchen können wir den Mediziner aus Berlin ruhig bezeichnen. Er ist lange genug im Geschäft, er kennt das Gewerbe – und er kennt seine Leichen: *Ich werde von hinterbliebenen Angehörigen gerufen, deren Familie ich als Hausarzt betreue, von der Polizei, die mich bei Bedarf vermutlich nach dem Zufallsprinzip auf einer Liste leichenschauender Ärzte auswählt, vom Notdienst der Kassenärztlichen Vereinigung oder eben von Pflegediensten, die alte, gebrechliche Menschen betreuen. Zuerst sehe ich mir dann die Umgebung des Toten an. Wie sieht die Wohnung aus, wie der Raum, in dem er gefunden wurde? Dafür genügt meistens ein kurzer Blick. Ich spreche auch mit den Hinterbliebenen, wenn sie anwesend sind, um mir ein Bild zu machen. Wie wirken Sie? Muss ich mich später vielleicht auch um sie kümmern, um den ersten Schock zu behandeln? Oder nehmen sie den Tod gar auffällig gelassen zur Kenntnis? Das ist schwer zu beurteilen, da jeder auf ein solches Ereignis anders reagiert.*

Ich habe immer meinen Notfallkoffer dabei, mit Medikamenten, Infusionssystemen, und auch den Hausbesuchskoffer, der vor allem Formulare, Stempel und einfachere Utensilien wie Schreibzeug und sterile Gummihandschuhe beinhaltet. Damit gehe ich dann zur Leiche. Als Erstes kontrolliere ich die Atmung. Dabei lege ich mein Ohr an den Mund des Toten. Eine alte Methode, aber zuverlässig. Anschließend streife ich mir Gummihandschuhe über. Erst dann erlaube ich mir den direkten Körperkontakt. Ich taste beide Halsschlagadern ab. Mit einer kleinen Taschenlampe leuchte ich in die Pupillen. Sind sie lichtstarr, also zeigen sie keine Reaktion, verkleinern sich nicht, ist das schon ein sicheres Zeichen des Todes. Liegt der Tote schon einige Zeit, fällt auch die niedrige Körpertemperatur auf. Totenflecken und Leichenstarre sind die nächsten Indizien, die mir zeigen, dass ich es mit einem Toten zu tun habe. Die Leichenstarre zum Beispiel tritt nach etwa zwei bis drei Stunden ein. Totenflecken sind schon eher zu beobachten, nach ungefähr einer halben Stunde. Beides hilft mir, die Todeszeit einzugrenzen. Während ich mich damit beschäftige, frage ich die Angehörigen nach möglichen Krankheiten, unter denen der Verstorbene zu Lebzeiten litt. Werden dazu keine verlässlichen Angaben gemacht, suche ich später noch in der Wohnung nach Medikamenten, natürlich nicht in jedem Fall. Eher bei jüngeren Leuten, wenn mir zum Beispiel ein überraschender Todeseintritt spanisch vorkommt.

Danach widme ich mich dem Körper des Toten. Entweder lasse ich ihn von den Angehörigen entkleiden; mache ich das selber, sollen sie mich zumindest dabei unterstützen. Manchmal knöpfe ich auch nur das Hemd auf und lasse es dabei bewenden. Ich habe keine Regel dafür, wie ich mich wann verhalte. Allerdings, wenn ein Verstorbener noch Windeln anhat, ein alter Mensch, rühre ich die nicht an. Das kann keiner von mir verlangen. Natürlich weiß ich, dass man alle Körperöffnungen inspizieren soll. Aber haben sie schon einmal den Gestank gerochen? Häufig öffnen sich alle Schleusen, wenn ein Mensch stirbt. Das ist mehr als unangenehm. Dann konzentriere ich mich eben nur auf Kopf, Brustkorb, Bauch und Rücken. Das reicht auch. In alle Körperöffnungen sieht doch keiner. Den Arzt möchte ich sehen, der sich vor den Hinterbliebenen über den After oder die Scheide einer toten Frau hermacht. Vielleicht noch bei jüngeren Menschen, bei Ekelleichen auf keinen Fall. Die Mundhöhle dagegen sehe ich mir schon an. Gerade bei alten Leuten gucke ich, ob vielleicht ein Zungenbiss vorliegt. Ohren und Nase untersuche ich auch jedes Mal. Blutungen können auf eine Schädelbasisfraktur oder andere Verletzungen hinweisen, die von außen nicht auf den ersten Blick zu sehen sind, vielleicht auch gar nicht. Das war es dann auch schon. In der Regel dauert ein Einsatz kaum länger als zwanzig Minuten. In dieser Zeit schaffe ich es aber noch, den Totenschein auszufüllen.

Zu welch ungewöhnlichen Ergebnissen eine oberflächliche Leichenschau mitunter führen kann, erwähnt Volkmar Schneider in dem Buch *Die Leichenschau*: *So soll es schon ein-*

mal vorgekommen sein, dass ein zu einer Leiche zugezogener Arzt einen natürlichen Tod bescheinigte und übersehen hatte, dass im Mund der Toten ein zusammengeknüllter Damenstrumpf steckte, der den Tod herbeigeführt hatte. Schneider warnt: *Ein Arzt darf sich in keinem Fall mit einer Teilbesichtigung der Leiche (z. B. nur das Gesicht) zufrieden geben*, weiß zugleich aber auch, dass *das Unterlassen der Entkleidung bei der Leichenbesichtigung der häufigste und folgenschwerste Fehler* (ist).

Wie viel Zeit sich der leichenschauende Arzt für Hans Werner Müller nahm, ist ungewiss. Auf alle Fälle war er sich seiner Sache ziemlich schnell ziemlich sicher. Die blutende Wunde und die Tatsache, dass ein Schwall mit inneren Körperflüssigkeiten vermischtes Blut aus dem Mund quoll, als er die Leiche auf den Bauch drehte, beeinflusste seine Diagnose nicht. Auch nicht der Umstand, dass Müllers Nasenbein gebrochen war. Von einem Sturz konnte das kaum herrühren. Dann müsste er direkt mit dem Kopf auf den Boden gefallen sein, ohne sich mit den Händen abzustützen, was aber ein normaler Reflex gewesen wäre. Und selbst wenn eine Verletzung auf diese Weise zwar abwegig, aber dennoch denkbar erschien wäre, fehlten entsprechende Blutspuren auf dem Fußboden. Aber auch diese Überlegung ließ der Mediziner offensichtlich außer Acht. Auf der Todesbescheinigung ergänzte er die Rubrik *unmittelbar zum Tode führende Krankheit* mit *Oesophagusvarizenblutung*, die Spalte *vorangegangene Ursachen* mit *alkoholische Leberzirrhose*. Die Zeitdauer zwischen dem Beginn der Krankheit und dem Eintritt des Todes gab er im ersten Fall mit *fünf Minuten* an, im zweiten mit *fünf Jahren*. Für den Arzt lag ein natürlicher Tod vor.

Das wäre auch für die Polizisten – von denen ja mindestens vier, zwei Schutzpolizisten, zwei Kripoleute, die Leiche in Augenschein nahmen – die einfachste Lösung gewesen. Es hätte ihnen eine Menge Arbeit erspart. Vielleicht ließen sie sich deshalb die Diagnose des Arztes, Müller sei ohne die Gewalt eines anderen gestorben, nicht so einfach ausreden. Nicht am Fundort und auch später nicht. Als zwei Tage nach dem Tod des Obdachlosen ein junger Mann auf dem Revier erschien, weil er mehr wusste als die Beamten und ihnen das zu Gehör bringen wollte, um sein Gewissen zu erleichtern, schickten sie ihn jedenfalls einfach weg. Der Müller, sagten sie, sei eines natürlichen Todes gestorben, und winkten ab.

Eine kleine Meldung in der Lokalzeitung war es letztendlich, die dafür sorgte, dass der Leichnam nicht gleich in die Erde gesenkt wurde und die Mordermittler doch noch reichlich Arbeit bekamen. Zwei Mädchen hatten sie gelesen und beschlossen, den Beamten reinen Wein einzuschenken. Sie wussten, was dem Obdachlosen tatsächlich widerfahren war. Und das entsprach so gar nicht dem Inhalt des Zeitungsartikels. Darin hieß es, Hans Werner Müller sei an den Folgen einer Krankheit gestorben, so wie es der Arzt auf dem Leichenschein notiert hatte.

Am dritten Februar wurden zwei fünfzehnjährige Jungen festgenommen, die eine Lernförderschule besuchten. Am gleichen Tag unterschrieb ein Staatsanwalt eine Verfügung, die die Öffnung der Leiche des Hans Werner Müller anordnete. Sie war bereits für die Beerdigung freigegeben worden. Der Termin wurde abgesagt.

Am frühen Nachmittag begann die Vernehmung des ersten Verdächtigen:

Polizist: *Du und dein Begleiter seid dringend verdächtig, den Geschädigten Hans Werner Müller am 31. Januar 2000 in einem Abrisshaus in der Berliner Straße in Weißwasser durch Faustschläge und Fußtritte so verletzt zu haben, dass dieser daran verstorben ist. Äußere dich dazu!*

Thomas*: Es stimmt, ich habe ihn mehrmals mit den Fäusten geschlagen und auch mit den Füßen getreten. Zuerst am 29. Januar, dann am 31.

Deswegen war ich gestern schon einmal hier. Das war gegen zwölf. Ich wollte freiwillig aussagen. Aber man sagte mir, dass ich wieder gehen soll. Weil der Herr Müller eines natürlichen Todes gestorben sei.

Heute haben sie mich dann doch geholt.

***Polizist:** Wie lange kennt ihr Hans Werner Müller?*

Thomas: Seit knapp drei Jahren. Meine Kumpel haben mir damals von ihm erzählt und ihn mir auch gezeigt. Danach habe ich ihn ab und zu auf der Straße getroffen. Ich wusste auch, dass er seit ein paar Wochen in dem alten Kindergarten hauste. Ich habe ihn dort mal getroffen, als ich pinkeln musste. Das habe ich auch meinen Freunden erzählt.

***Polizist:** Was geschah am 29. Januar?*

Thomas: Da war ich mit Bernd* bei ihm, so gegen dreiundzwanzig Uhr. Tagsüber ist er ja immer irgendwo in der Stadt unterwegs. Wir sind von hinten in die Baracke reingegangen, also auf der Giebelseite. Die Tür stand offen. Wir wussten, dass Müller da wohnt, gleich im zweiten Zimmer auf der rechten Seite. Es war kein Licht. Auf dem Tisch brannten nur drei Kerzen. An der Wand stand ein Bett, dass aus Holzresten zusammengebaut worden war. Als Füße dienten vier alte Stühle. Außerdem standen noch zwei Tische und ein Stuhl im Raum. Auf dem Fußboden lag eine Menge Dreck rum.

Eigentlich sind wir nur hingegangen, um ein bisschen mit ihm zu quatschen. Aber er lag schon im Bett. Als wir in die Baracke kamen, hatte ich mehrmals seinen Namen gerufen. Er hatte aber nicht reagiert. Wir sind also in sein Zimmer rein. Ich setzte mich auf den freien Stuhl, Bernd blieb neben mir stehen. Wir haben dann gefragt, wie es ihm geht …

Polizist: *Du hast vorhin gesagt, dass du ihn geschlagen hast.*
Thomas: Eigentlich wollte ich nur mit ihm quatschen. Das haben wir ja auch gemacht. Aber dann hat es sich so ergeben, dass ich ihm sagte, er soll aufstehen. Das hat er auch getan. Er stand dann etwa einen Meter vor mir. Da habe ich dann einfach mit meiner rechten Faust zugeschlagen, zwei Mal, in sein Gesicht, auf die rechte Gesichtshälfte. Ich habe aber nicht so ganz doll geschlagen. Hans Werner hat die Hände vors Gesicht genommen und nach unten gesehen.

Polizist: *Was passierte dann weiter?*
Thomas: Als er nach unten schaute, habe ich mit dem rechten Bein in sein Gesicht getreten.

Polizist: *Was für Schuhe trugst du?*
Thomas: Turnschuhe, weiße. Ich habe ihm damit einmal ins Gesicht getreten.

Polizist: *Und dann?*
Thomas: Durch den Tritt sackte er zusammen und fiel hin. Erst auf die Knie, dann krümmte er sich auf dem Boden. Mit den Händen hielt er sein Gesicht fest.

Polizist: *War das alles?*
Thomas: Ich habe dann nichts mehr gemacht. Bernd hat ihm noch zwei Fußtritte an den Hinterkopf versetzt.

Polizist: *Was für Schuhe trug er?*
Thomas: Schwarze Springerstiefel, mit so einer Stahlkappe.

Polizist: *Wie ging es weiter?*
Thomas: Der Müller blieb auf dem Boden liegen, wir rannten weg.

Polizist: *Warum seit ihr am 31. noch einmal zu ihm gegangen?*
Thomas: ???

Etwa zehn Minuten später begann in einem Nebenzimmer der Polizeidirektion eine zweite Vernehmung. Hier wurde Thomas' Komplize befragt.

Bernd: Wir hatten uns am 31. Januar mit zwei Mädchen aus unserer Schule verabredet. Wir holten sie vor dem Gebäude ab. Das muss gegen zehn Uhr gewesen sein. Es waren einige Stunden Unterricht ausgefallen. Wir selbst gingen nicht mehr zur Schule. Wir bummelten schon seit drei Tagen.

An diesem Morgen kamen wir vom alten Kindergarten. Wir hatten eigentlich Müller besuchen wollen, aber der war nicht da gewesen. Trotzdem sahen wir uns in seinem Zimmer um. Als ich mich auf einen Stuhl setzen wollte, brach dieser zusammen. Da kam ich auf die Idee, auch noch die restlichen Möbel zu zerschlagen. Thomas machte mit. Wir haben den ganzen Kram kurz und klein getreten. Den Schrank haben wir aus dem Fenster geworfen. Zum Schluss haben wir noch in das Zimmer gepinkelt. Erst danach sind wir zu den Mädchen gegangen. Wir wollten ihnen zeigen, was wir geleistet hatten. Sie kamen auch gleich mit. Als wir ankamen, war Müller immer noch nicht da. Da haben wir eine Pappe genommen und einen Text draufgeschrieben. An den genauen Wortlaut kann ich mich nicht mehr erinnern, aber es ging um 900 Mark, die wir von ihm haben wollten. Er bekam ja jeden Monat 900 Mark.

Polizist: Warum habt ihr die Möbel und die Scheiben zerschlagen?

Bernd: Es hat eben Spaß gemacht. Außerdem wollten wir den Müller ärgern.

Polizist: Warum?

Bernd: Einfach so, es gab keinen Grund dafür. Wir sind dann ja auch wieder gegangen. Auf der Berliner Straße haben wir dann Müller getroffen. Er sah sich gerade ein Schaufenster an.

Polizist: Wie sah er im Gesicht aus?

Bernd: Beide Augen waren blau und geschwollen. Das linke Auge war innen rot, da, wo es eigentlich weiß ist. Im Gesicht habe ich auch Striemen gesehen, so lang gezogene Verletzungen. Und sein ganzes Gesicht war blutverschmiert.

Polizist: Was geschah danach?

Bernd: Wir sagten ihm, dass jemand in seinem Zimmer alles kaputtgeschlagen hätte. Dann sind wir alle zusammen noch einmal dorthin gegangen. Die Mädchen wollten eigentlich nicht, wir haben sie aber überredet.

Als Müller seine Unterkunft sah, wollte er gleich wieder verschwinden. Da habe ich ihm das Pappschild gezeigt und ihm den Text vorgelesen, eben, dass wir die 900 Mark haben wollen. Er sagte, dass er das Geld erst morgen bekommt. Thomas zog ihn dann an seiner Jacke und warf ihn zu Boden. Dann habe ich zwei Mal mit dem rechten Fuß auf ihn eingetreten. Ich trat mit voller Wucht gegen seinen Brustkorb. Thomas auch, er trat bestimmt fünf oder sechs Mal zu. Ich glaube, gegen Müllers linke Körperseite. Dann war ich wieder dran. Jetzt habe ich drei Mal zugetreten, wieder gegen seinen Brustkorb. Dann wieder Thomas …

Als wir glaubten, dass er bewusstlos war, sind wir weggelaufen.

Polizist: *Warum habt ihr keine Hilfe geholt? Euch muss doch bewusst gewesen sein, dass ihr kein Geld bekommt, wenn er stirbt.*

Bernd: Wir hatten Panik. Allerdings dachten wir auch, dass es so ganz schlimm um ihn nicht stand. Nach ungefähr fünf Minuten sind wir ja auch wieder zurück. Er war schon wieder aufgestanden, lehnte sich an die Wand und jammerte. Thomas forderte ihn auf, zu uns zu kommen. Als er kam, sollte er sich auf den Boden setzen. Er bückte sich gerade – da trat ihm Thomas voll ins Gesicht, dann noch in den Magen. Müller blutete stark aus der Nase. Er war völlig demoliert. Ich glaube, er war bewusstlos. Wir sind dann abgehauen …

Nur wenige Stunden später erlag Hans Werner Müller den Verletzungen, die ihm die Schüler zugefügt hatten. Beide wurden später wegen räuberischer Erpressung zu Jugendhaftstrafen verurteilt.

Abgesehen von den unübersehbaren Gewaltspuren im Gesicht, muss auch sein Körper an zahlreichen Stellen geschwollen und grün und blau verfärbt gewesen sein. All die Tritte müssen ihre Spuren hinterlassen haben, im Brustbereich, in der Magengegend, an den Schultern, auf dem Rücken. Doch davon ließ sich der Arzt, der zu dem Toten gerufen worden war, nicht beeinflussen. Er war der Meinung, dass jemand, dessen Körper dermaßen ramponiert ist, durchaus eines natürlichen Todes gestorben sein kann. Nicht einmal gezweifelt hat er daran. Vermutlich wird er aus allen Wolken gefallen sein, als er hörte, zu welchem Ergebnis seine Kollegen vom Institut für Rechtsmedizin der Technischen Universität in Dresden gekommen sind. Denen bereitete es jedenfalls nicht sonderlich

Mühe, die wahre Todesursache zu finden. Zu wesentlichen Erkenntnissen führte sie die Öffnung des Kopfes. Hier entdeckten sie ein ausgeprägtes subdurales Hämatom, was nichts anderes bedeutet, als dass sie unter der harten Hirnhaut eine ausgedehnte Blutansammlung vorfanden. Die war noch frisch, was für die Bestimmung der Todeszeit von Bedeutung war und letztlich auch den Verdacht bestätigte, dass die jugendlichen Täter ihre Verursacher waren. Andere Gewebsdefekte am Gehirn deuteten darauf hin, dass der Verstorbene schon zwei bis drei Tage vor den todesursächlichen Verletzungen Schläge gegen den Kopf einstecken musste. Auch das unterstrich die Täterschaft der Jungen. Das subdurale Hämatom allein hätte dabei vermutlich nicht so schnell zum Tod des Mannes geführt. Sein Ableben wurde durch das massive Einatmen von Blut begünstigt. Blut, welches durch den Trümmerbruch des Nasengerüstes reichlich floss.

Von der eingangs erwähnten Diagnose des leichenschauenden Arztes blieb nach der Obduktion nichts übrig. Nicht nur, dass Hans Werner Müller keinen Tropfen Alkohol intus hatte als er starb, auch seine Leber fanden die Gerichtsmediziner in einem beinahe ungewöhnlich guten Zustand vor. Sie entdeckten nicht das geringste Anzeichen einer Zirrhose. Er kann kein Alkoholiker gewesen sein. Vielleicht – und das bleibt zu hoffen – sieht der betreffende Mediziner bei seinem nächsten Einsatz ja etwas genauer hin.

Die vergessenen Babys

Warum im Krankenhaus geschwiegen wird

Sonntag, 10. Dezember 89, vier Uhr dreißig. Das Telefonklingeln holt uns aus dem Schlaf. Am Apparat die Kinderklinik. Eine männliche Stimme verkündet Unglaubliches: Kommen Sie schnell, Ihre Tochter Brigitte hat eine Infektion erlitten. Sie wird wahrscheinlich sterben.

Etwas später im Krankenhaus: Ich erfahre zufällig, dass bereits ein Kind gestorben ist. Brigitte sieht schlecht aus. Sie ist bereits wiederbelebt worden, ihr kleines Körperchen ist fleckig. Sie erhält Blutplasma, Transfusionen, Medikamente – zu viel für einen so kleinen Menschen?

Die Infektion betrifft mehrere Kinder. Die Ursache ist noch unbekannt, das Bakterium steht fest. Ein weiteres Kind – der kleine Nollmann – stirbt.*

Brigitte sieht schon besser aus, nicht mehr so fleckig, aber an ihrer rechten Hand und an ihrer linken Wade haben sich Hämatome gebildet. Blauschwarz – das sieht schlimm aus. Davon bleiben höchstens kleine weiße Narben, sagt der Arzt. Der Tag zieht sich. Wir gehen nicht von Brigittes Brutkasten weg. Später holt Peter etwas zu essen und zu trinken. Wenn sie die Nacht schon mal übersteht, weckt der Arzt unsere Hoffnungen …

Montag, 11. Dezember, sieben Uhr dreißig. Sie hat die Nacht überstanden! Gott sei Dank. Fahren Sie nach Hause und ruhen Sie sich ein wenig aus, sagt die Schwester. Wir müssen jetzt abwarten. Völlig erschöpft fahre ich heim. Peter bleibt bei

Brigitte. Zu Hause dusche ich und lege mich hin. Schlafen kann ich nicht.

Um vierzehn Uhr dreißig bin ich wieder in der Klinik. Auf der Intensivstation kommt mir Peter entgegen und hält mich fest. Vor dreißig Minuten hat Brigitte Hirnblutungen bekommen. Sehr starke!! Es gibt kaum Hoffnung. Ich laufe zu ihr. Sie sieht so gut aus, viel besser als gestern. Die kleinen Fäustchen sind geballt, und mit gestreckten Ärmchen hebt sie die Händchen – ein Krampf.

Bis neunzehn Uhr sitzen wir bei ihr. Der Zustand verändert sich kaum. Das kleine Gesicht ist aufgedunsen. Immer wieder streicheln unsere Hände ihr Gesichtchen, Brust und Arme. Ob sie es merkt? Fahren Sie heim, sagen Arzt und Schwester, wir rufen an, wenn es etwas Neues gibt. Als wir dort eintreffen, hören wir schon beim Aussteigen aus dem Wagen das Telefon klingeln …

Kommen Sie jetzt, sagt der Arzt, sie stirbt.

Als wir zirka eine halbe Stunde später wieder in der Klinik sind, steht bereits Herr Wernsen, der Seelsorger, an ihrem Bettchen. Er hatte sie auch Sonntag früh notgetauft. Jetzt ist es also so weit. Keine Hoffnung mehr. Wir können gar nichts tun. Ich will mir die Gummihandschuhe überstreifen, um sie zu streicheln. Eine Schwester schüttelt den Kopf. Es ist nicht mehr nötig, denke ich, und wir können ein letztes Mal Haut auf Haut spüren.*

Von all den schönen Dingen des Lebens sind ausgerechnet meine Tränen das Einzige, das ich dir habe schenken können!

Einundzwanzig Uhr. Die Beatmungsschläuche werden gezogen. Eine Spritze nimmt die Krämpfe. Brigitte liegt in meinen Armen. Ich streichle ihr Gesichtchen mit den geschlossenen Augen. Peter hält die kleine kühle Hand. Kurz vor zweiundzwanzig Uhr wird der Monitor abgeschaltet, damit der letzte Alarm unterbleibt.

Unsere Tochter ist tot.

Brigitte Zanger*, das Zwillingsmädchen aus einer kleinen Stadt in der Nähe von Köln, wurde nur zwei Wochen alt. Ihre Mutter führte Tagebuch, hielt fest, wie sie die letzten Stunden der Tochter erlebte. Eines Tages wird sie diese Notizen vielleicht Brigittes Schwester zu lesen geben. Wenn sie fragt, was damals vorgefallen ist, und wenn sie alt genug ist, um zu verstehen, warum ihre Zwillingsschwester nicht bei ihr, sondern auf dem Friedhof ist. Wenn sie auch in der Lage ist, die Wahrheit zu verkraften.

Marion* ist heute elf Jahre alt. Sie ist ein aufgewecktes Kind und erfreut sich bester Gesundheit. Die Eltern sind stolz auf sie. Das Mädchen hatte Glück, damals im Dezember 1989, kurz nach ihrer Geburt. Sie und ihre Schwester hatten es eilig gehabt, als ihre Mutter mit ihnen schwanger ging. Sie kamen zu früh auf die Welt, ein paar Wochen gleich. Deshalb entschied sich die Mutter, ihre Töchter in der besten Kinderklinik versorgen zu lassen, die sie kannte. Dafür nahm sie eine Fahrt nach Köln gern in Kauf. Das Kinderkrankenhaus dort, hatte sie erfahren, gehöre zu den renommiertesten Einrichtungen in Deutschland. Es habe einen ausgezeichneten Ruf, exzellentes Fachpersonal und sei für die Behandlung von Frühgeburten bestens ausgerüstet. Das alles stimmte wohl auch. Doch selbst in einem vielleicht perfekt geführten Haus arbeiten Menschen – und Menschen machen Fehler, aus Versehen, absichtlich oder einfach, weil Routine in Schlampigkeit übergeht.

Was geschah an diesem Wochenende auf der Frühgeborenen-Station? Sie war zu diesem Zeitpunkt mit dreißig Säuglingen belegt. Während der beiden Tagschichten umsorgten sie jeweils vier Kinderkrankenschwestern und eine Schwesternschülerin. Über Nacht wurde die Belegschaft – wie üblich – reduziert. Ob damit genügend Personal zur Verfügung stand, um die Neugeborenen ausreichend zu versorgen, mag der medizinische Laie nicht zu beurteilen. Tatsache ist, dass es sich bei nahezu allen Kindern in diesem Stadium um Problemfälle handelt, die besonderer Fürsorge und Pflege bedürfen. Ihren Körpern – kleiner und leichter als bei Normalgeburten – fehlt deren Widerstandsfähigkeit. Sie sind anfälliger für Infektionen und Vergiftungen. Die Unterbringung in so genannten Brutkästen soll die Nestwärme des mütterlichen Körpers ersetzen und Schutz bieten gegen jegliche Krankheitserreger.

Brigittes Eltern beschäftigten sich in den Tagen nach der frühen Geburt des Zwillingspärchens intensiv mit dieser Thematik. Ihnen war die Dramatik der Situation wohl bewusst. Während sich ihre Tochter Marion relativ komplikationslos entwickelte, sie war die robustere, kränkelte Brigitte etwas. Wenngleich sie auch körperlich ihrer Schwester etwas unterlegen war, wies sie keine ernsthaften Krankheiten oder Behinderungen auf. Und die behandelnden Ärzte vermittelten den Eltern das Gefühl, dass sie wohl recht bald über den Berg sein werde und das bevorstehende Weihnachtsfest mit ziemlicher Sicherheit schon zu Hause verbringen könne. Tatsächlich entwickelte sich die Kleine wunschgemäß. Bis zu jenem Abend und jener Nacht im Dezember, als auf der Station Panik ausbrach.

Zunächst fiel den Schwestern ein kleines Mädchen auf, welches deutliche Vergiftungserscheinungen aufwies. Bei ihr setzte die Atmung aus, sodass sie künstlich mit Sauerstoff versorgt werden musste. Auch die Funktionen innerer Organe – etwa der Nieren – versagten. Der Dienst tuende Arzt veranlasste die Behandlung mit Antibiotika, außerdem die Verlegung des Säuglings auf die Intensivstation. Das medizinische Personal sollte noch mehr zu tun bekommen, viel mehr. In den folgenden Stunden brach es wie eine Epidemie über die Station herein: Innerhalb weniger Stunden zeigten neun andere Babys die gleichen Symptome. Es herrschte Ausnahmezustand.

Nach der hektischen Nacht baten die Klinikverantwortlichen Experten des Hygiene-Instituts der Kölner Universität um Hilfe. Sie sollten Blut, das den erkrankten Säuglingen entnommen worden war, so schnell wie möglich untersuchen. Nur dadurch konnte man feststellen, wodurch es zu der massenhaften Vergiftung gekommen war. Bis zur Klärung dieser Frage wurde die Frühgeborenen-Station unter Quarantäne gestellt. Es durften keine neuen Kinder aufgenommen werden. Die Situation der Vergifteten verschlechterte sich indes von Stunde zu Stunde. Sie wurden künstlich beatmet und mit Antibiotika-Infusionen behandelt. Mehr war nicht zu tun solange die Ursache der plötzlichen Erkrankungen nicht feststand. Erst am folgenden Morgen – eines der Kinder war bereits verstorben – traf das Ergebnis der Blutuntersuchungen ein. Die Mitteilung war niederschmetternd: Ein hochgefährlicher Krankheitserreger war in das Blut der Säuglinge eingedrungen: Enterobacter-cloacae-Bakterien. Ein teuflischer Gegner. Er kann Harnwegsinfektionen verursachen, im harmlosesten Fall, Lungenentzündungen auch, Hirnhautentzündungen und eben schwerste Blutvergiftungen.

Der ohnehin geschwächte Körper des Zwillingsmädchens Brigitte hatte den hartnäckigen Bakterien nichts entgegenzusetzen. Auch das Antibiotikum half nicht im Kampf gegen den Tod. Brigitte war der dritte von vier Säuglingen, die die Vergiftung nicht überstanden. Von den restlichen sechs Kindern, die überlebten, erlitten mindestens drei schwerste körperliche und geistige Schädigungen. Am schlimmsten traf es einen Jungen aus Köln. Er ist seit dem Zwischenfall in der Kinderklinik schwerst pflegebedürftig.

Der heute Elfjährige wiegt kaum mehr als sechsundzwanzig Kilogramm, misst lediglich eine Körpergröße von gut einem Meter zwanzig. Er ist nicht in der Lage, auch nur einen Schritt zu gehen, selbst eine Sitzhaltung kann sein Körper nur in speziellen Krankenstühlen einnehmen. Seine Gliedmaßen werden in kurzen Abständen von spastischen Krämpfen heimgesucht. Er kann mit seinen Händen nicht greifen, die Augen sind fast blind. Bis heute hat er kein einziges Wort sprechen können. Die Eltern kümmern sich seit jeher aufopferungsvoll um ihn, wenn es mittlerweile auch ihre Kraft übersteigt, da die Mutter selbst an multipler Sklerose erkrankt ist und der Vater seit kurzem unter schwerem Diabetes leidet.

Der sagenhaften Energie dieser Eltern ist es auch zu verdanken, dass der tragische Vorfall überhaupt ans Licht kam. Ihnen war die Sache von Anfang an nicht geheuer gewesen. Sie glaubten nicht, dass es eine tragische Fügung sein sollte, ein nicht zu verhindernder Schicksalsschlag, der sich da ereignet hatte. Schließlich hatte ihr Sohn, der bereits in der fünfundzwanzigsten Schwangerschaftswoche auf die Welt gekommen war, bereits erhebliche Forschritte gemacht. Nachdem er einige Tage intensivmedizinisch versorgt werden musste, hatte man ihn auf die normale Station verlegt. Es ging ihm entschieden besser. Er nahm langsam, aber stetig an Gewicht zu und wuchs entsprechend. Nach menschlichem Ermessen schien es sicher, dass er überleben würde.

Und dann waren da ja noch Brigitte und die anderen Kinder, von deren Tod die Eltern zunächst nur beiläufig erfuhren. Es sterben nicht einfach vier Kinder auf einmal, sagten sie sich und wandten sich an eine Anwaltskanzlei, die sich auf ärztliche Kunstfehler spezialisiert hat. Sie wollten, dass der Vorfall aufgeklärt wird, dass die Schuldigen gefunden werden. Immerhin waren diese für den Tod von vier Kindern verantwortlich und dafür, dass ihr Sohn niemals ein menschenwürdiges Leben führen kann. Doch ihr Anliegen erstickte zunächst in einem Papierkrieg zwischen ihrem und dem Anwalt der Klinik. Letzterer gab sich alle Mühe, Schaden von seinem Auftraggeber – der Stadt Köln, da es sich um ein städtisches Krankenhaus handelt – abzuwenden. So vertrat er die Ansicht, dass es sich, wenn überhaupt, um eine höchst schicksalhafte Infektion handelte, die trotz Einhaltung sämtlicher Hygienevorschriften nicht zu vermeiden war. Beide Seiten holten mehrere Gutachten ein und beschuldigten sich anschließend gegenseitig der Parteilichkeit. Selbst vor der wenig einfühlsamen und nicht zutreffenden Behauptung, der Junge wäre ohnehin ein Pflegefall geworden, schreckte die Gegenseite nicht zurück.

Möglicherweise hatten die Eltern der verstorbenen Kinder geahnt, was ihnen bei einem juristischen Einschreiten bevorgestanden hätte, und verzichteten auf eine Klage, um sich diese unwürdigen Geschmacklosigkeiten zu ersparen. Vielleicht hatten sie aber auch den Worten der Ärzte geglaubt oder in ihrer Trauer einfach nicht die Kraft aufgebracht. Vielleicht bemächtigte sich ihrer auch der Gedanke, dass ihnen ein Urteil das Kind nicht wieder zurückbringt. Für sie konnte es auch keine Frage des Geldes sein. Kein Geld der Welt könnte ersetzen, was ihnen genommen worden war.

Nur von Brigittes Mutter war zu erfahren, dass ihr gelegentlich Zweifel kamen, ob es richtig sei, die Angelegenheit auf sich beruhen zu lassen. Etwa acht Wochen nach dem Tod der Tochter sei das zum ersten Mal so gewesen. Weil ihr unmöglich in den Kopf wollte, dass vier Babys sterben können, ohne dass etwas von Amts wegen unternommen wird, nicht die Suche nach Schuldigen, nicht einmal eine unabhängige Untersuchung der Vorfälle. Damals habe sie beim Gesundheitsamt angerufen, um zu erfahren, warum die Staatsanwaltschaft noch nicht ermittelt. Eine Antwort habe sie jedoch nicht erhalten. Man wollte sie zurückrufen, hieß es. Das sei aber nicht geschehen. Ein gutes halbes Jahr später habe sie es dann noch einmal in Angriff genommen. Sie habe sich gerade in der Nähe des Amtes befunden und wandte sich diesmal persönlich an den zuständigen Mitarbeiter. Einige Tage später sei sie dann doch angerufen worden: Man dürfe ihr nicht sagen, was auf den Totenscheinen der Kinder stehe. Datenschutz. Die Säuglinge hätten sie – quasi vor ihrem Tod – ermächtigen müssen, eine solche Auskunft einholen zu dürfen. Das habe man ihr allen Ernstes so mitgeteilt. Aber, hieß es weiter, sie brauche sich keine Sorgen zu machen – eine nicht natürliche Todesursache sei in keinem der Fälle festgestellt worden. Nein, es schöpfe in ihrem Haus niemand einen Verdacht, wenn sich die Todesmeldungen aus einem Krankenhaus mal zufällig häufen sollten. Das fiele auch gar nicht auf, da die Benachrichtigungen von verschiedenen Sachbearbeitern überprüft würden, je nach Familienname entsprechend dem Alphabet …

Dass das Kinderkrankenhaus das Gesundheitsamt vielleicht selber darauf hinweisen könnte und die Verantwortlichen bei der Polizei anzeigen würde, war nun wahrlich nicht zu erwarten.

Und so kam es, dass die Klinik und die Verantwortlichen bei der Stadt Köln die Sache fast fünf Jahre lang unter der Decke halten konnten. Denn der Rechtsstreit, den die Eltern des behinderten Jungen in Gang brachten, wurde zunächst außergerichtlich abgewickelt, sodass beide Parteien wenig Interesse an öffentlicher Publizität hatten. Zunächst.

Das änderte sich am 15. November 1994. Die Nachricht, die in großen Lettern auf der Titelseite der *Bild am Sonntag* erschien, schlug ein wie eine Bombe: *Klinik-Skandal: Vier Babys tot! Säuglinge in Kölner Krankenhaus mit Flüssignahrung vergiftet.* Es war an diesem Tag das beherrschende Thema der Nachrichtensendungen im Funk und im Fernsehen. Bereits am frühen Morgen schwärmten Kamerateams der öffentlich-rechtlichen und aller privaten Fernsehstationen aus, um die Betroffenen zu interviewen. Ihnen dicht auf den Fersen die Reporter zahlreicher Zeitungen. Der Chef der Kinderklinik unterbrach sein freies Wochenende, um die Anfragen der Journalisten zu beantworten. Ihm blieb keine Wahl: Er bestätigte die Fakten des Berichts, der die Lawine öffentlichen Interesses losgetreten hatte. Nun widmeten sogar *Tagesschau* und *Tagesthemen* der skandalträchtigen Enthüllung ausführliche Fünf-Minuten-Beiträge zu Beginn ihrer Sendezeit. Am nächsten Tag setzte sich das Medienecho fort. In nahezu allen Zeitungen des Landes erschienen Beiträge über den mysteriösen Tod der Kinder. Selbst *Süddeutsche Zeitung* und *Frankfurter Allgemeine Zeitung* kamen an diesem Stoff nicht vorbei. Vier tote Babys – das bewegte die Nation.

Endlich bequemte sich auch die Staatsanwaltschaft, die ein Einschreiten bisher nicht für notwendig erachtet hatte, Ermittlungen auf den Weg zu bringen. Doch wer waren die Schuldigen? Wem waren fahrlässige Tötung in vier Fällen und sechsfache fahrlässige Körperverletzung anzulasten? Auch die Frage der Strafvereitelung stand im Raum. Denn obwohl auf dem Totenschein von zwei der verstorbenen Säuglinge ein nicht natürlicher Tod vermerkt worden war, wie sich jetzt herausstellte, waren Polizei und Staatsanwaltschaft nicht eingeschaltet worden, weder von der Klinik noch vom Gesundheitsamt. Dabei sind die Gesundheitsämter in Nordrhein-Westfalen durch einen Erlass des Ministers für Arbeit, Gesundheit und Soziales dazu verpflichtet, selbst dann schon die Ermittlungsbehörden zu benachrichtigen, wenn sich anhand der ausgefüllten Todesbescheinigung Verdachtsmomente ergeben, die für einen nicht natürlichen Tod sprechen könnten. In den vorliegenden Fällen wäre es umso mehr Pflicht gewesen.

Und noch eine Merkwürdigkeit wies der Krankenhaus-Fall auf: Der leichenschauende Arzt war bei den anderen zwei Todesfällen – wider besseres Wissen? – von einem natürlichen Tod ausgegangen. Was bedeutet, dass es selbst in einem Haus, in dem zahlreiche medizinische Kapazitäten unter einem Dach arbeiten, offenbar möglich ist, Totenscheine mit unrichtigen

Angaben auszufüllen, ohne Konsequenzen befürchten zu müssen.

In diesem Zusammenhang, klärt Armin Mätzler in seinem Buch *Todesermittlungen* über dieses Problem auf, *muss sicherlich auf das besondere Problem bei der Leichenschau im Krankenhaus hingewiesen werden, denn hier sind … Therapeut und Leichenschauarzt oftmals identisch*. Damit habe der Arzt dann also *über die Qualität seiner eigenen Arbeit zu befinden. Nach diagnostischen und therapeutischen Eingriffen kommen der Leichenschauarzt und seine Mitarbeiter unter Umständen als Beschuldigte infrage. Ein ordnungsgemäß ausgefüllter Totenschein ist in solchen Fällen gleichbedeutend mit einer Selbstanzeige*. Dass sich die Betroffenen nicht unbedingt danach sehnen, vor einem Gericht zu landen, liegt auf der Hand.

Rekapitulieren wir also den verhängnisvollen Zwischenfall noch einmal: Die Säuglinge wurden auf der Frühgeborenen-Station mit Flüssignahrung versorgt, die sie über eine Infusion erhielten. Die Herstellung und Verabreichung des Infusionsgemisches obliegt ausschließlich dem Pflegepersonal, also den examinierten Krankenschwestern. Das Gemisch bestand unter anderem aus isotonischer Kochsalzlösung, destilliertem Wasser, einer Glukose-Lösung und einer Spurenelement-Lösung. Lehrbuchmäßig hat das folgendermaßen zu geschehen: Während eine Schwester die jeweilige Lösung nach der Überprüfung des Gefäßes auf Beschädigungen und Trübungen der Flüssigkeit einer zweiten anreicht, führt diese das eigentliche Vermischen nach vorgegebener Rezeptur durch. Dafür muss sie zuvor die Arbeitsfläche desinfizieren und sich mit einem sterilen Kittel, sterilen Handschuhen und einem Mundschutz ausrüsten. Nach dem Anreichen der Flaschen und dem eigentlichen Mischen sind die Handschuhe durch neue zu ersetzen. Mit den Flüssigkeiten darf sie nicht in Berührung kommen. Muss der Mischvorgang länger als fünf Minuten unterbrochen werden, sind bereits geöffnete Knickampullen, Kanülen und Spritzen durch neue zu ersetzen …

Bei diesem Arbeitsgang muss es irgendwie passiert sein. Die tödlichen Bakterien, die später am Etikett einiger Flaschen nachgewiesen werden konnten, gelangten in die Flüssignahrung und so in das Blut der Kinder. Das Verhängnis nahm seinen Lauf. So weit konnten Gutachter den Sachverhalt klären: Die einzelnen Zugaben befanden sich, als sie geliefert wurden, in einwandfreiem Zustand.

Damit war der Ermittlungserfolg aber auch schon beinahe erschöpft. Nach fünf Jahren des Vertuschens glich es einem aussichtslosen Unterfangen, die für die verhängnisvolle Panne verantwortlichen Personen zu ermitteln. Bereitete es wenig Mühe, die Schwestern, die damals auf der betreffenden Station arbeiteten, ausfindig zu machen und zu befragen – auch an ihre Vorgesetzten war ein leichtes Herankommen –, so war nicht zu eruieren, ob die Aussagen all dieser Personen der Wahrheit entsprachen. Und so blieb auch im Unklaren, ob es sich um ein Versehen handelte, um die Verletzung von Hygienevorschriften, oder um den gezielten Anschlag einer überforderten Krankenschwester. Dies hier zu unterstellen wäre freilich töricht. Es gibt aber auch niemanden, der eine solche Vermutung mit absoluter Gewissheit ausschließen könnte. Auf jeden Fall aber wäre der Tatbestand der fahrlässigen Tötung und Körperverletzung für denjenigen in Betracht gekommen, der für die Verseuchung des Gemisches verantwortlich zeichnete. Dem war nach so langer Zeit jedoch nicht beizukommen. Staatsanwaltschaft und Polizei blieb nach einem guten halben Jahr nichts anderes übrig, als die Ermittlungen aus Mangel an Beweisen einzustellen. Während die Ermittler einen Hygienefehler der Klinik als Ursache der Vergiftungen als erwiesen sahen, denn nur ein solcher konnte dazu geführt haben, mussten sie die Beweise schuldig bleiben.

Das klingt nach Routine, nach einem herzlosen Vorgang kühler Tatsachenverwaltung. Für die Eltern von Brigitte Zanger und den anderen betroffenen Babys aber war es ein schwerer, ein unerlaubter und vor allem schmerzlicher Eingriff in ihr Dasein. Sie werden für immer in dieser Ungewissheit leben müssen. Und mit dem bedrückenden Gedanken, dass ihre Kinder noch leben beziehungsweise gesund sein könnten. Die 300 000 Mark, die die Stadt als Schadenersatz an die Eltern des behinderten Jungen aus Köln zahlten – allerdings erst nach dem Bekanntwerden des Falls –, können das Leid nicht aufwiegen. Ein verstecktes Schuldanerkenntnis aber war es allemal.

Bleibt zum Schluss hervorzuheben, was in diesem Land tatsächlich möglich ist, nämlich die Rechtsstaatlichkeit zu umgehen. Denn schließlich reagierten die zuständigen Stellen erst, nachdem die vier Todesfälle bundesweit in die Schlagzeilen gerieten und ein Druck der Öffentlichkeit entstand. Wäre das nicht geschehen, hätten die Verantwortlichen der Klinik ihre Schweigetaktik der vorhergehenden fünf Jahre beibehalten, dann wäre es niemals zu dem Versuch einer Aufklärung gekommen. Polizei und Staatsanwaltschaft hätten nicht einmal Kenntnis erhalten von den nicht natürlichen Todesfällen.

Die Todesengel

Warum unabhängige Gutachter erforderlich sind

Wen der Tod in einem Krankenhaus ereilt, dem bleiben nicht gerade große Chancen, als Verstorbener in der Statistik unter der Rubrik *nicht natürlich* aufzutauchen. Nun soll den Medizinern in diesem Land keineswegs unterstellt werden, dass sie potenzielle Mörder und Totschläger sind. Operations- und Therapiepannen, die tödlich enden, sind allerdings auch keine Seltenheit. Rund 25 000 Opfer ärztlicher Fehlbehandlungen, so schätzen Experten, gibt es jährlich. Nicht alle enden tödlich, noch weniger werden überhaupt bekannt. Denn auch bei den Medien ist in den letzten Jahren eine gewisse Sattheit zu beobachten. Waren ihnen schwere Operationsfehler früher noch eine Schlagzeile wert, müssen sie heute wenigstens tödlich enden oder makaber genug sein *(Falsches Bein amputiert …)*, um nicht als kleine Meldung zu enden oder gänzlich verschwiegen zu werden. Zu alltäglich sind sie.

Ein Arzt aus Norddeutschland, der kürzlich in den Ruhestand trat, behauptet gar: *Jeder Arzt hat seinen eigenen Friedhof!* Es gibt sogar eine Reihe von Rechtsanwälten, die sich ausschließlich auf solche Vorgänge spezialisiert – und über Arbeitsmangel nicht zu klagen haben. Einer von ihnen, der früher in einer nordrhein-westfälischen Großstadt eine Kanzlei führte, sich aus Altersgründen vor einigen Jahren zur Ruhe setzte, hat all die Fälle aus seiner Praxis gesammelt, bei denen er Medizinern die Schuld am Tod eines Patienten nachweisen konnte: *Wenn ich die in einem Buch veröffentlichen würde – es wäre sehr, sehr dick.* Aber wie oft werden Anwälte eingeschaltet? Wie oft erfahren die Hinterbliebenen überhaupt die Wahrheit? Welcher Arzt, welche Krankenschwester oder welcher Pfleger fühlt sich berufen, einen Fehler von sich aus ans Licht zu bringen? Schon gar nicht, wenn er tödliche Folgen hatte.

Dass Krankenhaus-Angestellte mitunter töten und morden können, ohne dass ihre verwerflichen Handlungen als solche erkannt und geahndet werden, zeigen zwei Aufsehen erregende Serientötungen, die sich Mitte der achtziger und Anfang der neunziger Jahre zugetragen haben:

Sie tötete zur Darstellung und Befriedigung ihres Selbstwertgefühls, zur Demonstration ihrer Macht, um als Herrin über Leben und Tod von Fall zu Fall zu entscheiden, wer weiterleben durfte oder nicht ..., formulierte der anklagende Staatsanwalt in den Block einer Journalistin, noch ehe der Prozess gegen Manuela Röhr* im Jahre 1989 vor dem Schwurgericht in Wuppertal begann. Für ihn war es eine klare Angelegenheit. Er warf der damals dreißigjährigen Krankenschwester vor, in der Zeit vom 6. Februar 1984 bis zum 5. Februar 1986 siebzehn zumeist betagten, teilweise schwer kranken und frisch operierten Patienten kurz nach ihrer Verlegung auf die Intensivstation ohne ärztliche Verordnung und heimlich intravenös das stark blutdrucksenkende clonidinhaltige Präparat Catapresan gespritzt zu haben. Grund genug für ihn, lebenslange Haft für die Angeklagte zu fordern.

Doch so einfach verhielt es sich mit der sonderbaren Frau dann doch nicht. Denn sie sah die Sache ganz anders: *Ich habe es einfach nicht mehr ertragen können. Ich konnte das Leiden nicht mehr ansehen*, erklärte sie dem Vorsitzenden Richter ihr Motiv. Es sei Mitleid gewesen, meinte sie. Sie habe ihre todkranken Patienten lediglich von den Strapazen der lebensverlängernden Maßnahmen erlösen wollen. Was aber hatte der Jurist, der dem Gericht in dieser Sache vorstand, davon zu halten? Worum ging es nun eigentlich? Um Mord, Totschlag – oder Sterbehilfe? Handelte es sich so oder so um ein Verbrechen, war doch abzuwägen, wie hart die junge Frau dafür bestraft würde.

Der Hamburger Herbert Maisch war im Vorfeld des Prozesses einer der wenigen Menschen, die ausführlich Gelegenheit bekamen, mit Manuela Röhr zu sprechen, ihr Fragen zu stellen, die an den Geheimnissen ihres Innersten rührten. Der erfahrene Psychotherapeut war beauftragt, ein Gutachten über die Angeklagte zu fertigen. Jahre später sollten seine Erkenntnisse in ein Buch einfließen, in dem er sich mit dem Phänomen von Mord und Totschlag im Krankenhaus auseinander setzt: *Patiententötungen – Dem Sterben nachgeholfen.*

Maisch hatte sie oft besucht. Irgendwann vertraute die burschikose Frau ihm ihr Leben an, in allen Einzelheiten. Denn das, was sie bewegte, die Todesspritze eines Tages gegen die zu richten, die zu ihr aufsahen, von ihr Pflege und Hilfe erwarteten, um die sie sich jahrelang geradezu aufopferungsvoll kümmerte, hatte damit zu tun. Einmal war da eine Kindheit, die sie als wenig glücklich empfunden hatte. Die Mutter sparte mit Liebe und Zuneigung, während die Tochter darunter litt. Also verhielt sich Manuela, wie sich andere Kinder unter diesen Bedingungen auch verhalten: Sie buhlen um das, was sie vermissen. Sie strengen sich in der Schule an, in der Hoffnung, für die guten Leistungen gelobt zu werden. Oder sie sparen für teure Geschenke, die sie den Eltern überreichen in dem Glauben, wenigstens dafür deren Liebe zu verdienen. In Manuelas Kindheit funktionierte das nie. Auch später nur selten. Sie suchte sich Ersatzmutter-Figuren, die sie immer wieder enttäuschten. Sie versuchte es mit Männern, doch die betrogen sie. Nur in ihrem Beruf, merkte sie bald, war das anders. Und da hat sie sich dann rein gekniet in ihre Aufgaben als Krankenschwester. Die Chefin lobte sie, die Kollegen mochten sie und die Patienten lächelten, wenn sie ins Zimmer kam. Endlich bekam sie die erhoffte Anerkennung. Bald wurde sie Schichtleiterin. Und sie ackerte weiter, übernahm freiwillig jede Extraschicht, denn es wartete zu Hause ja niemand auf sie.

Aber irgendwann muss sie es nicht mehr verkraftet haben, ihr eigenes tristes Leben und das Dahinsiechen ihrer Patienten auf der Intensivstation. Der übermächtige Stress, das Röcheln der Alten, das Jammern der Kranken, das ständige Sterben auf der Station. Statistisch gesehen stirbt auf einer Intensivstation alle sechsunddreißig Stunden ein Mensch. Leid, immer nur Leid. Deshalb empfehlen Experten auch, dass Krankenschwestern nicht länger als drei Jahre am Stück auf einer Intensivstation arbeiten sollen. Für Manuela Röhr war es zuletzt das siebte Jahr. Irgendwann fing sie an, die Medikamente in tödlicher Dosis zu spritzen. Sie sei nicht mehr in der Lage gewesen, fanden Gutachter heraus, das Leid auf der Station von ihrem eigenen zu unterscheiden.

Dass sich tatsächlich beides vermischt haben muss, verdeutlicht eine ihrer Tötungen besonders krass: Sie ereignete sich Anfang Januar 1986. An diesem Tag wurde gegen Mittag eine siebenundsiebzigjährige Patientin auf ihre Station gebracht. Die Frau war am Morgen wegen eines Tumors im Magen operiert worden. Es ging ihr verdammt schlecht. Ihr Blutdruck fiel ab. Manuela Röhr und eine andere Schwester legten eine Transfusion. Statt der erhofften Besserung stellte sich eine rapide Verschlechterung ein. Erst versagten Herz und Kreislauf, dann setzte auch noch die Atmung aus. Die hinzugerufenen Ärzte versuchten, die Bewusstlose ins Leben zurückzuholen, eine Stunde lang, ohne eine Besserung zu erreichen. Manuela Röhr sah alles mit an, und sie muss selbst darunter gelitten haben. Also traf sie eine Entscheidung, die die unmenschliche Prozedur endlich beenden sollte. Als einer der Ärzte zum wiederholten Mal zwei Spritzen mit Natriumcarbonat von ihr forderte, zog sie die Spritzen einfach mit Catapresan und Kaliumchlorid auf. Der Arzt injizierte ahnungslos das todbringende Medikament, die Patientin starb. Eines natürlichen Todes, nahm man an, denn niemandem kam in diesem Moment auch nur der leiseste Verdacht. Und Manuela Röhr hatte sich nicht einmal selbst die Hände schmutzig gemacht.

Siebzehn solcher und ähnlicher Fälle glaubte die Staatsanwaltschaft ihr nachweisen zu können, als der Prozess begann. Im Vorfeld hatten die Ermittler sämtliche Krankenakten von den Patienten nach Hinweisen durchforstet, die während der Dienstzeiten der Krankenschwester verstorben waren. Eine ganze Menge kamen zusammen. Achtundzwanzig davon ließ die Staatsanwaltschaft exhumieren und anschließend obduzieren, um die wahre Todesursache zu erforschen. Nicht weniger aufwendig gestaltete sich der Prozess selbst. Fünfundvierzig Verhandlungstage in fast neun Monaten waren vonnöten, um sechsundachtzig Zeugen und zwölf Sachverständige zu hören und den Vorwürfen und Beschuldigungen auf den Grund zu gehen. Am Ende blieb von der Anklage nur ein schwacher Abdruck. Nicht wegen siebzehnfachen Mordes wurde Manuela Röhr verurteilt. Das Gericht folgte den Aussagen der Angeklagten und der Gutachter, die in ihrem Tun weder Heimtücke noch niedrige Beweggründe erkennen konnten. Auch waren ihr nicht alle vorgetragenen Todesfälle nachzuweisen. Blieb zum Schluss ein Urteil, dass viele, vor allem die Hinterbliebenen der Opfer, als viel zu milde empfanden. Wegen Totschlags in fünf Fällen, fahrlässiger Tötung und Tötung auf Verlangen in jeweils einem Fall wurde Manuela Röhr für elf Jahre ins Gefängnis geschickt. Da die Zeit, die sie in Untersuchungshaft verbracht hatte, angerechnet wurde und sie sich als Häftling später nichts zu Schulden kommen ließ, konnte sie bereits im Sommer 1993 die Haftanstalt verlassen. Inzwischen hat sie doch noch einen Mann gefunden, der sie liebt. Ihn hat sie geheiratet und mit ihm Deutschland verlassen.

Dass Manuela Röhr damals in den Medien eine zweifelhafte Berühmtheit als *Todesengel von Wuppertal* erlangte, hatte sie übrigens nicht den Boulevardzeitungen zu verdanken, die diesen Begriff natürlich gern übernahmen. Ihre Kollegen waren es, die sie schon so nannten, als noch keinerlei Verdacht auf sie gefallen war. Für diese war es ein Jux gewesen, weil es eben auffallend häufig vorkam, dass in ihrer Schicht Kranke verstarben. Seltsam war es trotzdem, dass ihr so lange niemand auf die Schliche kam. Dies und die Tatsache, dass es sich um ein ganz gewöhnliches Krankenhaus handelte, von denen es Hunderte in diesem Lande gibt, mehrt die Vermutung, dass solche Dinge womöglich häufiger geschehen, als wir anzunehmen bereit sind. Dafür spricht auch, dass sich Manuela Röhr nicht einmal die Mühe machen musste, ihre Taten zu verbergen. Wenn sie die Spritzen mit der tödlichen Injektionsflüssigkeit aufzog, tat sie das nicht im Verborgenen. Und die Verpackungen der dafür verwendeten Medikamente, die sie hätten verraten können, ließ sie auch nicht verschwinden. Sie warf sie einfach in den Müll, dorthin, wo sie ein anderer leicht hätte finden können. Nun könnte man durchaus die Vermutung anstellen, dass der ein oder andere sogar gewusst hat, welches Spiel sie trieb, sie aber gewähren ließ, weil es auch seine Arbeit erleichterte. Doch das konnte vom Gericht nicht beleuchtet werden.

Letztlich war es zwei Pflegern zu verdanken, dass die Tötungsserie ein Ende fand. Sie waren noch nicht sehr lange auf der Station und wohl auch nicht sonderlich angetan vom Wesen der Schichtleiterin. Als sie Verdacht schöpften, sammelten sie fleißig Beweise und beobachteten Manuela Röhr bei ihrer

Arbeit ganz genau. Das jedoch hielt diese nicht davon ab, neue Giftspritzen anzusetzen. Als schließlich die Klinikleitung von ihren Untaten erfuhr, dauerte es immerhin noch vier Wochen, ehe sie die Mitarbeiterin nach Hause schickten.

Das Übel in den eigenen Mauern zu erkennen ist die eine Sache, es so auszumerzen, dass es öffentlich wird, was bei einem regulären Strafverfahren nicht ausbleibt, durchaus eine andere. Denn allein der Verdacht als solcher – mag er sich später auch als unbegründet erweisen – kann den guten Ruf eines Krankenhauses nachhaltig ruinieren. Neben handfesten ökonomischen Gründen sind es oft auch karrierebedingte Befindlichkeiten aufstrebender Ärzte oder oberflächliche Qualitätskontrollen medizinischer Arbeit, die zu zögerlichem Verhalten verleiten. Was damals, im September 1990, in einer westfälischen Klinik für Psychiatrie, Psychosomatik und Neurologie den Ausschlag gab, einen Verdacht nicht bis zum Ende zu verfolgen, wurde nie so richtig aufgeklärt. Ein Patient, dem es eigentlich gar nicht so schlecht ging, hatte plötzlich eine lebensbedrohliche Ateminsuffizienz erlitten. Nur weil er sofort intensivmedizinisch behandelt wurde, konnte er gerettet werden. Noch am gleichen Tag entdeckten Schwestern im Abfallbehälter der Station vier leere Ampullen eines Medikaments, das dort seit Monaten nicht mehr verordnet worden war. Daraufhin wurden Urin und Blut des Patienten im Labor untersucht und festgestellt, dass dieser damit gespritzt worden sein musste, entgegen jeder ärztlichen Anordnung. Mit dieser Erkenntnis wäre es eigentlich ein Fall für die Kriminalpolizei gewesen. Wurde es aber nicht. Stattdessen wurden die hausinternen Ermittlungen nach drei Wochen zu den Akten gelegt. Nach Ansicht des Klinikchefs hatten sie zu einem *Null-Ergebnis* geführt. Schließlich hatte der Patient ja auch überlebt. In vielen anderen Fällen aber waren nicht verordnete Injektionen tödlich ausgegangen, zehn Mal mindestens. Die jedoch hatte niemand bemerkt.

Erst als im Dezember desselben Jahres eine sechsundachtzigjährige Frau das Zeitliche segnete, die weder lebensbedrohlich erkrankt war noch über akute Schmerzen geklagt hatte, kam der Dienst habende Arzt, der die freundliche und pflegeleichte Langzeitpatientin kannte, ins Grübeln. Und so sah er sich die Verstorbene, die in ihrem Bett bereits von dem Krankenpfleger Werner Lanz* hergerichtet worden war, etwas genauer an. Dabei öffnete er auch die Hände, die der dienstbeflissene Pfleger bereits auf dem Bauch der Toten gefaltet hatte. Da ihm merkwürdige Einstiche in der linken Armbeuge auffielen, sorgte er dafür, dass die Leiche obduziert wurde. Pech für Werner Lanz. Jetzt kam die Wahrheit ans Licht – und er hinter Gitter. Er hatte der alten Dame fünfzig Milliliter Luft in die Herzkammern gespritzt. Es war eine tödliche Injektion, denn auf dem Weg durch die Vene gelangte der Luftpfropfen in die rechte Hälfte des Herzens. Dort vermischte sich die Luft mit Blut zu einem Schaum, den das Herz nicht weitertransportieren konnte. Die vergeblichen Pumpversuche führten schnell zu einem Herzversagen – mit tödlicher Folge.

Vierzehn Luft-Tötungen soll Werner Lanz anschließend in den Vernehmungen durch die Beamten der Mordkommission gestanden haben. Zehn davon waren ihm nur noch nachzuweisen. Dafür wurde er 1993 zu fünfzehn Jahren Haft verurteilt. Neun der Tötungen waren offenbar niemandem in der Klinik aufgefallen und bei der Leichenschau als natürliche Todesfälle verbucht worden. Dabei müssen auch sie – bei genauerem Hinsehen – mit Spuren behaftet gewesen sein, die bei einer gründlichen Betrachtung hätten ins Auge fallen müssen. Denn in der Regel hatte der Krankenpfleger die Spritzen bis zu zehn Mal angesetzt, um die tödliche Wirkung zu erzielen. Zehn Einstichstellen, die ihn hätten verraten müssen. Da es sich bei seinen Opfern aber durchweg um alte Menschen handelte, werden die Leichenschauen nicht besonders gründlich ausgefallen sein. Einer wie er wird das gewusst haben.

Man muss wahrlich kein Prophet sein, um ähnliche Fälle vorhersagen zu können. Das wird sein:

Solange Krankenhäuser unantastbare Räume bleiben.

Solange der behandelnde Arzt den Totenschein für seinen verstorbenen Patienten selbst ausstellen darf.

Solange er dies nach Gutdünken tun kann, ohne die geringste Strafe fürchten zu müssen.

Solange nicht dafür gesorgt wird, dass bei Todesfällen in Krankenhäusern stets und nur unabhängige Ärzte die Leichenschau durchführen.

Solange nicht in jedem Fall des Zweifels erfahrene Rechtsmediziner zurate gezogen werden.

Der Würger

Warum ein Serientäter ungehindert morden kann

Es war wieder einer dieser miesen Tage. Herbert Derber* hasste sie. Er hatte sie in den letzten Jahren schon so oft erlebt, aber in all der Zeit hatte er sich nie daran gewöhnen können. Sie waren ihm stets eine Last gewesen, diese Tage. Er wusste, dass das niemals anders sein würde. Vielleicht wusste er auch, wie er ihnen in Zukunft begegnen könnte, wie er den Zustand verhindern könnte, der ihn so bedrückte. Vielleicht war ihm klar, dass es an der Zeit war, einiges in seinem Leben zu ändern. Er hatte den Karren schon vor langer Zeit gegen die Wand gesetzt. Und anstatt nun den Rückwärtsgang einzulegen, eine Kurve zu nehmen, um einen anderen Weg zu finden, einen, der ihn weiterbrächte, gab er stur Gas, immer nur Gas. Aber es bewegte sich nichts – die Dellen und Beulen in seinem Leben wurden nur größer und schmerzhafter.

Da war die Geschichte mit seiner Frau. Warum hatte sie ihn eigentlich geheiratet? Sie war ein hübsches Mädel gewesen. Sie hatte einigen der Jungs aus dem Dorf den Kopf verdreht, aber sie hatte ihn genommen, hatte sich für ihn entschieden, den Fremden, der kein Elternhaus besaß, den die leibliche Mutter 1944, noch zu Kriegszeiten also, einfach in einen Zug nach Westen gesetzt hatte, ohne Rückfahrschein. Damals war er fünf gewesen. Und er hatte keine Ahnung, wo er sich befand, als sie ihn im bayerischen Regensburg aufgriffen, weil er so allein war und nicht wusste, wohin. Sie hatte ihn gewählt, den schwierigen Jungen, der in Kinderheimen aufgewachsen war, ihn, der es gerade mal zum Anstreicher geschafft hatte. Schief gegangen war es trotzdem. Die zwei Söhne, die sie ihm geboren hatte, konnten daran nichts ändern. Er mühte sich, ihnen ein guter Vater zu sein, aber er spürte, dass er nicht imstande war, eine gute Ehe zu führen. Er betrog seine Frau, ging zu Prostituierten. Weil ihn dieses Milieu magisch anzog und weil sie ihn nicht bevormundeten, wie es seine Frau zu tun pflegte. Die ihm seinen Monatsverdienst abknöpfte, um ihm dann nur ein spärliches Taschengeld zuzuteilen. Die Huren waren da ganz anders – für ein paar Mark taten sie, was er ihnen auftrug. Wenn er nur reden wollte, hörten sie ihm geduldig zu. Und auch wenn ihm nach Kuscheln und Sex zumute war, gaben sie sich willens.

Nur war die Angelegenheit mit dem Geld gar nicht so einseitig, wie er sie empfand. Seine Ehefrau hatte gute Gründe, die Finanzen, die er nach Hause brachte, zusammenzuhalten. Sie musste praktisch denken: Da waren die beiden Söhne, die es zu versorgen galt. Herbert Derber dagegen tat sich schwer, bei dieser Frage den Überblick zu behalten. Von daher hätten sich die beiden womöglich gut ergänzt, wenn er es ebenso empfunden hätte. Wenn er seiner Frau dankbar gewesen wäre, dass sie über das Geld wachte. Aber er hatte sich das anders vorgestellt. Und deshalb versuchte er immer wieder, dem leidigen Thema ein Ende zu setzen. Aber das machte es nur noch schlimmer. Herbert Derber glaubte tatsächlich, mit ein paar geschickt angekreuzten Lottozahlen die Misere auf Dauer abwenden zu können. Meistens spielte er heimlich, weil seine Frau dafür kein Verständnis zeigte. Sie war der Realist im Hause. Für sie zählte nur, was sie in den Händen hielt. Von Hirngespinsten hielt sie nichts. Der gelernte Maler sah das anders. Er gab mehr aus, als ihm zur Verfügung stand. Wenn sein Geld nicht ausreichte, pumpte er sich was bei Bekannten. Manchmal, wenn er zum Beispiel bei Verwandten die Wohnung renovierte, griff er schon mal heimlich in deren Haushaltskasse. Einen *Zuschuss* konnte er immer gebrauchen. Er kam selten mit seinem Geld über die Runden. Und das lag nicht zuletzt auch daran, dass er es viel zu oft einfach verjubelte. Manchmal sagte er zu seiner Familie einfach: *Ich gehe in die Stadt* – und verschwand dann gleich für ein paar Tage. Er setzte sich in einen Zug und fuhr nach Nürnberg oder München oder noch weiter weg. Selbst vor der langen Reise nach Hamburg schreckte er nicht zurück. Was er bei seinen Ausflügen anstellte, erzählte er niemandem. Inzwischen weiß man aber, dass er es sich oft einfach nur gut gehen ließ. Er besuchte ein Fußballspiel im Münchner Olympiastadion oder quartierte sich in einem gemütlichen Hotel ein und suchte abends die Damen des horizontalen Gewerbes auf. Ihnen gegenüber gab er sich großzügig, spendierte so manche Flasche teuren Sekt. Und die Damen selbst verlangten nach der vollbrachten Liebesnacht auch ihr Geld. Spätestens wenn Herbert Derber nach all dem Luxus auf dem Trockenen saß, trat er die Rückreise an. War er völlig mittellos, ließ er sich schon mal von einem Schwager mit dem Auto abholen.

Das liebe Geld war es also, was ihn den Tag so richtig vermiesen konnte. Dann nämlich, wenn in seiner Geldbörse mal wieder die Zwiebel lag. Er verabscheute diesen Zustand. Er fühlte sich im eigenen Körper gefangen, nicht als Mann, der imstande war, sich selbst zu versorgen. So war es auch, als er an einem Freitag im April 1981, er war damals zweiundvierzig, eine Bekannte aufsuchte. Es war gegen acht Uhr, als er an der Wohnungstür von Barbara Ernst im zweiten Stockwerk eines Mehrfamilienhauses in der Regensburger Innenstadt schellte. Obwohl es noch früh am Tag war, erwartete ihn die Neunundfünfzigjährige bereits. Herbert Derber hatte sich bereit erklärt, das Schlafzimmer der ehemaligen städtischen Angestellten zu tapezieren. Merkwürdigerweise hatte er sein Fahrrad schon ein paar Straßenecken entfernt abgestellt und angeschlossen. Den restlichen Weg war er zu Fuß gegangen.

Barbara Ernst war auf den Besuch des Handwerkers vorbereitet. Sie hatte extra im Wohnzimmer den Tisch gedeckt und in der Küche Kaffee aufgesetzt. Sie war sehr freundlich zu ihrem Gast, bewirtete ihn mit frischen Brötchen, Butter und Marmelade. Nach einem ausgiebigen Frühstück, das etwa eine Dreiviertelstunde dauerte, trug sie das Kaffeegeschirr in die Küche. Auch Herbert Derber erhob sich und half ihr dabei. Als beide ins Wohnzimmer zurückkehrten, blieben sie etwa in der Mitte des Raumes stehen. In diesem Moment müssen sie sich gegenübergestanden haben. Blitzschnell packte der Maler mit seinen Händen den Hals der Frau und drückte seine Daumen mit aller Kraft auf ihren Kehlkopf. Sein Opfer war überrascht und schockiert und nicht mehr in der Lage, um Hilfe zu schreien. Mit letzter Kraft versuchte sie mit ihren Händen, Derbers Arme wegzudrücken, was ihr nicht gelang. Sie sackte zusammen und sank auf den Fußboden. Dabei beließ der Anstreicher seine Hände an ihrem Hals. Er kniete sich neben sie, drückte weiter zu. Erst als er sich sicher fühlte, mit keiner Gegenwehr mehr rechnen zu müssen, nahm er eine Hand zurück, um nach einem Zierkissen zu greifen, das auf der Couch lag. Etwa fünf Minuten presste er es auf das Gesicht der Frau. Dann war sie erstickt.

Nun durchsuchte Herbert Derber die Wohnung. Er wusste, dass die Mieterin immer Bargeld zu Hause aufbewahrte. Tatsächlich fand er im Küchenschrank ihre Geldbörse, in der sich 250 Mark befanden. Neben dem Geld entdeckte er in einem anderen Zimmer ein Album mit vierzig Münzen aus der Zeit des Dritten Reiches. Da er annahm, diese in einer Münzankaufstelle oder bei einem Sammler zu einem guten Preis verkaufen zu können, steckte er sie ein. Danach machte er sich daran, die Spuren seiner Tat zu verwischen. Hatte er bei seiner Herumkramerei schon peinlichst darauf geachtet, keine Unordnung zu schaffen, kümmerte er sich jetzt um die tote Frau: Er legte sie auf den Rücken, verschaffte der Leiche eine entspannte Haltung und legte ihr dann einen gelben Staublappen in die rechte Hand. Bevor er das Zimmer und die Wohnung verließ, vergewisserte er sich, ob es auch wirklich so aussah, als sei Barbara Ernst bei der Hausarbeit umgekippt und an Herzversagen gestorben.

Tatsächlich ging sein Plan auf. Als die Frau zwei Tage später in unverändertem Zustand aufgefunden wurde, kam der leichenschauende Arzt schnell zu einer eindeutigen Diagnose: Herzversagen. Keinen Moment hatte er gezweifelt, mit keiner Silbe daran gedacht, die Kriminalpolizei zum Tatort zu rufen. Konnte er die Würgemale am Hals übersehen haben? Oder waren diese aufgrund der Ausbildung von Totenflecken und der einsetzenden Fäulnis als solche nicht mehr auszumachen? Sollte es zu diesem Zeitpunkt noch Spuren gegeben haben, die eigentlich auf ein Tötungsdelikt hätten schließen lassen, so verschwanden diese knapp eine Woche später in einem Grab auf dem Regensburger Friedhof. Barbara Ernsts Leiche war ohne weitere Verzögerung für die Bestattung freigegeben worden. Herbert Derber blieb unbehelligt.

Das änderte sich knapp zwei Jahre später. Noch immer litt der Anstreicher an chronischer Geldknappheit. Mit ein paar miesen Tricks hatte er in der Zwischenzeit versucht, die größten Löcher in seinem Geldbeutel zu stopfen. Allerdings nur mit äußerst mäßigem Erfolg. Einmal fälschte er einen Scheck, indem er die Summe von *400* Mark, die darauf vermerkt war, in *14 000* abänderte. Was natürlich ziemlich schnell auffiel. Dann eröffnete er bei einer Bank ein Girokonto, dass er innerhalb kurzer Zeit um 5000 Mark überzog. Mehrmals versuchte er, kleinere Kredite von Banken zu erheischen, was in der Regel ebenfalls misslang.

In seiner Ehe lief es nicht besser. Er hielt an seinen Ausflügen ins Rotlichtmilieu fest und ging auch mit Frauen ins Bett, die kein Geld von ihm verlangten, dafür an seine Zuneigung glaubten. Irgendwann muss es seiner Frau zu bunt geworden sein – da nahm auch sie sich einen Liebhaber. Der übrigens war der beste Freund ihres Mannes. Aber wen konnte das noch erstaunen, war die Beziehung von Herbert Derber und seiner Frau doch längst im Chaos täglicher Verletzungen, ständigen Misstrauens und gegenseitiger Ignoranz erstickt und im Morast lähmender Gefühlskälte versunken. Es war nur noch eine Frage der Zeit, bis sich beide auch räumlich trennten.

Dazu hätte ihnen eigentlich auch die Polizei verhelfen können. Zum Beispiel durch einen langen Gefängnisaufenthalt, für den Herbert Derber längst überfällig war. Denn der Mord an Barbara Ernst war nicht der erste gewesen, den er verübt hatte. An einem Augustwochenende des Jahres 1975 hatte er nacheinander zwei Prostituierte in München aufgesucht, die er jeweils nach dem Schäferstündchen ins Jenseits beförderte. In beiden Fällen war er äußerst brutal und nach demselben Muster vorgegangen. Während er sein erstes Opfer, eine vierundzwanzigjährige Dirne, überraschend auf ihrem Bett angriff, würgte und dann mit dem Hausanzug erdrosselte, den sie ausgezogen hatte, würgte er das zweite Liebesmädchen bis zur Bewusstlosigkeit, noch ehe es zum Sex kommen konnte. Dann knotete er auch diesem Opfer eines von ihren Kleidungsstücken, eine Bluse, um den Hals und zog so lange, bis sie kein Lebenszeichen mehr von sich gab. Anschließend durchsuchte er die Wohnungen nach Bargeld und verschwand.

Wenngleich Ärzte und Polizisten in beiden Fällen gleich erkannten, dass ein Verbrechen vorlag, gelang es den Mordermittlern nicht, den Täter zu finden. Und das, obwohl sie sehr sorgfältig arbeiteten und die Tatorte nach allen möglichen Spuren absuchten. Sie fanden auch einige, darunter die Fingerabdrücke eines unbekannten Mannes, der diese leichtsinnigerweise an einem Glas zurückgelassen hatte. Dass es sich dabei um eine Spur handelte, die sie zum Täter führen konnte, erfuhren die Ermittler erst neunzehn Jahre später. 1975 befanden sich die kriminalistischen Forschungsmethoden noch nicht auf dem wissenschaftlichen Stand, der dafür erforderlich gewesen wäre.

Aber sogar als sich Herbert Derber Anfang 1983 der Polizei beinahe selbst auslieferte, griffen die Beamten nicht zu. Und das kam so: Am fünfundzwanzigsten Januar besagten Jahres begegnete er zufällig Martha Lorenz in der Altstadt von Regensburg. Die siebenundsechzigjährige Rentnerin lebte schon lange allein. Sie hatte den gelernten Maler kurz zuvor kennen gelernt. Er hatte Tapezierarbeiten in ihrer Wohnung erledigt. Offenbar hegte sie Sympathie für den Handwerker, denn als sie sich jetzt wieder trafen, lud sie ihn kurzerhand zum Kaffeetrinken zu sich nach Hause ein, gleich für den nächsten Tag. Herbert Derber erschien dann auch vereinbarungsgemäß in ihrer Wohnung, in der sie die Tafel bereits gedeckt hatte. Während sie den Kuchen verspeisten, den sie extra vom Bäcker geholt hatte, amüsierten sie sich prächtig. Schließlich verlor die Rentnerin ihre Hemmungen und fragte den Gast ganz ungeniert, ob er nicht mit ihr schlafen wolle. Der zeigte sich nicht abgeneigt, und so fanden sich die beiden recht schnell im Bett der Rentnerin wieder. Nachdem sie den Geschlechtsakt vollzogen und sich wieder in der Küche an den Kaffeetisch gesetzt hatten, verdarb Herbert Derber allerdings die gute Laune seiner Gastgeberin. Der ewig Klamme bettelte sie um 300 Mark an. Das muss die alte Dame ziemlich unpassend gefunden haben. Möglicherweise wäre sie ihm bei anderer Gelegenheit durchaus entgegengekommen, aber doch nicht jetzt, nachdem sie gerade miteinander geschlafen hatten. Wie unsensibel musste ihr dieser Mann erschienen sein. Als sie ihn daraufhin bat, jetzt doch besser zu gehen, griff er in einer unbeobachteten Sekunde nach einer Suppenkelle, die auf der Spüle lag. Sein wuchtiger Schlag traf zwar ihren Hinterkopf und hinterließ dort infolge der Durchtrennung der Kopfschwarte eine heftig blutende Wunde, zeigte jedoch nicht die erhoffte Wirkung. Martha Lorenz sank nicht zu Boden. Sie drehte sich um, sah entsetzt in seine Augen und schrie ihre Todesangst heraus. Woraufhin Derber die Kelle fallen ließ und mit beiden Händen ihren Hals packte, zudrückte und sie zu Boden warf. Er würgte sie, bis die Kraft aus ihrem Körper schwand und er ganz sicher sein konnte, dass sie nicht mehr lebte. Dann machte er sich daran, die Wohnung zu durchsuchen. Dabei ging er wie in all den Fällen zuvor sehr sorgfältig vor, um keine Spuren zu hinterlassen. Schon nach kurzer Zeit wurde er fündig. In einem Kuvert der Sparkasse entdeckte er 1000 Mark, die die Rentnerin erst kürzlich abgehoben hatte. Die 160 Mark, die in einer Klarsichthülle auf dem Küchentisch lagen, rührte er dagegen nicht an. So, dachte er, würde nicht der Eindruck entstehen, dass jemand die Wohnung durchsucht habe. Er wollte die Spuren seines Raubmordes verwischen, wozu er auch die Suppenkelle verschwinden ließ. Natürlich war ihm klar, dass er der Toten dafür zu einem Aussehen verhelfen musste, das keinen auf den Gedanken brachte, sie sei gewaltsam aus dem Leben gerissen worden. Das stellte er diesmal jedoch reichlich ungeschickt an. Er übertrieb es einfach. Er legte der Getöteten nicht nur ein rot kariertes Geschirrtuch in die rechte Hand, sondern neben ihre linke auch noch eins in blauweißem Karo. Aber wer putzt schon mit zwei Tüchern zugleich den Haushalt?

Doch das war es nicht einmal, was die Ermittler auf Derbers Spur brachte. Als die Beamten am nächsten Tag zum Fundort der Leiche gerufen wurden, beschäftigte sich schon eine Notärztin mit ihr. Obwohl sie die Kopfwunde sah, hielt sie es durchaus für möglich, dass die Rentnerin eines natürlichen Todes gestorben war. Die Wunde könne ja von einem Sturz herrühren, erklärte sie. Derber hatte die Wohnung allerdings nicht verlassen, ohne zuvor das meiste Blut weggewischt zu haben. Also dürfte auch das Spurenbild am Tatort dagegen gesprochen haben.

Die Beamten von der Mordkommission, die ausrücken müssen, wenn es einen ungeklärten Todesfall zu begutachten gilt, zeigten sich dementsprechend skeptischer. Ihnen kam die Sache nicht geheuer vor. Wenn die alte Dame einfach beim Putzen umgefallen war, woher stammten dann die Druckmarken am Hals? Sicherheitshalber ließen sie die Leiche in die Gerichtsmedizin bringen. Tatsächlich bestätigte die Obduktion ihren Verdacht: Die Kriminalisten hatten einen neuen Fall. Martha Lorenz war ermordet worden.

Als die Ermittlungen anliefen, rückte auch Herbert Derber ins Blickfeld der Polizisten. Er hatte wenige Monate zuvor die Wohnung der alten Frau tapeziert. Schon deshalb konnte er für die Nachforschungen interessant sein. Er kam sogar als Verdächtiger infrage. Immerhin war Derber zu diesem Zeitpunkt auch bei der Polizei kein unbeschriebenes Blatt mehr. Seine Scheckfälschungen waren in den Akten vermerkt. Einmal, 1975 war das, hatten sie ihn sogar wegen Betrugs festgenommen und erkennungsdienstlich behandelt. Dass heißt, sie hatten im Polizeigewahrsam nicht nur seine Personalien notiert, sondern auch seine Fingerabdrücke genommen und ihn fotografiert. Aber Verdächtige gab es eine Menge. Martha Lorenz war mit ihren siebenundsechzig Jahren noch recht attraktiv und nicht gerade kontaktscheu gewesen. Das erschwerte die Sache für die Ermittler. Möglicherweise waren sie dadurch sogar überfordert gewesen. Auf jeden Fall genügte Herbert

Derber ein mehr als wackliges Alibi, um aus dem Kreis der Verdächtigen entlassen zu werden. Es wird ihn selbst verwundert haben, dass sie es ihm so leicht machten. Denn sein Alibi wurde nicht einmal genau überprüft, was die *Deutsche Presse-Agentur* Jahre später, als dem Maler doch noch der Prozess gemacht wurde, ungewöhnlich kritisch kommentierte: *Wenn in Regensburg ältere Frauen auf ungeklärte Weise starben, war D. häufig in der Nähe. Der Kripo ist das zwar wenigstens einmal – im Fall Martha Lorenz – aufgefallen. Doch als im Januar 1983 ein Kegelfreund dem Angeklagten ein Alibi gab, wurde es nicht näher überprüft. Der Kegelfreund heute: «Ich habe auch damals immer betont, es könnte Dienstag o d e r Mittwoch gewesen sein, als ich ihn an einer Bushaltestelle auflas.» Martha Lorenz starb an einem Mittwoch. Die anwesende Frau des Zeugen wurde nicht befragt – ebenso wenig wie ihre Tochter, die mit einem Busfahrschein hätte nachweisen können, dass ihr Vater sie am Tattag nicht von der Schule abholte ...* Herbert Derber wird sich gut gefühlt haben, als er begriff, wie stümperhaft die Herren von der Kripo vorgingen. Fast muss er geglaubt haben, gute Partner in ihnen zu haben. Denn die Ermittlungspannen setzten sich in der Folgezeit fort.

Der Amoklauf des Malers allerdings auch. Er kündigte seine Arbeitsstelle, um bei einer anderen Firma anzufangen. Zeitweise ging er gleich gar keiner Beschäftigung nach, unternahm stattdessen seine beliebten Reisen, um sich in München, Hamburg, Augsburg oder Nürnberg von Huren verwöhnen zu lassen. Für private Schwarzarbeit war er jedoch immer zu haben. Es hatte sich herumgesprochen, dass er Maler- und Tapezierarbeiten schnell und ordentlich erledigte. Allerdings musste so mancher Auftraggeber – meistens waren es allein stehende Frauen – neben den eigentlichen Lohnkosten noch andere Geldverluste wegstecken. Wo es sich anbot, griff Herbert Derber schon mal heimlich in die häusliche Geldschatulle. Immer so geschickt, dass ein Diebstahl vom Besitzer zwar zu vermuten, dem vermeintlichen Täter aber nicht nachzuweisen war.

Herbert Derber hatte längst die Kontrolle verloren über sein Leben. Zu Hause bei seiner Familie war er nicht mehr gern gesehen. Die beiden Söhne waren inzwischen so alt, dass ihnen die ewigen Streitereien der Eltern auf die Nerven gingen. Und seine Ehefrau wollte schon gar nichts mehr von ihm wissen. Sie fühlte sich mittlerweile einem anderen Mann zugeneigt und gab sich nicht einmal besondere Mühe, die amouröse Liaison zu verbergen. Im Gegenteil, sie ließ den Neuen sogar zu sich in die Wohnung kommen, um sich im Ehebett mit ihm zu vergnügen. Spätestens als ihr Mann sie dabei in flagranti erwischte, war das Schicksal der Ehe endgültig besiegelt. Eigentlich hätte Herbert Derber darauf vorbereitet sein müssen, denn schließlich hatte auch er nicht gerade in Keuschheit gelebt. Es fiel ihm jedoch außerordentlich schwer, diese Tatsache hinzunehmen. Ganz außer sich war er, drohte ihr sogar mit einem Messer, als seine Frau ihm die Trennung nahe legte. Das war zu viel für ihn. Er sprang in die Donau, um seinem Leben ein Ende zu setzen. Vielleicht hatte er es nicht wirklich gewollt, vielleicht war es ihm nur darauf angekommen, seiner Frau einen Schrecken einzujagen oder ihr ein schlechtes Gewissen zu machen – auf jeden Fall überlebte er sein Bad. Wie alle, die einen Selbstmordversuch unternehmen, wurde er in eine psychiatrische Klinik eingewiesen. Seine wirren Gedanken konnten die Mediziner nicht in Ordnung bringen. Dazu wäre eine viel längere Behandlung vonnöten gewesen. Doch der Anstreicher durfte schon nach wenigen Wochen wieder gehen. Geheilt war er nicht, im Gegenteil.

Nur einige Monate später, im Herbst des gleichen Jahres, starb wieder eine Rentnerin in Regensburg, für die Herbert Derber gemalert hatte. Nachdem er im Frühjahr bereits das Wohnzimmer von Maria Bergmann tapezierte, sollte er jetzt noch das Bad und die separate Toilette verschönern. Die beiden hatten einen Termin ausgemacht, doch der Handwerker kam schon ein paar Tage früher vorbei, am 26. Oktober 1984, zum Erstaunen der Siebzigjährigen. Es war bereits achtzehn Uhr, als er an der Wohnungstür klingelte. Sie hatte an diesem Freitag niemanden mehr erwartet. Ließ ihn aber doch in ihre Wohnung, nachdem er ihr erklärte, dass er sich Bad und Toilette ansehen wolle, um abschätzen zu können, wie viel Material er für seine Arbeit benötigen würde. Das leuchtete der überraschten Rentnerin ein. Sie konnte nicht ahnen, dass das nur ein Vorwand war, dass er ihr eigentlich nur einen Besuch abstattete, weil er mal wieder keinen Pfennig in der Tasche hatte.

Als er sie dann auch prompt fragte, ob sie ihm einhundert Mark leihen könne, roch sie den Braten. Die Gefahr, in der sie schwebte, erkannte sie nicht. Hätte sie das gewünschte Geld im Hause gehabt und es ihm gegeben, wäre er vermutlich wieder gegangen, ohne ihr ein Haar zu krümmen. So aber musste sie seine Bitte mit der Begründung ablehnen, selbst nicht genug zu haben. Und das war dann ihr Todesurteil. Derber tat, was er schon vier Mal zuvor getan hatte. Er stürzte sich auf die Frau, die vor Schreck ganz starr war, drückte seine rechte Hand auf ihren Mund und hielt ihr mit Daumen und Zeigefinger die Nase zu. Mit der anderen Hand zwang er sie an der Schulter nach unten, bis sie rücklings auf eine kleine Couch fiel. Es dauerte nicht lange, Maria Bergmann verlor das Bewusstsein. Als ihr Peiniger dessen gewahr wurde, griff er nach dem Sofakissen, das unter ihrem Kopf lag, zog es mit einem Ruck hervor und presste es ihr mit aller Kraft auf das Gesicht. So lange, bis sein Opfer erstickt war.

Anschließend richtete er die Leiche nach gewohnter Manier her. Dieses Mal, dass es so aussah, als sei sie im Schlaf verstorben. Dafür ergriff er sie unter den Achseln und schleifte ihren leblosen Körper von der Küche über den Korridor ins Schlafzimmer. Dort zog er ihr die Oberbekleidung aus und legte sie aufs Bett. Er raffte die Bettdecke hoch, bis diese den Körper bis zur Brust bedeckte. Legte ihre Arme darauf und faltete die Hände wie im Gebet. Zuletzt drückte er ihr noch die Augen zu, die sie im Todeskampf weit aufgerissen hatte.

Als er danach wie üblich daranging, die Wohnung nach Geld zu durchsuchen, fand er ziemlich schnell heraus, dass die Rentnerin ihn nicht belogen hatte. Tatsächlich befanden sich in ihrer Geldbörse nur ein paar Mark, die er jedoch dort beließ, um nicht dem Verdacht eines Raubmordes Vorschub zu leisten. Auch an anderer Stelle wurde er nicht fündig, nirgends in der übersichtlichen Wohnung. Schließlich musste er sich mit drei geschnitzten Holzfiguren begnügen, die auf einer Kommode standen. Dazu packte er eine silberne Schmuckschatulle ein, ein paar Untersetzer, die ebenfalls aus Silber gefertigt worden waren, und zwei oder drei Kristallvasen. Mehr als 300 Mark brachte ihm seine Beute nicht ein. Er veräußerte sie zwei Tage später in einem Antiquitätengeschäft.

Schon am Abend des nächsten Tages erfuhr die Polizei von Maria Bergmanns Tod. Ihr Bruder hatte die Beamten alarmiert, nachdem er seine Schwester den ganzen Tag nicht erreichen konnte. Derbers Arrangement verfehlte seine Wirkung nicht. Als die Polizisten die Wohnung betraten, fiel ihnen nichts Außergewöhnliches auf. Die Zimmer befanden sich in aufgeräumtem Zustand. Es waren keine Einbruchsspuren auszumachen, keine Anzeichen von Gewalt. Und auch die Leiche der Frau gab ein unverdächtiges Bild her. Eine klare Angelegenheit für die Polizisten. Für sie wäre der Einsatz nach wenigen Minuten erledigt gewesen, wenn der Notarzt sie nicht zurückgehalten hätte. Während andere Berufskollegen mitunter recht oberflächlich zur Sache gehen, erledigte dieser seinen Job gewissenhaft. Er knipste nicht nur die Deckenlampe an, um eine hellstmögliche Beleuchtung des Schlafzimmers zu erreichen, er zog der leichenstarren Frau mit Hilfe von Rettungssanitätern auch die letzten Bekleidungsstücke vom Leib, um diesen vorschriftsmäßig untersuchen zu können. Da er dabei Blutspuren im Genitalbereich entdeckte, die für ihn nicht zum Bild eines natürlichen Todes passten, kreuzte er auf dem Totenschein die Rubrik *Todesart ungeklärt* an, was den Kriminalbeamten wiederum Arbeit bescherte. Einer von ihnen inspizierte nun noch mal die tote Frau, ohne auf Spuren äußerer Gewaltanwendung zu stoßen. Trotzdem reagierte er dienstbeflissen genug und ließ die Leiche erst einmal sicherstellen. Zu einer Sektion in der Gerichtsmedizin kam es jedoch nicht. Da an diesem Tag auf dem Friedhof zufällig die Obduktion einer anderen Leiche vorgenommen wurde, bat man den Mediziner nach getaner Arbeit, auch Maria Bergmann unter die Lupe zu nehmen, allerdings nur dem Augenschein nach. Von einer Autopsie war nicht die Rede. Und so konnte der Arzt auch nicht mehr feststellen, als die Ermittler schon wussten. Wie diese dann auf einmal zu der Auffassung gelangten, die Rentnerin könne infolge eines geplatzten Lungenödems verstorben sein, das auch für die Unterleibsblutungen verantwortlich zeichnete, blieb rätselhaft. Als Erklärung wurde später ein Missverständnis bemüht, möglicherweise sollte der Fall auch nur schnell beendet werden. Immerhin war die Verstorbene bereits siebzig. Wie auch immer – die wundersame Erkenntnis, die medizinisch zu keiner Zeit einen Sinn ergab, führte dazu, dass Maria Bergmanns Leiche ohne gerichtsmedizinische Obduktion zur Bestattung freigegeben wurde.

Das war der fünfte Freibrief für den Serienmörder Derber.

Als nächste kam Kunigunda Thoss an die Reihe. Wieder ging es um Geld, diesmal allerdings um eine doch beträchtliche Summe. Die vierundachtzigjährige Rentnerin, einst fleißige Geschäftsfrau, war auch im Alter recht vermögend. Sie besaß unter anderem ein Mehrfamilienhaus in der Regensburger Innenstadt. Darin hatte sie Derber 1984 ein möbliertes Zimmer überlassen, nachdem seine Ehe gescheitert und er zu Hause rausgeflogen war. Obwohl die Miete nicht sehr hoch angesetzt wurde, geriet er bald in Verzug. Doch Kunigunda Thoss zeigte sich verständnisvoll. Irgendwie mochte sie diesen kleinen, zerbrechlich wirkenden Mann, der ihr oft hilflos erschien. Vielleicht war es eine Art mütterlicher Instinkt, der ihr sagte, dass so einer allein kaum zurechtkommt. Und so schrieb sie seine Mietrückstände Monat für Monat an, gab ihm sogar den ein oder anderen kleinen Kredit, wenn er sie darum bat. Im Gegenzug arrangierte sich Derber mit ein paar Gefälligkeiten. Erst malerte er den Treppenflur im Haus, später übernahm er die Aufgaben eines Hausmeisters. Trotzdem summierten sich seine Schulden – und der gutmütigen Gläubigerin riss irgendwann der Geduldsfaden. Sie hatte die ewigen Ausreden lange genug ertragen. Im Dezember 1991, Derber hatte inzwischen eine neue Lebensgefährtin kennen gelernt und war ausgezogen, forderte sie 23 000 Mark ein, die sich im Laufe der Jahre angesammelt hatten. Von einer solchen Summe konnte der Verschuldete jedoch nur träumen. Also versuchte er, die alte Frau weiter hinzuhalten. Doch dazu war sie nun nicht mehr bereit.

Herbert Derber klärte die Angelegenheit auf seine Art. Er entschied sich für eine Lösung, die sich bisher noch immer bewährt hatte: Am 10. Januar 1992 läutete er bei seiner ehemaligen Vermieterin. Da diese annahm, er wolle nun endlich seine Schulden begleichen, öffnete sie ihm und bat ihn in ihre Küche. Auf dem Weg dorthin ging sie voran. Diese sorglose Haltung nutzte der Besucher, um ihr von hinten blitzschnell den rechten Arm um den Hals zu legen. Er drückte mit seinem Unterarm gegen ihren Kehlkopf, etwa fünf, sechs Minuten lang. Und so massiv, dass er ihr dabei das Kehlkopfskelett und das linke Zungenbeinhorn brach. Das genügte, um den Tod der alten Frau herbeizuführen. Sie verlor das Bewusstsein, sackte zusammen und starb Minuten später an zentraler Lähmung.

So jedenfalls würden es die Gerichtsmediziner ausgedrückt haben, wenn sie dann zum Zuge gekommen wären. Aber warum hätte das geschehen sollen? Seine übliche Taktik funktionierte auch diesmal. Zunächst durchforstete er vorsichtig die Wohnung, vergeblich allerdings. Danach kümmerte er sich um die Leiche. Da das Täuschungsmanöver mit den Staubtüchern in einem anderen Fall so gut funktioniert hatte, nahm er diesmal eine Zeitschrift vom Küchentisch und legte sie der toten Frau in die linke Hand. Damit wollte er den Eindruck erwecken, dass sie beim Gehen zusammengebrochen und verstorben war, also auf ganz natürliche Weise. Arzt und Polizisten glaubten es prompt. Um jedoch ganz sicherzugehen und einen möglichen Verdacht von vornherein von sich zu lenken, beschrieb er vier Tage später – der Tod der stadtbekannten Frau hatte längst die Runde gemacht – eine Beileidskarte mit den einfühlsamsten Worten, zu denen er fähig war, und schickte sie dem Sohn seines Opfers.

Dem ließ der überraschende Tod seiner Mutter verständlicherweise keine Ruhe. In seinen Augen war sie gesund und für ihr Alter noch durchaus fit gewesen. So konnte er sich ein plötzliches Ableben nur damit erklären, dass jemand nachgeholfen haben musste. Der Erste, den er mit seiner Vermutung in Verbindung brachte, war Herbert Derber. Von ihm wusste er, dass er seine Mutter nicht nur ständig um Geld angebettelt hatte, sondern ihr auch eine beträchtliche Summe schuldete. Und immerhin war dieser Mann es auch, der noch einen Tag vor dem Tod der alten Dame im Haus gesehen worden war. Also rief er bei der Polizei an, um seinen Verdacht loszuwerden. Dort setzte man allerdings nicht viel

Energie daran, seinen Hinweisen nachzugehen. Zwar ließ die Staatsanwaltschaft die Leiche von Kunigunda Thoss beschlagnahmen, eine Obduktion wurde aber nicht in Auftrag gegeben. Schließlich hatte der Notarzt, der sie am Fundort begutachtete, keinen Zweifel an seinem Untersuchungsergebnis gelassen: Nichts deute auf ein Fremdverschulden hin, die Frau sei schlicht einem Herzversagen erlegen.

Als sich der Sohn trotzdem noch skeptisch zeigte und anriet, dennoch eine Obduktion durchführen zu lassen, reagierte der zuständige Beamte wenig verständnisvoll: *Zahlen Sie das? Das kostet 1500 Mark*, soll er gesagt haben. Für den Hinterbliebenen muss das geklungen haben, als seien sich die Polizisten wirklich sicher. Wenn dem so war – warum sollte er sich mit ihnen anlegen, schließlich waren sie die Experten, im Umgang mit Todesfällen allemal erfahrener als er. Also fand er sich mit seinem unguten Gefühl ab – und kümmerte sich um die Bestattungsformalitäten. Das Pleiten-, Pech- und Pannen-Unternehmen staatlicher Ermittlungen hatte wieder einmal versagt, so grob, dass man sich nur wünschen kann, dass es kein anderes Regensburg in diesem Lande gibt.

Zu seiner gerechten Strafe kam Herbert Derber trotzdem noch. Dank moderner Technik. Als Ende 1992 beim Bundeskriminalamt ein für deutsche Verhältnisse neuartiges Computerprogramm in Betrieb genommen wurde, kam man ihm endlich auf die Spur. Die Wiesbadener Kriminaler hatten als Erstes sämtliche Fingerabdrücke von ungeklärten Mordfällen in das Automatisierte Fingerabdruck-Identifizierungssystem (AFIS) eingegeben. Und siehe da, nachdem Herbert Derber nach einem neuerlichen Frauenmord in Regensburg mal wieder in Verdacht geriet, konnte man seinen Fingerabdruck zuordnen, den er achtzehn Jahre zuvor auf einem Glas in der Münchner Wohnung einer der von ihm ermordeten Prostituierten hinterlassen hatte.

Sein letztes Opfer war Mathilde Steindl gewesen, eine fünfundachtzigjährige Frau, die in der Wohnung über ihm wohnte. Die beiden hatten sich einige Male zum Kaffee getroffen, wobei Herbert Derber aufgefallen war, dass seine Nachbarin immer einen Umschlag mit Geld in ihrer Schürze bei sich trug. Zweihundert Mark befanden sich am siebten September 1993 darin, als der Maler zu einem unangemeldeten Besuch erschien. Da auch Mathilde Steindl nicht bereit war, ihm von dem Baren abzugeben, musste sie sterben. Nachdem er sie erwürgt hatte, mühte er sich diesmal, ein Sexualverbrechen zu inszenieren. Er legte sie aufs Bett und zog ihr die Strumpfhose und die Unterwäsche herunter. Hätte er sich an diesem Tag etwas vorsichtiger verhalten und den Mord – wie bei seinen vier Opfern zuvor – als Herzversagen getarnt, befände er sich möglicherweise immer noch auf freiem Fuß.

Aber auch so standen seine Chancen gar nicht schlecht. *Ohne Geständnis meines Mandanten*, erklärte sein Rechtsanwalt Werner Leitner im Gerichtsverfahren, *hätte ich solche Ermittlungen in der Luft zerrissen, von der Kripo Regensburg wäre nichts übrig geblieben.* Tatsächlich wären ihm – wenn überhaupt – lediglich die zwei Callgirl-Morde in München nachzuweisen gewesen. Denn nur weil er in seinen Vernehmungen von sich aus auch die anderen Taten zur Sprache brachte und sich schwer belastete, konnten sie ihm zugeordnet werden. Dabei waren drei Fälle, die Tötungen von Barbara Ernst, Maria Bergmann und Kunigunda Thoss, als solche ja nicht einmal erkannt worden. Selbst als ihre Leichen nach Derbers Aussage exhumiert wurden und doch noch auf dem Seziertisch landeten, erbrachten sie keine Spuren, die den Maler belastet hätten. So einfach können nicht perfekte Morde perfekt sein.

Sein umfangreiches Geständnis wurde ihm im Prozess nicht hoch angerechnet. Zehn Tage vor Weihnachten verurteilte ihn

1995 das Münchner Landgericht wegen siebenfachen Mordes zu zwei Mal lebenslänglicher Haft. Für die Polizisten und die leichenschauenden Ärzte, die nachweislich in grober Weise versagt hatten, und das mehrfach, interessierte sich niemand. Aber war das überhaupt zu erwarten gewesen? Musste nicht die logische Folge sein, alle anderen Schuldigkeiten rasch unter den Tisch zu kehren? Hätte ein Verfahren nicht auch die zweifelhafte Rolle der Staatsanwälte offenbart? Hatten diese doch selbst bei Opfern, denen eine nicht geklärte Todesursache bescheinigt worden war, keine klärende Obduktion angeordnet. Möglicherweise – und diese Gefahr bestand – wäre dem Gericht ja aufgegangen, dass bei pflichtgemäßer und sorgsamer Arbeit von Polizisten, Ärzten und Staatsanwälten einige der Frauen vor den Angriffen des Würgers hätten bewahrt werden können. Aber zu einem Verfahren kann es nur kommen, wenn eine Anklage erhoben wird. Dafür ist nach deutschem Recht die Staatsanwaltschaft zuständig.

Das lange Schweigen

Warum der Tod eines Kindes nie gesühnt wird

Es ist nicht die Schuld der Justiz, dass wir heute vor der Aufgabe stehen, den Tod der kleinen Anita erst nach dreiunddreißig Jahren juristisch zu würdigen.* Die Staatsanwältin hatte sich diesen Satz vermutlich sorgfältig zurechtgelegt. Doch als sie ihn aussprach, im Schwurgerichtssaal des Landgerichts von Passau, an einem Verhandlungstag im September 2000, schien er seine Glaubwürdigkeit bereits verloren zu haben. Weil er nur die Oberfläche beleuchtete und lediglich den ersten Eindruck wertete, den eine Zeugin in dem Prozess hinterließ. Dabei handelte es sich um eine fünfundsiebzigjährige Frau, der es sichtlich Mühe bereitete, ihre Sinne beieinander zu halten. Jedenfalls erschien es dem Betrachter so. Wir wissen jedoch nicht, ob sie es möglicherweise nur darauf angelegt hatte, zu wirken, als sei sie infolge ihres Alters schon etwas debil. Auch das schien nicht abwegig, da man allzu deutlich spürte, dass sie sich auf ihren Auftritt vor dem hohen Gericht gründlich vorbereitet hatte. Für sie war es eine aufregende Angelegenheit, die sie beunruhigt haben muss, seit sie die Vorladung für die Verhandlung zugestellt bekam. Schon zu diesem Zeitpunkt überlegte sie vermutlich, welche Kleidung sie tragen und was sie sagen würde, wenn es so weit ist. Und natürlich dachte sie an einen Termin bei ihrem Friseur. Ohne neue Dauerwelle würde sie nicht im Gerichtssaal erscheinen können! Was würden denn die Leute denken! Als es dann so weit war, kam sie frisch frisiert. Sie hatte sich für eine schlichte schwarze Hose entschieden. Dazu trug sie eine grau-türkis gemusterte Bluse, die sie über Jahre stets für die Sonntage aufbewahrt hatte, für die Kirchenbesuche, für die Familienfeste und all die anderen besonderen Anlässe.

Für die Staatsanwältin waren es Menschen wie die Fünfundsiebzigjährige, die Schuld trugen. Weil sie sich all die Jahre wie die berühmten drei Affen benommen hatten: Nichts gesehen haben wollen sie, nichts gehört und deshalb haben sie auch nichts gesagt. Sicherlich lag sie damit gar nicht so falsch. Die ganze Wahrheit erfasste das aber nicht. Es gab eine Reihe von Menschen, die Schuld trugen in dem Fall, der vor dem Passauer Landgericht verhandelt wurde. Und für dessen eingehende Beleuchtung von Anfang an nur ein einziger Verhandlungstag eingeplant worden war, weil es kaum Zeugen gab und allzu offensichtlich war, dass er ausgehen würde wie das Hornberger Schießen. Vielleicht war es auch das, was die Staatsanwältin zu ihrer Äußerung hinreißen ließ: die Vorahnung nämlich, dass ein Verbrechen ungesühnt bleiben könnte, weil die Fünfundsiebzigjährige geschwiegen hatte und alle anderen, die davon wussten. Es ist unschwer nachzuempfinden, dass eine solche Vorahnung zu reichlich Verdruss führen mag, zumal es nicht um einen harmlosen Diebstahl ging, sondern um ein Tötungsdelikt, um das schlimmste Verbrechen, das von Menschen an Menschen verübt werden kann. Und bei dem, was zur Verhandlung stand, handelte es sich um Mord – jedenfalls für die engagierte Staatsanwältin, die Vertreterin der Anklagebehörde. Für sie sprachen alle Indizien dafür. Obwohl davon nicht allzu viele erhalten geblieben waren, da die Tat über dreißig Jahre zurücklag. Wer würde sich so genau noch an alle Einzelheiten erinnern können?

Das Jahr 1967, Ende März. Ein kleines bayerisches Dorf, ein paar Häuser nur, entlang einer Straße, die sich über einen Hügel windet. Die Gebäude sind schmucklos, einige windschief schon, alt allesamt. Es sind Zweckbauten. Der aus Steinen gemauerte Teil für die Menschen, nebenan Holzwände, dahinter Ställe für Schweine, Rinder und anderes Geviech. Die meisten sind Bauerngehöfte, ihre Besitzer sind nicht reich. Sie halten sich mit Ackerbau und Viehzucht über Wasser. So geht es eigentlich allen im Ort, man kennt sich. Auch Josefine und Otto Wischl* kommen mehr schlecht als recht über die Runden. Dass die dreiunddreißigjährige Bäuerin hochschwanger ist, macht die Sache nicht einfacher. Zwei Kinder wurden den Bauersleuten bereits geboren. Diesmal sollten es gleich zwei auf einmal werden, Zwillinge. Es ist der achtundzwanzigste Tag des Monats, als Josef* und Anita das Licht der Welt erblicken. Die Geburt verläuft ohne Komplikationen, die Mutter ist erschöpft, die Zwillinge sind wohlauf. Die Familie in ihrem bescheidenen Anwesen muss weiter zusammenrücken, das Geld wird knapper. Otto Wischl, der als Hilfsarbeiter geht, bringt nicht viel nach Hause. Einen Beruf hat er nicht erlernt.

Wie auch, hatte er es doch nicht einmal in der Schule bis zu einem ordentlichen Abschlusszeugnis geschafft. Schwierige Zeiten waren es damals, es gab Wichtigeres. Der Krieg war gerade zu Ende. Aber es ging noch immer ums Überleben, irgendwie, auf eine andere Art. Ottos Eltern interessierte nicht, dass aus dem Sohn ein Studierter wird, auf dem Hof helfen sollte er. Ein Schulabschluss, so ein Stück lebloses Papier, dachten sie wohl, würde eine Familie nicht ernähren können. Getreidesaat, Kartoffelernte, Viehzucht – das waren gegenständliche Dinge, greifbar, spürbar, fühlbar. Sie halfen, die hungrigen Mäuler der Familie zu stopfen, satt zu werden. Darum drehte sich das Leben auf dem Bauernhof seiner Eltern, nicht um Schulaufsätze und Mathematikarbeiten.

Schreiben und Lesen gehen Otto Wischl noch heute nur schwer von der Hand. Und auch sonst ist es um sein Wissen nicht sonderlich gut bestellt. In Vorbereitung des Prozesses errechneten Gutachter, dass er über einen Intelligenzquotienten von lediglich achtundvierzig verfügt. Die Grenze zur Debilität liegt schon bei einem viel höheren Wert. Worin sich der geistige Mangel des Angeklagten dokumentierte? Während des Tests hatte er zum Beispiel auf die Frage, warum man Steuern zahlen müsse, geantwortet: *Weil sonst der Gerichtsvollzieher kommt*. Ähnlich qualifiziert erklärte er den Sachverhalt des Wasserkochens: *Wenn's eine Stunde am Herd g'standen ist.*

Wer ihn dann so sah, wie er auf der Anklagebank saß, in seiner unscheinbaren Erbärmlichkeit, ungekämmt und unrasiert, tiefe Falten im Gesicht, rötlich geplatzte Äderchen unter der Haut auf seinen Wangen und der Nase, leere Blicke ins Nichts, der fragte sich, ob dieser Mann überhaupt begriff, was sich in dem Saal ereignete. Ob er den Worten nicht nur zu folgen vermochte, dieser Mixtur aus Paragraphen und Emotionen, sondern auch in der Lage war, ihre Bedeutung zu erfassen. Aktiv beteiligen wollte er sich jedenfalls nicht daran. *Ich kann mich nicht mehr erinnern*, antwortete er, immer wenn er eine Frage hörte und ein Gesicht sah, das sich ihm zuwandte. Er hatte doch alles gesagt, was wollten sie jetzt noch von ihm? Warum schickten sie ihn nicht einfach nach Hause? Es war doch alles schon so lange her. Was schert es denn die Leute heute, was wirklich geschah, damals vor dreiunddreißig Jahren? Zu ändern war es ohnehin nicht mehr. Und schließlich sei er gestraft genug mit dem schlechten Gewissen, dass ihn seit damals plage, und mit dem Krebs, der sich in seinem Körper ausbreite wie ein giftiger Krake. Egal, was die Richter entschieden, die Krankheit sei es, die über ihn richten werde.

Es war noch früh am Morgen, als die Anklage gegen Otto Wischl verlesen wurde: *Am 28. März 1967 waren die Kinder Anita und Josef Wischl als drittes und viertes Kind des Angeschuldigten und seiner Ehefrau, der Zeugin Josefine Wischl, geboren worden. Bei Anita Wischl handelte es sich um ein so genanntes «Schreikind», das häufig – sowohl tagsüber als auch nachts – in Schreikrämpfe verfiel. Am 23. oder 24. September 1967, was nicht mehr genau feststellbar ist, etwa zwischen siebzehn und achtzehn Uhr, trug die Zeugin Josefine Wischl den Säugling Anita im Hausflur des Anwesens … auf einem Kissen liegend hin und her. Josefine Wischl versuchte auf diese Weise, das Kind, das schrie und weinte, zu beruhigen. Der Angeschuldigte, der sich zunächst in der Stube des Anwesens befunden hatte, ging in den Kuhstall, um das Schreien nicht mehr hören zu müssen. Nachdem er dort das Kind weiterhin weinen hörte, fühlte er sich in seinem Ruhebedürfnis derart stark beeinträchtigt, dass er sich entschloss, dem Schreien dadurch ein Ende zu setzen, dass er es tötete. Er kehrte in das Wohnhaus zurück, eilte auf Josefine Wischl zu und äußerte: «Ich bring es um, ich kann es nicht mehr hören.» Daraufhin packte er den immer noch auf den Armen von Josefine Wischl liegenden Säugling mit beiden Händen am Hals und drückte in Tötungsabsicht so lange zu, bis das Kind nicht mehr schrie und sich nicht mehr bewegte …*

Diese Anklageschrift war nach all den Jahren zustande gekommen, weil sich Josefine Wischl im Januar 2000 an die Polizei gewandt und das dunkle Geheimnis offenbart hatte. Nicht etwa ihr schlechtes Gewissen war es gewesen, das sie zu den Beamten trieb, sondern ihr Mann. Sie hatten eigentlich nie eine glückliche Ehe geführt und Josefine hatte sich längst an seine ständigen Wutausbrüche gewöhnt, an seine regelmäßigen Sauftouren und an die Schläge, die er austeilte, wenn er sturzbetrunken nach Hause kam. Sie hatte versucht, wenigstens die Kinder zu schützen, die, die noch lebten. Und oft genug hatte sie die Wunden, die er ihr in solchen Momenten zufügte, vor den Nachbarn versteckt – wie damals Anitas gewaltsamen Tod. Doch an diesem Januartag war das Maß ihrer Leidensfähigkeit einfach überschritten, als er am Morgen auf sie losging, grundlos scheinbar, ihre Haare packte und sie büschelweise ausriss. Dieser Angriff schmerzte ihr so sehr, dass sie die folgenden Schläge ins Gesicht kaum noch registrierte. Als Otto Wischl endlich von ihr abließ, schlich sie sich heimlich aus dem Haus und lief zur Polizei. Dort angekommen, verriet sie in ihrer Wut auch das wahre Schicksal der toten Tochter.

… Anita Wischl verstarb infolge des durch den Angeschuldigten ausgeübten Würgens, heißt es in der Anklage weiter. *Der Angeschuldigte löste seinen Griff um den Hals des Kindes erst, als er sicher sein konnte, dass es tot war. Anschließend äußerte er gegenüber Josefine Wischl: «Jetzt habe ich es erwürgt, jetzt ist es tot. Trag es hinauf, verräum es, weil es eh schon tot ist.» Zu einem späteren Zeitpunkt desselben Tages äußerte der Angeschuldigte, der nicht noch einmal nach dem Kind gesehen hatte: «Jetzt ist es tot. Ich bin froh, dass ich das Geschrei nicht mehr höre.» Der Angeschuldigte wies Josefine Wischl nach der Tat an, einen Arzt erst nach ein bis zwei Tagen zu verständigen, um die Tötung zu verschleiern …*

Was offenbar auch gelang. Jedoch nicht nur, weil Josefine Wischl, wie sie es gewohnt war, den Worten ihres Mannes gehorchte und erst am folgenden Tag den Dorfarzt benachrichtigte. Der Mediziner selbst war es, der dem damals neunundzwanzig Jahre alten Familienvater zur Straffreiheit verhalf. Denn es kann kaum angenommen werden, dass bei der Leichenschau die Spuren der väterlichen Gewalt am Hals des Kindes zu übersehen sein konnten. Durch das Würgen am Hals eines Menschen werden Atmung und Blutstrom beeinträchtigt. Vor allem der Blutabfluss aus dem Kopf verringert sich erheblich, da die Hände zunächst die außen liegenden Halsblutadern zusammendrücken. Dadurch verfärbt sich der Kopf blau bis blau-violett, je nachdem wie stark auch die Atmung betroffen ist. Dazu treten Dunsungserscheinungen und punktuelle Hautblutungen im Kopfbereich auf. Eigentlich unübersehbar sind auch die Würgemale auf der Halshaut. Sie entstehen in erster Linie durch den Druck der einzelnen Finger und hinterlassen schon nach relativ kurzer Zeit kratzerartige oder auch rundliche braune Hautverfärbungen, die mit der Vertrocknung betreffender Hautpartien einhergehen. Häufig hinterlässt der Täter durch seinen Würgegriff an diesen Stellen auch kleine Unterblutungen. Wird der so Erwürgte obduziert, finden sich Verletzungen des Kehlkopfgerüsts und des Zungenbeins, dazu meist kräftig ausgebildete Stauungsblutungen an der Kopfhautinnenseite, der Knochenhaut des Schädeldachs, ebenfalls in verschiedenen Halsmuskeln, in der Schilddrüse, der Mundschleimhaut und in den Augenbindehäuten.

Aber zu einem Eingriff kam es ja gar nicht. Nach Aussagen von Anitas Eltern soll dem Arzt vor dreiunddreißig Jahren zwar ziemlich schnell klar gewesen sein, dass der Säugling umgebracht worden war – die Polizei verständigte er deswegen aber nicht. Er habe lediglich mit ihnen geschimpft, dann aber attestiert, dass Anita an Krämpfen verstorben sei. Ob sich die Begegnung mit dem Hausarzt tatsächlich so ereignete, kann heute nicht mehr nachgeprüft werden. Der Mediziner ist längst tot. Sollten die Wischls jedoch die Wahrheit gesagt haben, so ist auch er einer der Schuldigen im Sinne der Worte der Staatsanwältin.

Also wussten zu diesem Zeitpunkt möglicherweise mindestens vier Menschen Bescheid: der Täter, seine Frau, deren Cousine – jene Fünfundsiebzigjährige, die sich vor Gericht partout an nichts erinnern wollte – und der Arzt. Auch als später Anitas Zwillingsbruder und die ältere Schwester erfuhren, warum das Mädchen so jung gestorben war, änderte das nichts an der Verschwiegenheit der Familie. Zuletzt hörte auch noch ein Priester im Dom von Passau die wahre Geschichte, ohne etwas zu unternehmen. Bei ihm legte Otto Wischl Ostern 1979 die Beichte ab. Ist dem Kirchenmann juristisch auch kein Vorwurf zu machen, da er sich auf sein Beichtgeheimnis berufen kann – verliert seine Untätigkeit zumindest moralisch nicht ihren merkwürdigen Beigeschmack. Von daher ist der eingangs zitierten Staatsanwältin durchaus zuzustimmen: Nicht die Schuld der Justiz war es.

Die Gesetze aber, die sie anzuwenden und durchzusetzen hat, waren es letztendlich doch, die Otto Wischl nach dieser langen Zeit zum zweiten Mal zu Milde verhalfen. Denn während des Prozesses ging es nicht so sehr darum, ob er die Tat tatsächlich begangen hatte. Er hatte ja inzwischen ein Geständnis abgelegt. Vielmehr war zu klären, wie sein Tun juristisch zu bewerten ist. Handelte es sich um Mord, eine Tat aus niederen Beweggründen, wie die Staatsanwaltschaft es in ihrer Anklageschrift sah? Oder kam eher Totschlag in Betracht, eine Handlung im Affekt, wovon Wischls Verteidiger überzeugt war? Verwerflich ist beides, nur für die Strafzumessung ist eine klare Antwort von Bedeutung. Während Totschlag nach dreißig Jahren verjährt ist, also nicht mehr geahndet werden darf, steht auf Mord auch dann noch lebenslange Haft.

Der Vorsitzende Richter war sich dieser Sache bewusst. Und er fühlte sich gar nicht wohl in seiner Haut: *Das Ergebnis*, sagte er zum Abschluss des Verfahrens, *mag menschlich und moralisch nicht ganz befriedigen. Doch damit müssen wir im Rechtsstaat leben. Es gibt Fälle, in denen man weiß, dass jemand etwas Schlimmes angestellt hat, und man hat keine Handhabe dagegen. Dies ist einer dieser seltenen Fälle* … Aber doch nur, weil – wie hier – auch andere *etwas Schlimmes angestellt*, nämlich geschwiegen haben.

Am Ende entließ der zerknirschte Richter den Angeklagten, den er nicht als Mörder sah, sondern als Totschläger. So genannt werden darf er aber auch nicht, da sein Verbrechen ja verjährt und er nicht verurteilt worden ist. Und so verließ Otto Wischl den Gerichtssaal als freier Mann. Mit einem verschmitzten Lächeln im Gesicht und ein paar Mark extra. Denn die Tage, die er in Untersuchungshaft verbracht hatte, wurden ihm – so sieht es das Gesetz auch vor – finanziell vergolten.

Die Gifthexe

Warum alte Leute ohne Aufsehen getötet werden können

Im Zuge des vorliegenden Verfahrens wurde die Leiche von Frau K. am 16. 09. 1991 exhumiert und obduziert. Nach dem Gutachten der rechtsmedizinischen Sachverständigen wurde bei Frau K. eine toxische, mit hoher Wahrscheinlichkeit tödliche Dosis des Wirkstoffs Diazepam, der in dem Medikament Valium 10 enthalten ist, gefunden. Diazepam wurde in den untersuchten Organgeweben von Hirn, Leber und Muskeln in toxischer Konzentration festgestellt, und zwar in Mengen, die mit einer therapeutischen Dosierung nicht in Einklang standen. Die bald nach Pflegebeginn durch die Angeklagte aufgetretenen Symptome, insbesondere ein auffällig rapider Gesundheitsverfall, waren mit der festgestellten Überdosierung von Valium 10 zu erklären … Trotzdem konnte die 11. Große Strafkammer des Kölner Landgerichts den mysteriösen Tod der Rentnerin Gerda Kreuz* damals, im Frühjahr 1993, nicht endgültig aufklären. Vielleicht lag das auch ein bisschen daran, dass die alte Dame zum Zeitpunkt ihres Ablebens keine Angehörigen mehr hatte. Gerda Kreuz war eine einfache Frau. Seit dem Tod ihres Mannes lebte sie allein in ihrer bescheidenen Wohnung in einem ruhigen Viertel auf der rechten Rheinseite. Sie bezog monatlich eine spärliche Rente von 927 Mark. Da sie recht sparsam haushaltete, konnte sie davon ganz gut leben. Und wenn es einmal knapp geworden wäre, hätte sie auf 250 000 Mark zurückgreifen können, die ihre verstorbene Schwester als Erbschaft hinterlassen hatte.

Trotz ihres hohen Alters konnte sich Gerda Kreuz weitgehend selbst versorgen. Nur das turnusmäßige Treppenputzen im Hausflur war an Anstrengung zu viel für sie. Eine Nachbarin, die im selben Haus wohnte, übernahm diese Arbeit. Außerdem erledigte sie Einkäufe für die Rentnerin und half ihr gelegentlich im Haushalt. Dafür steckte ihr Gerda Kreuz jeden Monat einen Hundertmarkschein zu.

Gerda Kreuz litt an einer therapieresistenten Anämie, einer Blutkrankheit, die gelegentlich eine Blutübertragung erforderlich machte, an altersbedingtem Knochengewebsschwund und Gicht. Auch der Blutdruck und das Herz machten ihr hin und wieder zu schaffen. Im Großen und Ganzen jedoch – vor allem in Anbetracht ihres Alters – schätzte der Hausarzt ihren Gesundheitszustand durchaus als stabil ein. Nicht nur er, auch Nachbarn und Bekannte erlebten sie als lebensfrohe und geistig rege Frau. Davon konnten sich auch die Bewohner eines Erholungsheimes in Bonn überzeugen, das sie beinahe jedes Jahr für mehrere Wochen aufsuchte. Ihren letzten Aufenthalt verbrachte sie dort Ende Februar, Anfang März 1984. Sie fühlte sich auch diesmal ausgesprochen wohl, wie sie dem Pflegepersonal versicherte. Gesundheitliche Beschwerden traten nicht auf.

Zwei Wochen später, sie war inzwischen wieder zu Hause, starb Gerda Kreuz überraschend. Ihr Zustand hatte sich innerhalb weniger Tage so sehr verschlechtert, dass sie kaum noch ansprechbar war und das Essen verweigerte. In den letzten Stunden kümmerte sich die Nachbarin um sie. Gerade als sie der kranken Frau das Mittagessen verabreichen wollte, hörte deren Herz auf zu schlagen. Obwohl sofort die Hausärztin gerufen wurde, konnte diese nur noch den Tod feststellen und eine entsprechende Bescheinigung ausfüllen. Da die Patientin zu diesem Zeitpunkt zweiundneunzig Jahre alt war und keine äußerlich sichtbaren Verletzungen aufwies, ging die Medizinerin wie selbstverständlich von einem natürlichen Ableben aus. Der Totenschein wurde wenig später beim Standesamt eingereicht – und Gerda Kreuz zu einer Nummer auf der Sterbeliste der Stadt Köln.

Es liegt nahe, dass sich bis zum heutigen Tag für niemanden ein Grund ergeben hätte, sich näher mit den Umständen des Todes der alten Frau zu befassen. Es gab nicht einmal den geringsten Verdacht, dass ihr Leben gewaltsam verkürzt worden sein könnte. Das hätte sich vermutlich auch nicht geändert, wenn der überraschende Tod der Gerda Kreuz nicht Jahre später zum Bestandteil einer der spektakulärsten Mordverfahren der Nachkriegszeit geworden wäre. Erst der ebenso plötzliche Tod einer anderen pflegebedürftigen Frau aus Köln, die gar nicht weit entfernt von Gerda Kreuz wohnte, hatte umfangreiche Ermittlungen in Gang gesetzt. Aber eigentlich nur deshalb, weil die Hinterbliebenen der Frau in der Wohnung der Verstorbenen Geld suchten, das nicht zu finden war.

Um es ganz deutlich auszudrücken: Weder der geschult kritische Blick eines leichenschauenden Arztes noch die Spürnase eines pfiffigen Kriminalkommissars waren es, die eine heimliche Mordserie stoppten, von der bis heute nicht bekannt ist, wie viele Opfer sie tatsächlich gefordert hat. Auch dass Gerda Kreuz eines der Opfer war, bleibt nur zu vermuten. Den letzten Beweis jedenfalls konnte das Schwurgericht nicht erbringen. War zu Beginn der kriminalistischen Forschungen von über fünfzehn Tötungen die Rede, konnten letztlich nur (!) sechs zweifelsfrei nachgewiesen werden. Der Fall Kreuz gehörte nicht dazu.

Aber der Reihe nach: Es war im Frühsommer des Jahres 1984, als Hermine Stein*, eine andere alte Dame aus Köln, von ihrem Hausarzt häusliche Krankenpflege verschrieben bekam. Aufgrund ihrer Erkrankungen und nach mehreren Operationen, die die damals neunundsiebzigjährige Frau jeweils gut überstanden hatte, schien es dem Mediziner notwendig, durch eine erfahrene Pflegekraft sicherzustellen, dass Hermine Stein regelmäßig ihre Medikamente nimmt und zu den vereinbarten Behandlungsterminen in seiner Praxis erscheint. Die Krankenkasse übernahm die Kosten. Der Arzt beauftragte Erika Moltke* mit der Betreuung, die sich bereits um einige andere seiner Patienten kümmerte.

Die Achtundvierzigjährige hatte sich etwa ein Jahr zuvor bei ihm vorgestellt – und einen guten Eindruck hinterlassen. Später kam sie zweimal wöchentlich in seine Praxis. Sie holte Rezepte für ihre Pflegepersonen und besprach mit ihm die Einzelheiten der Betreuungsmaßnahmen. Außerdem traf sie sich einmal im Quartal mit dem Allgemeinmediziner, um ihn über den jeweiligen Pflegestand der einzelnen Patienten zu informieren. Da der Arzt mit ihrer Arbeit zufrieden war, empfahl er ihre Dienste auch anderen Patienten, die auf Pflege angewiesen waren. Das änderte sich auch nicht, als er erfuhr, dass Erika Moltke keine Ausbildung als Altenpflegerin besaß, sondern zehn Jahre zuvor lediglich einen Schwesternhelferinnen-Lehrgang des Malteser Hilfsdienstes absolviert hatte. Sicherlich hätte er seine Einstellung zu Erika Moltke noch einmal überdacht, wenn er damals über ihr Vorleben Bescheid gewusst hätte. Doch das kam erst viel später zur Sprache.

Hermine Stein lebte im Kölner Stadtteil Kalk. Mit ihrem Lebensgefährten bewohnte sie im ersten Obergeschoss eines Mehrfamilienhauses eine kleine Wohnung. Den beiden standen eine Küche, ein Bad und ein Wohnzimmer zur Verfügung. Zum Schlafen nutzten sie ein einzelnes Zimmer, das sich auf derselben Etage befand und über einen separaten Eingang zu erreichen war. Mit den anderen Hausbewohnern pflegte das Paar nur wenig Kontakt – es lebte sehr zurückgezogen. Regelmäßige Besuche erhielt es lediglich von Hermine Steins Schwester Erna und deren Sohn. Finanziell hatten die beiden ihr Auskommen. Jeder von ihnen erhielt eine Rente, wodurch sie monatlich zusammen über 3240 Mark verfügten. Dadurch konnte Hermine Stein ihre Schwester, die von Sozialhilfe lebte, problemlos jeden Monat mit zweihundert bis dreihundert Mark unterstützen. Obwohl die Rentnerin ein Konto bei einer nahe gelegenen Zweigstelle der Deutschen Bank unterhielt, bewahrte sie einen beträchtlichen Teil ihres ersparten Geldes in der Wohnung auf. Dafür hatte sie sich eine schwarze Mappe zugelegt, die sie im Wohnzimmerschrank deponierte. In der Nacht nahm sie das Ersparte mit ins Schlafzimmer, um es am Morgen wieder an seinen angestammten Platz zurückzulegen. Zuletzt sollen sich in der Mappe rund 35 000 Mark befunden haben. Zudem trug Hermine Stein nahezu ständig – auch wenn sie in der Wohnung die Zimmer wechselte – eine dunkelbraune Handtasche bei sich, in der sich neben ihren Ausweispapieren zusätzlich Bargeld befand.

Eine leichtsinnigere Patientin hätte sich Erika Moltke nicht wünschen können. Sie besuchte Hermine Stein zweimal täglich, außer am Wochenende. Sie rieb ihr den Rücken und die Beine mit einer Salbe ein. Sie half ihr beim Anziehen und begleitete sie zum Arzt. Sie holte ihre Rezepte ab, löste sie in der Apotheke ein und kaufte Lebensmittel. Mittags brachte sie den beiden ein warmes Essen. Manchmal bereitete sie die Mahlzeit auch erst in deren Wohnung zu. Auch Hermine Steins Lebensgefährten versorgte sie. Dieser konnte kaum noch allein gehen. Er verließ deshalb nur selten die Wohnung und verbrachte stattdessen die meiste Zeit des Tages auf einem Stuhl in der Küche. Die Pflegerin wusch ihn, salbte seine Beine und verabreichte die verschriebenen Medikamente.

Die Beziehung zwischen den alten Leuten und der Pflegekraft gestaltete sich anfangs schwierig. Hermine Stein gehörte nicht zu den Menschen, die anderen schnell Vertrauen entgegenbringen. Auch ihr Partner mochte die Fremde nicht. Es missfiel ihm, dass sie sich in der Wohnung bewegte, als wäre sie zu Hause, Schränke öffnete, aufräumte und auch Dinge in den Müll warf, die ihr überflüssig erschienen. Andererseits war das Paar aber dankbar, so gut umsorgt zu sein, sodass sich das Misstrauen mit der Zeit legte. Schließlich bezogen sie Erika Moltke sogar in finanzielle Angelegenheiten ein. Sie übergaben ihr eine Vollmacht, mit der sie die Renteneinzahlungen vom Konto abheben sollte. Außerdem übernahm sie die Überweisung von Geldbeträgen zur Bezahlung eingehender Rechnungen. Auch von der schwarzen Mappe, in der Hermine Stein ihr Barvermögen aufbewahrte, erhielt sie Kenntnis. Die Leistungen, die Erika Moltke über den eigentlichen Pflegeauftrag hinaus erbrachte, bezahlte das Rentnerpaar extra.

Als sich etwa ein halbes Jahr später der Gesundheitszustand von Hermine Stein plötzlich rapide verschlechterte, wies die Hausärztin sie in ein Krankenhaus ein. Obwohl ihr die Altenpflegerin von einem Sturz in der Wohnung berichtet hatte, konnte sie keine äußeren Verletzungen entdecken. Dafür sah sie, dass die Pupillen der Patientin sehr eng gestellt waren, was ein Hinweis auf eine Vergiftung sein konnte. Selbst die Ärzte in der Klinik kamen dem Verursacher der Bewusstlosigkeit, in die Hermine Stein gesackt war, nicht auf die Spur. Die Sache wurde auch nicht weiter verfolgt, da die Kranke ebenso überraschend nach drei Tagen aus ihrem komatösen Zustand erwachte und von da an wieder voll ansprechbar war.

Anfang Januar 1986, Hermine Stein war erst kurz zuvor aus dem Krankenhaus entlassen worden – und ihr Lebensgefährte in einem Heim untergebracht –, wiederholte sich der gesundheitliche Zusammenbruch. Diesmal überlebte sie ihn nicht. Am Morgen des 7. Januar fand man ihre Leiche in der Küche ihrer Wohnung. Sie lag vollständig bekleidet auf der Couch. Äußere Spuren von Gewalt waren an ihrem Körper auch jetzt nicht zu entdecken. Erika Moltke rief einen Arzt an, der den

Tod bescheinigte und als Todesursache *Herzversagen* notierte. Der Todesfall kam der Pflegerin nicht ungelegen, befanden sich doch noch 10000 Mark in ihrem Besitz, die ihr die Verstorbene zu Lebzeiten zur Aufbewahrung anvertraut hatte. Außerdem trug sie noch einen Teil der Rente bei sich, die sie fünf Tage zuvor für ihre Patientin abgehoben hatte. Sie entschied sich, die Existenz dieses Geldes der Verwandtschaft zu verheimlichen. Sie wollte das Geld für sich behalten – was sie auch tat. Obwohl Hermine Steins Neffe den Verlust der entsprechenden Summe bemerkte und sich mit der Altenpflegerin über das Abhandenkommen des Geldes stritt, kam ihm nicht in den Sinn, an dem natürlichen Tod seiner Tante zu zweifeln. Schließlich hatte er den Totenschein des Arztes gesehen. Dieser Arzt hatte sich jahrzehntelang um Hermine Steins Wohlergehen bemüht. Ein solcher Mann war eine Instanz. Diesem Urteil zu misstrauen lag außerhalb seiner Vorstellungskraft.

Dabei hätte ihn eine Autopsie der Toten zum Umdenken bewegt. Denn der Arzt hatte sich schlichtweg geirrt. Was zum endgültigen Versagen des Herzens von Hermine Stein beigetragen hatte, war keineswegs ein Umstand, der gemeinhin als natürlich bezeichnet wird. Davon konnte bei den Wirkstoffen Methaqualon und Chlorprothixen wirklich nicht die Rede sein. Beide Stoffe befanden sich in hoher Dosis in ihrem Körper und waren deshalb todesursächlich. Doch das stellte sich erst Jahre später heraus.

Bei Methaqualon handelte es sich um ein hochwirksames Schlafmittel, das unter anderem bei der Herstellung von *Staurodorm*-Schlaftabletten verwendet wurde. Allerdings erkannte man schon in den siebziger Jahren, dass es einen bösen Nebeneffekt aufwies: Es machte süchtig. Deshalb wurde es auf die Liste verbotener Betäubungsmittel (Drogen) gesetzt und spätestens Anfang der achtziger Jahre als Wirksubstanz in *Staurodorm* durch ein anderes Mittel ersetzt. Chlorprothixen hingegen war der Wirkstoff in dem Medikament *Truxal*, einem Neuroleptikum, das zur Behandlung von akuten und chronischen Unruhezuständen und Schlafstörungen angewendet wurde, außerdem bei Schizophrenie und manisch Depressiven. Chloroprothixens Wirkmechanismus bestand zum Beispiel darin, die Reizleitung zu bestimmten Formationen der Nervenenden zu beeinträchtigen. Es hebelte sozusagen in gewissen Maßen die Kontrolle über Blutdruck, Herzfunktion, Sinnesorgane und Kreislauf aus. Bei solcher Art von Medikamenten ist jede Form von Überdosierung mindestens gefährlich. Bei Hermine Stein führte sie zum Tod.

Die beiden Wirkstoffe werden hier nur so ausführlich behandelt, weil sie auch bei den folgenden Todesfällen, die sich im unmittelbaren Umfeld von Erika Moltke ereigneten, eine entscheidende Rolle spielen sollten. Der nächste nämlich ließ nicht lange auf sich warten. Im September des Jahres 1986 schlug das vermeintliche Schicksal ganz in der Nähe wieder zu. Diesmal war Anna Frech* das Opfer. Die alte Dame wohnte im ersten Stock eines Mehrfamilienhauses im Stadtteil Kalk. Auch sie lebte sehr zurückgezogen. Auf ihre alten Tage machte sie sich nicht mehr die Mühe, jemanden kennen zu lernen. Mit einer Frau vom Haus gegenüber sprach sie hin und wieder ein paar Sätze und manchmal kam auch die Mieterin über ihr zu Besuch. Aber eigentlich mochte sie keine fremden Menschen um sich. Lieber kommunizierte sie mit Tieren. So saß sie tagsüber stundenlang an ihrem Fenster und warf den Vögeln Essensreste als Futter zu. Selbst zu den meisten ihrer Verwandten hielt sie keinen Kontakt. Mit ihnen hatte sie sich wohl schon während des Krieges überworfen. Dass sie von ihnen nicht viel hielt, konnte jeder sehen, der in ihre Wohnung kam. Gut sichtbar hatte sie dort im Flur einen Teller mit dem Spruch *Von ganzem Herzen hundsgemein können nur Verwandte sein* platziert.

Nur zwei Ausnahmen gab es: ihre Schwester, die einmal im Monat vorbei kam, und ein dreiundsiebzigjähriger Mann, den sie bereits 1959 kennen gelernt hatte. Außer dass sie jeden Tag miteinander telefonierten, kam er einmal in der Woche zu ihr. Er kaufte für sie ein, erledigte ihren Schriftverkehr, und da er von Beruf Schneidermeister war, begleitete und beriet er Anna Frech auch gern beim Kauf ihrer Garderobe. Ihre Freundschaft ging sogar so weit, dass sie jedes Jahr Weihnachten zusammen verbrachten.

Finanziell war sie gut versorgt. Während sie jeden Monat drei Renten in Höhe von insgesamt 2210 Mark erhielt, musste sie lediglich 210 Mark Miete zahlen. Da sie den Banken nicht traute – zweimal, sagte sie immer, habe sie ihr Geld durch Währungsreformen schon verloren –, hob sie die Rentenbeiträge abzüglich der Festkosten für Miete und Telefon regelmäßig ab. Zu Hause, glaubte sie, sei es sicherer. Dort versteckte sie die Scheine im Backofen, später in Plastiktüten und Blechdosen, die sie im Küchenschrank deponierte. Über die Jahre sammelten sich auf diese Weise 140 000 Mark an. Erst später kam heraus, dass Anna Frech zusätzlich doch noch über zwei Sparbücher verfügte, deren Kontostand insgesamt fast 60 000 Mark betrug. Zu ihrem Vermögen zählten außerdem wertvolle Ketten, Colliers, Ringe, Armbänder und eine goldene Uhr. Obwohl sie den Schmuck kaum noch trug, wollte sie ihn nicht an die Erben verschenken. *Ich ziehe mich erst aus*, pflegte sie diesbezüglich zu sagen, *wenn ich schlafen gehe*.

So weit zu dem wirtschaftlichen Hintergrund der Frau, die bald, Anfang August 1986, Erika Moltke kennen lernen sollte. Die erste Begegnung ergab sich zufällig auf der Straße. Die Altenpflegerin bot der Rentnerin – ohne ihre genaue Krankengeschichte zu kennen – ihre Dienste an. Die beiden Frauen verabredeten ein Treffen. Wirkliche Hilfe benötigte Anna Frech zu dieser Zeit jedoch nicht. Mit ihren siebenundachtzig Jahren erfreute sie sich einer recht stabilen Gesundheit. Obwohl sie mitunter schwer Luft bekam, wegen Bronchitis zweimal im Krankenhaus behandelt worden war und gelegentlich unter Wirbelsäulen- und Gelenkschmerzen litt, beklagte sie sich nicht.

Bei ihrem ersten Besuch in Anna Frechs Wohnung muss die Altenpflegerin keinen angenehmen Eindruck hinterlassen haben. Die Rentnerin erzählte gleich einer Bekannten und ihrem Arzt davon und meinte, dass sie sie nicht wieder in die Wohnung lassen wolle, weil sie zu viel herumschnüffeln würde. Falsch lag sie damit ganz sicher nicht. So leicht ließ sich Erika Moltke aber auch nicht abschütteln. Sie muss wohl das Geld gewittert haben. Am zwölften September jedenfalls kaufte sie eine Tageszeitung für Anna Frech und klingelte an deren Wohnungstür. Ahnungslos öffnete diese die Tür, die sie sonst immer mit drei Schlössern gesichert hatte. Der Besuch dauerte nicht lange, und was an diesem Nachmittag in der Wohnung genau geschah, wird später auch nicht mehr zu ermitteln sein. Fest steht nur, dass Anna Frech am nächsten Tag leblos in ihrer Wohnung aufgefunden wurde. Die Tote lag mit Nachthemd bekleidet in ihrem Bett. Auf den ersten Blick deutete nichts auf ein Verbrechen hin. Die Schränke waren nicht durchwühlt worden, die Wohnung schien aufgeräumt, und auch an der Leiche fanden sich – äußerlich – keine Spuren von Gewalteinwirkung. Anna Frech lag in ihrem Bett, als sei sie ganz friedlich ins Jenseits hinübergeschlummert.

Vielleicht hätte ein Glas, das die Schwester der Toten in der Spüle fand, Aufschluss geben können über die wahre Todesursache. Es war von Erika Moltke nicht ausgespült worden, hatte weiße Anhaftungen im Inneren. Doch dafür interessierte sich der Polizeibeamte nicht, der sich kurz in der Wohnung der Toten aufhielt. Auch für ihn deutete alles auf einen altersbedingten Sterbefall hin. Und Anna Frechs Schwester, die das

Glas entdeckt hatte, war nicht einmal auf die Idee gekommen, es ihm zu zeigen. Nebenan lag ihre tote Schwester, sie hatte anderes im Sinn. Erst als sie später mit ihrem Bruder den Haushalt auflöste und weder den Schmuck noch das einst in der Wohnung versteckte Bargeld fand, argwöhnte sie, dass hier etwas nicht mit rechten Dingen zugegangen sei.

Gemeinsam gingen sie zur nächsten Polizeiwache, mit dem Vorsatz, Anzeige gegen unbekannt zu erstatten. Einen konkreten Verdacht hatten sie ja nicht. Selbst wenn es einen solchen gegeben hätte, zählten doch nur handfeste Beweise. Und genau das war es, was der Polizeibeamte ihnen vor Augen führte. Es mache einfach keinen Sinn, soll er ihnen geraten haben, eine solche Anzeige aufzunehmen. Der Name des Beamten, der die Angelegenheit vorschnell vom Tisch wischte, konnte später nicht ermittelt werden. Und so wurde Anna Frech beerdigt, ohne dass polizeiliche Ermittlungen in Gang kamen. Dabei hätte vielleicht schon ein bisschen mehr Engagement eines Polizisten genügt, die unheimliche Todesserie zu diesem Zeitpunkt zu stoppen.

Auch als eineinhalb Jahre später Ella März* starb, verschwendete keiner einen Gedanken daran. Sie war eine alte Frau und alte Frauen sterben halt irgendwann. Dass Erika Moltke, die auch sie als Altenpflegerin versorgt hatte, damit etwas zu tun haben könnte, stand für niemanden zur Debatte. Schließlich war es in diesem Fall sogar so, dass sie und ihr Ehemann mit dem Enkel von Ella März befreundet waren. Die Männer gingen sonntags häufig zusammen zum Frühschoppen. Die beiden Familien freundeten sich so weit an, dass sie sich sogar gegenseitig an den Geburtstagen besuchten und gemeinsam feierten. Also hatte es nur nahe gelegen, dass sich Erika Moltke auch um die kranke Großmutter kümmern würde.

Ab Dezember 1987 bedurfte Ella März der häuslichen Pflege,

da sie an einem schmerzlichen Verschleiß der Wirbelsäule litt und dadurch viele Handgriffe nicht mehr selbst erledigen konnte. Außerdem musste sie jeden Monat eine intramuskulär zu verabreichende Spritze bekommen. Erika Moltke übernahm diese Aufgabe. Sie besuchte die kranke Frau ein- bis zweimal in der Woche. Meistens kam sie abends. Für ihre Arbeit benötigte sie kaum länger als eine Dreiviertelstunde.

Am 23. März 1988 starb Ella März im Krankenhaus. Sie war drei Tage zuvor eingeliefert worden, nachdem ihr Enkel und die Pflegerin sie bewusstlos in ihrer Wohnung aufgefunden hatten. Sie lag auf dem Sofa in ihrer Wohnküche und hatte Schaum vor dem Mund. Obwohl der Notarzt die nicht ansprechbare Frau sofort in eine Klinik bringen ließ, war ihr auch dort nicht mehr zu helfen. Sie erlag einer schweren Lungenentzündung. So jedenfalls lautete die Erklärung der behandelnden Ärzte. Sie übersahen, dass auch diese Patientin an den Folgen der Vergiftung durch eine Überdosis *Truxal* gestorben war.

Christoph Dahm* kam als Nächster an die Reihe. Der wohlhabende Rentner und seine Frau lernten Erika Moltke beim Essen kennen. Das rüstige Paar, es wohnte ebenfalls in Kalk, pflegte sein Mittagessen in der nahe gelegenen *Stadtschänke* einzunehmen. War diese geschlossen, suchte es die Gaststätte *Cornely* auf, die etwa zweihundert Meter von der ersten entfernt lag. Das taten die Dahms aus zwei Gründen: Einerseits brauchten sie sich nicht selbst um das Mittagessen zu kümmern, was ihnen einige Einkaufsgänge ersparte. Fast wichtiger war aber, dass sie auf diese Weise mit anderen Menschen in Kontakt kamen. Viele von denen, die sich dort zum Mittagstisch versammelten, kannten sie seit Jahren. Auch Erika Moltke fand sich des Öfteren ein, meistens wenn sie Pflegepatienten begleitete. Bei einer dieser Gelegenheiten traf sie mit Christoph Dahm zusammen, der gemeinsam mit seiner Frau zum Essen erschienen war.

Als Frau Dahm Monate darauf zunehmend unter Arteriosklerose litt und täglicher Pflege bedurfte, übernahm Erika Moltke diese Aufgabe. Im März 1986 jedoch erlitt die alte Frau einen Schlaganfall und kam in ein Pflegeheim, wo sie noch im selben Jahr verstarb.

Von da an lebte Christoph Dahm allein in der Wohnung im zweiten Obergeschoss eines Mietshauses, das ihm selber gehörte. An den mittäglichen Besuchen in der Gaststätte hielt er auch nach dem Tod seiner Frau fest. Mit der Zeit war die *Stadtschänke* wie ein zweites Wohnzimmer für ihn geworden. Seitdem er allein war, tat es ihm gut, mit anderen Menschen sprechen zu können. Auch der Kontakt zu Erika Moltke brach nicht ab. Jetzt kümmerte sie sich um ihn. Kam sie anfangs nur gelegentlich bei ihm zu Hause vorbei, um kleinere Aufträge zu erledigen, so weitete sich ihre pflegerische Arbeit erheblich aus, nachdem sich Christoph Dahms Gesundheitszustand deutlich verschlechterte. Er hatte bereits zwei Schlaganfälle erlitten, quälte sich mit offenen Beinen und einer Prostatageschwulst, was zur Inkontinenz führte. Wegen Letzterer befand er sich in Behandlung eines Urologen. Bald versorgte Pflegerin Moltke ihn täglich, außer an den Wochenenden. Neben den Zahlungen, die die Krankenkasse übernahm, erhielt sie von Christoph Dahm alle zwei Wochen zweihundert Mark und am Jahresende von dessen Sohn noch einmal fünfhundert. Der war sehr zufrieden mit ihrer Arbeit und froh, seinen Vater in guten Händen zu wissen.

Das hätte er – von Beruf Staatsanwalt – bestimmt anders eingeschätzt, hätte er mehr über die Altenpflegerin gewusst. Vermutlich hätte er unter diesen Umständen jeglichen Kontakt von ihr zu seinem Vater unterbunden. Aber Erika Moltke schaffte es eben immer wieder, ihr wahres Ich hinter der Fassade einer menschenfreundlichen und fleißigen Samariterin zu verbergen. So bekam niemand mit, dass sie in Wirklichkeit nur äußerst wenig ohne Eigennutz tat, stattdessen eine notorische Betrügerin und Diebin war, die über die Jahre eine kaum überschaubar lange Liste an Verurteilungen in ihrem Strafregister angesammelt hatte:

Sie war kaum siebzehn Jahre alt gewesen, als sie das erste Mal straffällig wurde. Beim Amtsgericht in Speyer ist dazu unter dem Aktenzeichen *16 Ls 13/55* ein Urteil wegen fortgesetzten schweren Diebstahls und Betrugs vermerkt. Damals erhielt sie eine Gefängnisstrafe von dreieinhalb Monaten. Sie hatte aus einem Krankenhaus, in dem sie als Hausgehilfin eingesetzt war, drei Pfund Butter entwendet, eine Blumenvase aus Kristallglas, auch eine aus Ton, dazu eine Strickjacke und Bargeld. Außerdem hatte sie eine Kollegin um einhundert Mark erleichtert. Im Urteil hieß es: *Die Vorgeschichte, die Art und die Umstände der Begehung des fortgesetzten Diebstahls lassen darauf schließen, dass der Angeklagten ein Hang zur Begehung von Diebereien innewohnt, dem sie nicht mit der gehörigen Energie widersteht ...* Und tatsächlich – es sollte nicht der letzte Eintrag bleiben. Mit einundzwanzig Jahren stand sie erneut vor einem Richter. Der verfügte diesmal eine Haftstrafe von zehn Monaten. So ging es auch in den folgenden Jahren weiter. Eine Verurteilung löste die nächste ab, zwischen mehreren Gefängnisaufenthalten verbrachte sie oft nur wenige Monate in Freiheit.

Es steht zu vermuten, dass die Ursachen ihrer kriminellen Karriere in ihrer wenig harmonischen Kindheit begründet liegen. Erika Moltke war im Januar 1936 als dritte von vier Töchtern geboren. Ihr Vater ging einer Arbeit bei einer großen Elektrofirma nach. Nach der Schicht und an den Wochenenden verdingte er sich in der Landwirtschaft, um der Familie ein halbwegs angenehmes Leben zu ermöglichen. Der Familie gehörten einige Felder, die bestellt und abgeerntet werden mussten. Seine Frau kümmerte sich um Haus und Kinder. Als diese aus dem

Gröbsten heraus waren, halfen auch sie und die Mutter häufig bei der Feldarbeit. Mit sechs Jahren wurde die zierliche Erika eingeschult. Allerdings musste sie gleich das erste Schuljahr wiederholen, weil sie aufgrund zahlreicher Kinderkrankheiten häufig fehlte und im Stoff nicht nachkam. Nach der siebten Klasse wurde sie schließlich entlassen. Einen Beruf erlernte sie nicht. In den Sommermonaten half sie den Eltern bei der Bewirtschaftung der Felder, im Winter ging sie als Hilfskraft in Fabriken arbeiten. Eine Zeit lang verdiente sie als Hilfe im Haushalt einer reichen Familie ein paar Mark zum Familienbudget dazu. Doch dieser Einsatz ging gründlich schief. Sie betrog ihren Arbeitgeber, stahl und trat auch ansonsten durch Arbeitsunlust eher negativ in Erscheinung. Daraufhin wurde sie bis zu ihrem neunzehnten Lebensjahr in einem Mädchenerziehungsheim untergebracht. Anschließend kehrte sie ins Wohnhaus der Eltern zurück, ging erneut verschiedenen Beschäftigungen nach, die jedoch durch ihre anhaltende Straffälligkeit immer wieder unterbrochen beziehungsweise beendet wurden.

Ihr Lebensstil änderte sich auch nicht, als sie ihren ersten Ehemann kennen lernte. Mal kam sie in einer Druckerei unter, dann wieder in einem Krankenhaus, in einer Schuhfabrik oder als Kassiererin auf einem Minigolf-Platz. Da diese Anstellungen allerdings nie von langer Dauer waren und auch der Ehemann als Maurer nur spärlich verdiente, war die Haushaltskasse – wenn überhaupt – meist nur knapp gefüllt. Nicht selten mussten sie von Schulden leben. Das wiederum führte zu erheblichen Spannungen zwischen den Eheleuten. Es kam sogar zu handgreiflichen Auseinandersetzungen. Schließlich trennten sich die beiden. Ihre Ehe wurde ein Jahr nach der Geburt des zweiten Sohnes geschieden. Der Vater erhielt das Sorgerecht, da bei der Mutter aufgrund sich wiederholender Gefängnisaufenthalte keine zuverlässige Pflege und Versorgung zu erwarten waren.

Nachdem Erika Moltke im Juni 1969 mal wieder eine Haftstrafe verbüßt hatte, zog sie nach Köln. Dort begegnete sie ihrem zweiten Mann, der sie noch im selben Jahr zum Traualtar führte. Im darauf folgenden Jahr änderte sie ihre Berufsrichtung. Sie ging nun nicht mehr als Hilfskraft oder Kranführerin, wandte sich stattdessen der Pflege alter und kranker Menschen zu. Eine entsprechende Qualifikation hielt sie offenbar für verzichtbar. Sie absolvierte keine Lehre als Altenpflegerin, erlernte auch nicht den Beruf einer Krankenschwester. Ein zweimonatiger Schwesternhelferinnen-Lehrgang erschien ihr Ausbildung genug. Schließlich fragte auch niemand danach, Pflegekräfte waren schon damals schwierig zu bekommen. Für Erika Moltke stellte es jedenfalls kein Problem dar, eine entsprechende Stelle zu finden. In einem Altenzentrum der Arbeiterwohlfahrt schaffte es die ungelernte Kraft sogar, den Posten einer leitenden Pflegeschwester übertragen zu bekommen. In einem Kölner Seniorenheim versah sie ihren Dienst später als angeblich examinierte Altenpflegerin und wurde zeitweise als Schichtleiterin eingesetzt. Bei den Mitarbeitern galt sie als freundlich, fleißig und hilfsbereit. Auch die Heimbewohner beschwerten sich nicht. Gekündigt wurde ihr trotzdem – weil sie Geld gestohlen haben soll.

Anfang der achtziger Jahre entschied sich Erika Moltke, als selbständige Altenpflegerin ihr Glück zu versuchen. Einige ihrer Patienten wurden ihr durch niedergelassene Ärzte vermittelt. Es kam auch vor, dass sie von Patienten weiterempfohlen wurde oder pflegebedürftige Menschen beziehungsweise ihre Angehörigen sich an sie wandten. Manchmal sprach sie ältere Leute selbst an, auf der Straße, in einer Gaststätte oder im Wartezimmer eines Arztes, um ihre Dienste anzubieten. Das Geschäft lief gut, Erika Moltke verfügte schnell über einen beträchtlichen Kundenstamm. Die meisten davon besuchte sie jeden Tag. Sie versorgte sie mit den notwendigen Medikamenten, überwachte deren Einnahme, verabreichte zuckerkranken Patienten Insulinspritzen, wechselte Verbände, half ihnen bei der Körperpflege, begleitete sie bei Arztgängen, kümmerte sich auch um die Wohnung und erledigte Einkäufe und Finanzangelegenheiten. Bezahlt wurde sie in der Regel von Krankenkassen, zumindest wenn dem Patienten häusliche Pflege vom Arzt verordnet worden war. Einige vergüteten ihre Leistungen aus der eigenen Tasche. Merkwürdigerweise haben weder Ärzte noch Krankenkassen und schon gar nicht die Pflegepatienten einen Qualifikationsnachweis von ihr verlangt. Sollte das jemals doch der Fall gewesen sein, muss sie gefälschte Dokumente vorgelegt haben.

In dieser Zeit verbesserte sich die finanzielle Lage des Ehepaares Moltke beträchtlich. Da auch der Ehemann als angestellter Metzger über ein regelmäßiges Einkommen verfügte, kam jeden Monat die beträchtliche Summe von 8000 Mark und mehr zusammen. Bald konnten die beiden ihre bescheidene Mietwohnung im Arbeiterviertel gegen eine geräumige Eigentumswohnung in einer bevorzugten Wohngegend tauschen. Und obwohl sie sich komplett neu einrichteten, reichte das Geld auch noch für ein recht luxuriöses Gartenhaus in einer Schrebersiedlung. Damit nicht genug, versammelten sich im Schmuckkästchen von Erika Moltke doch zusätzlich noch Ringe, Uhren, Ohrstecker und Ketten im Wert von insgesamt rund 85 000 Mark. Dazu unterhielten sie mehrere Sparkonten, Sparbriefe und ein Wertpapier-Depot. Bei allem Fleiß – konnte das Ehepaar in der relativ kurzen Zeit ein solches Vermögen auf ehrliche Weise erwirtschaftet haben?

Vielleicht hätte damals der Sohn von Christoph Dahm, der Staatsanwalt, stutzig werden müssen, zumal er und seine Frau auch privat mit den Moltkes verkehrten. Am siebten Mai 1989 ergab sich mal wieder so eine Gelegenheit. Im Hause des Staatsanwaltes feierten sie zusammen den Geburtstag seiner

Frau. Auch Dahm senior war anwesend. Er fühlte sich wohl in dieser Runde, klagte an diesem Abend nicht über Schmerzen. Als ihn sein Sohn später nach Hause fuhr, ging es ihm so gut, dass er darauf bestand, etwa einhundert Meter vor seinem Haus abgesetzt zu werden. Er wollte die letzten Schritte unbedingt noch zu Fuß gehen.

Einen halben Tag später war er tot, plötzlich und unerwartet verstorben. Nachdem ihn Erika Moltke am Morgen das letzte Mal aufgesucht hatte. Wieder wurde ein Arzt gerufen, wieder stellte dieser als Todesursache *Herzversagen* fest, wieder kam es zu keinen tiefer gehenden Ermittlungen durch die Polizei. Während seine Frau für einen Augenblick Zweifel an der Normalität des Todesfalles hegte, sah der Staatsanwalt keinen Anlass, das unverhoffte Ableben seines Vaters näher untersuchen zu lassen. Selbst die Tatsache, dass ein Großteil des mütterlichen Schmucks und die 20 000 Mark, die der Vater für eine geplante Urlaubsreise wenige Tage zuvor bei der Sparkasse abgehoben hatte, nun auf einmal verschwunden waren, ließ bei ihm kein Misstrauen aufkeimen.

Dies wuchs aber ein gutes Jahr darauf bei den Hinterbliebenen von Marlies Ebert*. Die alte Dame wohnte im Haus gegenüber. Sie hatte zwei erwachsene Töchter, die sich regelmäßig um sie kümmerten. Während die eine nur zehn Fußminuten von ihr entfernt wohnte und täglich mindestens zweimal vorbeischaute, auch um ihr mittags eine warme Mahlzeit zu bringen, lebte die zweite mit ihrer Familie außerhalb von Köln und kam deshalb in der Regel nur einmal die Woche zu Besuch. An den Wochenenden kümmerten sich die Frauen abwechselnd um ihre Mutter. Dann gab es noch eine Nachbarin, mit der die Rentnerin befreundet war, seit diese sie nach einer beidseitigen Hüftoperation für fast zwei Jahre in ihrer Wohnung aufgenommen und gepflegt hatte.

War Marlies Ebert trotz ihres hohen Alters geistig noch sehr rege und war auch die Hüftoperation so erfolgreich verlaufen, dass sie nach zwei Jahren wieder ohne Gehhilfen laufen konnte, so schränkten doch verschiedene Krankheiten ihren Bewegungsradius zum Teil erheblich ein. Sie war herzkrank und klagte über Bluthochdruck, litt außerdem an Diabetes und Knochengewebsschwund. Nachts plagte sie oft Schlaflosigkeit, doch sie weigerte sich, Medikamente dagegen einzunehmen. Das veranlasste den Hausarzt, ihr häusliche Krankenpflege zu verschreiben. Eine ihrer Töchter fragte bei Erika Moltke nach. Diese nahm den Auftrag an. Von da an suchte sie Marlies Ebert wochentags jeden Morgen gegen sieben Uhr auf und nahm sich für sie etwa eine Dreiviertelstunde Zeit. Sie brachte eine Zeitung und Brötchen mit, kochte Kaffee und setzte ihr die verordnete Spritze Insulin, jeweils achtundzwanzig Einheiten. Außerdem legte sie die anderen Medikamente bereit, die Marlies Ebert über den Tag einzunehmen hatte. Gegen Mittag stattete sie ihr den zweiten Besuch ab. Wenn es ihre Zeit erlaubte, schaute sie am späten Nachmittag noch ein drittes Mal bei der Pflegebedürftigen vorbei.

Schnell freundeten sich die beiden Frauen an. Marlies Ebert vertraute der Pflegerin und befolgte ihre Anweisungen. Auch ihren Ratschlägen kam sie nach, wenn Erika Moltke sie zum Beispiel aufforderte, mehr Obst und Gemüse zu essen. Allein, dass sich Erika Moltke des Öfteren an ihren Schränken zu schaffen machte, bereitete ihr Unbehagen. Da sie aber feststellte, dass weder ihre blaue Mappe fehlte, in der sie Bargeld aufbewahrte, noch sonst etwas, maß sie dem keine weitere Bedeutung bei. Schließlich fühlte sie sich gut versorgt, kümmerte sich Erika Moltke doch auch darum, dass der Hausarzt wenigstens einmal im Monat nach ihr sah, um ihre Blutwerte zu kontrollieren.

Am 5. Juli 1990 war es wieder einmal so weit. Der Arzt kam in den Mittagsstunden und befand, dass es seiner Patientin in

Anbetracht ihres Alters sehr gut ginge. Zum Abschied legte er ihr freundschaftlich seine Hand auf die Schulter und bemerkte, dass sie wirklich prima aussehe. Noch am selben Nachmittag erschien auch Erika Moltke bei ihr. Es war bereits der dritte Besuch an diesem Tag. Sie brachte ein Körbchen Kirschen mit, wusch die Früchte und stellte sie der Achtundachtzigjährigen zum Essen hin. Es war gegen sechzehn Uhr dreißig, als die Altenpflegerin die Wohnung wieder verließ. Kurze Zeit später fiel Marlies Ebert ins Koma.

Am Morgen des folgenden Tages kehrte Erika Moltke zurück. Ihre Patientin lag regungslos auf dem Bett. Sie war nicht ansprechbar. Der Fernseher lief noch. Nachdem sie eine der Töchter und den Hausarzt verständigt hatte, entkleidete sie die Bewusstlose, wusch sie und zog ihr ein Nachthemd an. Während sie die Oberbekleidung auf dem Fußboden liegen ließ, wusch sie die Strumpfhose im Badezimmer aus und hängte sie zum Trocknen auf. Spurenbeseitigung?

Der Arzt zeigte sich vom Zustand seiner Patientin überrascht. Hatte er ihr doch erst am Vortag eine gute Gesundheit bescheinigt. Jetzt fand er sie bewusstlos vor. Sie zeigte keine Reaktion. Ihre Pupillen waren eng gestellt, Arme und Beine hingen schlaff, sie atmete flach, kaum spürbar. Da ein Zuckerschnelltest keinen so abnormen Wert ergab, der ihren Zustand erklärt hätte, und Anzeichen für einen Schlaganfall nicht feststellbar waren, vermutete der Mediziner zunächst eine Vergiftung. Vor allem die eng gestellten Pupillen, glaubte er, könnten ein Indiz dafür sein. Gemeinsam suchten sie die Wohnung nach entsprechenden Medikamenten ab, vergeblich jedoch. Lediglich aus einem Röhrchen mit dem Schlafmittel *Novanox* fehlten zwei oder drei Tabletten. Die aber hätten für eine Vergiftung nicht ausgereicht. Außerdem kam ein Selbstmordversuch nicht infrage: Marlies Ebert hatte immer wieder gesagt, dass sie hundert Jahre alt werden wolle. Also schrieb er in die

Krankenhausüberweisung *Apoplektischer Insult* – Schlaganfall. Nur wenige Minuten später wurde die Patientin mit einem Rettungswagen in ein Krankenhaus gebracht, in dem sie fünf Tage später an einer Lungenentzündung starb – ohne das Bewusstsein zwischenzeitlich wiedererlangt zu haben.

Damit war nun schon die fünfte Pflegepatientin von Erika Moltke auf mysteriöse Weise plötzlich verstorben. Und wahrscheinlich wäre auch im Fall Marlies Ebert die wahre Todesursache niemals aufgedeckt worden, wenn ihre Töchter nicht so hartnäckig nach den Ursachen geforscht hätten. Einerseits konnten sie sich die überraschende Erkrankung ihrer Mutter nicht erklären, andererseits wurden sie vor allem deshalb misstrauisch, weil sie besagte blaue Mappe leer vorfanden, in der ihre Mutter Geld aufbewahrte. Sie wussten, dass sich darin noch kurz zuvor mindestens 2200 Mark befunden hatten. Nach dem Tod der Mutter entdeckten sie in der gesamten Wohnung aber nur ein paar Geldstücke im Wert von vier Mark fünfzehn. Da außer Erika Moltke kein anderer einen Schlüssel für die Wohnung der Mutter besaß, konnte nur sie das Geld entwendet haben, mutmaßten sie. Und war der Hausarzt nicht zunächst von einer Vergiftung ausgegangen? Wenn das stimmte: Wer hatte sie ihr zugefügt?

Die beiden Frauen durchstöberten bei ihrer Suche auch die Mülltonne vor dem Haus. Geld fanden sie dort zwar keines, dafür fünfzehn leere Spritzen. Die übergaben sie der Polizei. Es stellte sich heraus, dass nur sechs davon zum Injizieren von Insulin verwendet worden waren. Als das vermisste Geld nirgendwo auftauchte, erstatteten die aufgebrachten Töchter Strafanzeige wegen des Verdachts des Diebstahls. Als Täterin kam nur Erika Moltke in Betracht.

Damit hatte die selbständige Altenpflegerin nicht gerechnet. Sie hatte gehofft, dass die Hinterbliebenen in ihrer Trauer das Geld vergessen würden. Dass sie nun aber des Diebstahls beschuldigt wurde, erfuhr sie erst, als sie von einer zweiwöchigen Urlaubsreise zurückkehrte. Noch ehe sie zur Vernehmung bei der Polizei erschien, gab sie den beiden Frauen das vermisste Geld und behauptete, deren Mutter habe es ihr für die Ferien geliehen. Das Gleiche erzählte sie auch der Polizei. Doch ihre Mühe, die Sache irgendwie ins rechte Licht zu rücken, war vergeblich. Die Ermittlungen liefen bereits auf Hochtouren. Die Leiche der alten Frau war sicherheitshalber in die Gerichtsmedizin gebracht und seziert worden. Und die Experten dort wurden fündig. Sie schätzten die Entzündung der rechten Lungenhälfte und des Brustfells und eine schwere Lungengeschwulst als todesursächlich ein. Die Lungenentzündung wiederum – auch das konnten sie nachweisen – war als Folge einer schweren Vergiftung mit Chlorprothixen und der daraus resultierenden andauernden Bewusstlosigkeit eingetreten.

Doch ehe Erika Moltke dafür zur Verantwortung gezogen werden konnte, blieb ihr genug Zeit, auch noch einen sechsten Mord zu begehen. Bei ihrem letzten Opfer handelte es sich um eine wohlhabende Frau. Anita Feese* hatte schon früh ihren Mann verloren. Er war im Krieg gefallen. Kinder waren aus der kurzen Ehe nicht hervorgegangen. Sie war danach allein geblieben. In erster Linie widmete sie sich ihrer Arbeit bei der Kriminalpolizei in Köln. Dort war sie bis zu ihrer Pensionierung beschäftigt. Sie verdiente gut, bekam zudem eine beachtliche Rente für ihren verstorbenen Mann. Nach ihrem Berufsleben standen ihr jeden Monat 4100 Mark an Renten zu. Sie hatte rund 550000 Mark von ihren Eltern und der Schwester geerbt, besaß zudem wertvolle Bilder, Möbel, Teppiche und kostbares Porzellan, einen Nerzmantel und eine üppige Schmuckkollektion. Als Erben hatte sie ihren Großneffen eingesetzt.

Doch all der Reichtum schützte sie vor Krankheit nicht. Mit

zunehmendem Alter beklagte sie Herzschwäche, Schlaf- und Durchblutungsstörungen und Schmerzen in der Wirbelsäule. Auch die Hör- und Sehkraft ließ nach, bald war sie fast blind. Trotz ihrer Behinderungen lehnte sie eine pflegerische Betreuung ab. Sie war sehr kritisch und misstrauisch Fremden gegenüber. Trotzdem gelang es Erika Moltke unter einem Vorwand, sich ihr Vertrauen zu erschleichen. Sie gab vor, von der Krankenkasse geschickt worden zu sein. Schließlich willigte Anita Feese ein. Ende Juli 1990 – nur wenige Tage nach dem Tod von Marlies Ebert – übernahm Erika Moltke die häusliche Krankenpflege. Als sie erfuhr, dass ihre Patientin vermögend war, intensivierte sie ihre Bemühungen. Entgegen ihrem eigentlichen Arbeitsprinzip kümmerte sie sich nun auch am Wochenende um die allein stehende Frau. Sie buhlte so sehr um Zuneigung, dass Anita Feese ihr schon bald auch Bankgeschäfte übertrug, die sie mit einer Vollmacht zu erledigen hatte. Schließlich brachte die Pflegerin sie dazu, sich von fast allen ihrer Freundinnen loszusagen. Dass die resolute Frau es immer abgelehnt hatte, in ein Altenheim abgeschoben oder in einem Krankenhaus untergebracht zu werden, machte es ihr nur leichter. Denn die Kranke suchte jemanden, der sie bis zum Tode pflegte. Einen lieben Menschen, der ihr den Lebensabend so angenehm wie möglich gestaltete. Zugunsten einer solchen Person würde sie sogar ihr Testament ändern. Damit rannte sie bei der habgierigen Krankenpflegerin offene Türen ein, genau das hatte sich diese gewünscht, erhofft, ersehnt.

Der Termin beim Notar fand am 19. Dezember 1990 statt. Der beurkundete, dass Erika Moltke von nun an als alleinige unbeschränkte Erbin fungieren sollte. Als einzige Bedingung wurde festgelegt, dass sie für eine standesgemäße Beerdigung ihrer Patientin sorgen und ihr Grab pflegen sollte.

Unschwer zu erraten ist, wie es weiterging: Am 1. Februar 1991, eineinhalb Monate nach der Testamentsänderung, flößte

Erika Moltke der Fünfundachtzigjährigen eine tödliche Dosis *Truxal* ein. Fünf Tage später erlag die Patientin in einem Krankenhaus den Folgen der schweren Vergiftung. Und erneut gingen die behandelnden Ärzte von einer natürlichen Todesursache, nämlich Lungenentzündung, aus.

Offenbar verunsichert durch die Ermittlungen im vorhergehenden Fall, ging die Altenpflegerin diesmal auf Nummer sicher. Nach dem Tod ihrer Patientin verfasste sie ein Schreiben, in dem sie versicherte, dass die Leiche nach dem letzten Willen der Verschiedenen eingeäschert werden solle. Ein Beweis, der diesen Wunsch bestätigt hätte, fand sich später nicht. Wenige Tage danach wurden im Krematorium mit amtsärztlicher Segnung die letzten Spuren des Giftmordes beseitigt. Wobei dem Amtsarzt kein Vorwurf zu machen ist. Seine Aufgabe bestand darin, vor der Verbrennung eine zweite Leichenschau vorzunehmen, wie es das Gesetz verlangt. Diese beschränkte sich natürlich auf die äußere Inaugenscheinnahme des Leichnams. Da keinerlei Spuren von Gewalt erkennbar waren, gab er ihn frei. Drei Wochen später wurde die Urne beigesetzt. Nur unwesentlich mehr Zeit verging, ehe Erika Moltke die Erbschaft antrat. Lange konnte sie sich an ihrem neu gewonnenen Reichtum allerdings nicht erfreuen. Am 22. Mai 1991 bereitete die Kriminalpolizei dem Treiben der gierigen Altenpflegerin endlich ein Ende. Noch am selben Tag ordnete ein Haftrichter Untersuchungshaft an und ließ sie in die Kölner Justizvollzugsanstalt einquartieren. Während Erika Moltke hartnäckig jeden Verdacht von sich wies, sammelten die Polizisten der eigens gebildeten Sonderkommission in akribischer Kleinarbeit wichtige Indizien, die gegen sie sprachen. Den Löwenanteil der Ermittlungen allerdings teilten sie sich mit den Gerichtsmedizinern. Sie waren es nämlich, die die ausschlaggebenden Beweise lieferten. Nacheinander wurde eine Vielzahl der Leichen von Männern und Frauen, die zu Lebzeiten Moltkes Patienten waren, exhumiert und anschließend seziert. Diese Vorgehensweise brachte schließlich ans Licht, dass die leichenschauenden Ärzte die wahre Todesursache bei Verstorbenen nicht erkannt hatten – nicht nur ein-, sondern mindestens sechsmal.

Allerdings wäre das ohne eine gründliche Obduktion auch nur ausgesprochenen Leichen-Experten möglich gewesen. Das Erkennen von Vergiftungstodesfällen, schreibt Wolfgang Maresch im *Atlas der Gerichtsmedizin*, gelte sogar für weniger erfahrene Obduzenten als *Schreckgespenst*. Tatsächlich gehöre eine besondere Erfahrung zur makroskopischen Einordnung der oft nur in ihrer Kombination erfassbaren Giftwirkungen. Wenngleich auf den ersten Blick oft keine spezifischen Vergiftungszeichen festzustellen sind, weisen Ingo Wirth und Hansjürg Strauch in *Lehr- und Studienbriefe Kriminalistik Nr. 18* darauf hin, dass zum Beispiel die Farbe der Totenflecke (etwa hellrot bei Kohlenmonoxid-Vergiftung), Farbveränderungen der Haut (Gelbfärbung bei Lebergiften), Hautausschläge, Gerüche oder Farbabweichungen an den Händen (weiße Querstreifung der Nägel bei Arsenvergiftung) richtungweisende Befunde erbringen können. Dazu gehören auch markante Veränderungen der Pupillen, Auffälligkeiten in der Mundhöhle und äußere Spuren am Tatort wie beispielsweise ein Trinkgefäß mit Giftanhaftungen. Der endgültige Nachweis einer Vergiftung sei jedoch *nur durch die Leichenöffnung mit anschließender toxikologisch-chemischer Analyse zu führen*. Genau das unternahmen die Gerichtsmediziner jetzt auch in Köln. Das Ergebnis fiel eindeutig aus: Die sechs Patienten waren an den Folgen einer schweren Vergiftung gestorben. Abgesehen vom letzten Opfer, das verbrannt wurde, konnten in den Körpern aller anderen toxische Mengen des verschreibungspflichtigen Medikaments *Truxal* nachgewiesen werden. In zwei Fällen hatte die Altenpflegerin auch noch andere Chemikalien dazugemischt.

Obwohl Erika Moltke die Vorwürfe bis zuletzt bestritt, gelangte die 11. Große Strafkammer des Kölner Landgerichts nach sechsundvierzig anstrengenden Verhandlungstagen im Frühjahr 1993 zu der Auffassung, dass die Angeklagte des sechsfachen Mordes schuldig ist. In jedem dieser sechs Fälle habe die Angeklagte die Tat mit Sorgfalt geplant. Die Ausführung sei durch besondere Kaltblütigkeit und Risikobereitschaft gekennzeichnet gewesen. Die Angeklagte habe aus Habgier und Heimtücke gehandelt, in zwei Fällen auch, um eine andere Straftat, Diebstahl nämlich, zu verdecken.

Dementsprechend wurde Erika Moltke zu zweimal lebenslanger Haft verurteilt.

Trotz dieses späten, aber gerechten Urteils bleiben die Angst und das Wissen, dass eine gefährliche Frau wie Erika Moltke nur einmal auf ihre Beute hätte verzichten müssen, um heute noch ein freier Mensch sein zu können. Denn diese Tatsache muss selbst dem größten Optimisten Fragen ins Gewissen brennen. Zum Beispiel, wie viele ähnliche Fälle den Ermittlern täglich durch die Lappen gehen. Warum? Und wie das zu verhindern wäre.

Der letzte Goldbrand

Warum eine zweite Leichenschau so wichtig ist

Sie waren nicht gerade ein glückliches Paar gewesen, davon konnte keine Rede sein. Auch in diesem Augenblick nicht. Der Tod konnte nicht einfach verdrängen, was über Jahre schief gelaufen war. Der Tod konnte lediglich verhindern, dass man darüber sprach. Man redet nicht schlecht über Tote, das gehört sich nicht. Schon gar nicht am Tag ihres Ablebens, da gilt es als besonders unangebracht. Gerd Koslowski* hat dann auch geschwiegen, er ist ohnehin kein Mann großer Worte. Und so stand er einfach daneben und sah dem Arzt zu, den er in seine Wohnung gelassen hatte, in das Schlafzimmer, das er ein wenig zurechtgeräumt hatte für den Besuch. Natürlich war der Arzt viel zu spät gekommen. Er hätte sich noch so sehr beeilen können, zu spät wäre es trotzdem gewesen. Helfen konnte er nicht mehr. Deswegen hatte Gerd Koslowski ihn auch gar nicht gerufen. Der Neunundvierzigjährige hatte nach ihm telefoniert, weil die Frau, die da vor dem zerwühlten Bett auf dem Fußboden lag, tot war.

Die Frau war, als sie noch lebte, Gisela Roland*, zweiundfünfzig Jahre alt, einen Meter zweiundfünfzig groß, zweiundachtzig Kilogramm schwer, dunkelbraune Haare, etwa zwanzig Zentimeter lang, ungekämmt. Die korpulente Frau Roland war Gerd Koslowskis Lebensgefährtin gewesen. Sie hatten sich vier Jahre zuvor, im Sommer 1990, kennen gelernt. Beide hatten nach dem Zusammenbruch der DDR ihre Jobs verloren, beide waren sie nicht mehr ganz jung und allein, und sie suchten Halt in dieser Zeit bodenloser Veränderungen. So sind sie ziemlich schnell zusammengekommen. Und der kleine Bungalow, den Gerd Koslowski in einer Waldsiedlung in der Nähe von Potsdam bewohnte, wurde zu ihrem Liebesnest. Das klingt zunächst einmal nach Idylle und Harmonie, nach Gefühlen, gegenseitiger Zuneigung, nach Verständnis und all dem, was eine gute Beziehung ausmacht. Anfangs schien es auch so, als könnten sie miteinander auskommen, als verbinde sie mehr als eine ähnliche Lebensgeschichte und die Verzweiflung über ihre berufliche Nutzlosigkeit. Aber die Schmetterlinge wollten sich nicht so recht einnisten, sie flogen schnell weiter und ließen Gerd Koslowski und seine Gisela allein zurück in der schäbigen Hütte. Und allein gelassen wussten sie nichts anzufangen mit sich, also ließen sie sich treiben, tagein, tagaus, jeder für sich allein. Sie waren da, beieinander, aber nicht wirklich füreinander.

Das lag wohl daran, dass beide sich bald allzu gern dem Alkohol hingaben und betäubten. Während Koslowski dabei lediglich zum Bier griff und in der Regel Herr seiner Sinne blieb, konnte Gisela Roland nicht von harten Sachen lassen. Sie bevorzugte Goldbrand und trank gleich aus der Flasche. Merkwürdigerweise hatte Koslowskis Trinkgewohnheit, obwohl er sie bereits seit seinem fünfundzwanzigsten Lebensjahr praktizierte, nie zur Alkoholabhängigkeit im medizinischen Sinne geführt. Anders verhielt es sich bei seiner Freundin. Sie war dem Fusel verfallen und begann schon das Frühstück mit einem kräftigen Schluck. Nachdem sie ihre Arbeit verloren hatte, verlor sie auch die Kontrolle über sich. Sie fand kein Maß mehr. Es kam nicht selten vor, dass sie den Schnaps bis zur Besinnungslosigkeit in sich hineinschüttete. In welchem Bett sie danach aufwachte und ob es überhaupt ein Bett war, kümmerte sie dann wenig. So blieb sie nächtelang fort, ließ sich dabei auf andere Männer ein, was ihrem Gerd freilich nicht gefallen konnte.

Kann sein, dass er darüber sogar hinweggekommen wäre; was ihn aber vollends aus der Fassung brachte, war die Tatsache, dass sie in ihrem dauerhaften Vollrausch zunehmend die häuslichen Pflichten vernachlässigte. Das war für ihn schwer zu verkraften, denn er erwartete, dass sie sich um den Haushalt kümmerte. Was ihr in ihrem Zustand völlig abging. Behielt sie vielleicht gerade noch im Sinn, wie sie an die nächste Flasche Goldbrand gelangen konnte, war ihr die Arbeit am Herd schnurzegal.

Also hat Gerd Koslowski doch noch schlecht über sie gesprochen, als der Arzt in seiner Wohnung weilte und ihren Leichnam begutachtete, der vor ihm lag, auf dem Rücken, nur mit einer Unterhose und einem Hemd bekleidet. Er hat dem Mann im weißen Kittel davon erzählt, nicht viel und nicht sehr wortgewandt, aber doch ausführlich und glaubhaft genug, um ihm ins Bewusstsein zu rufen, dass er es mit einer schweren Alkoholikerin zu tun hatte oder besser mit dem, was von ihr übrig geblieben war. Vielleicht hat er sich auch deshalb nicht gewundert, dass der Hinterbliebene nicht gerade in Trauer erstickte. Abgestumpft sei er ihm vorgekommen, wird der Arzt später berichten. Mehr aber sei ihm nicht aufgefallen. Dabei hätte er allen Grund gehabt, die vorgefundenen Umstände deutlich kritischer zu betrachten.

Vielleicht hat er sich einfach nur auf die Arbeit konzentriert, die zu erledigen war, vielleicht war er auch in Eile, weil der nächste Fall wartete, ein Mensch vielleicht, der seine Hilfe noch gebrauchen, den er mit seinen ärztlichen Fähigkeiten retten konnte. Vielleicht aber hat er seinen Job auch ziemlich oberflächlich erledigt, weil die Person ihm egal war und er nur möglichst schnell wegwollte aus dieser ungastlichen Umgebung. Schließlich roch es unangenehm in dem Schlafzimmer, nach Urin und Alkohol, nach alter Wäsche und modriger Feuchtigkeit, nach kaltem Zigarettenrauch und Schweiß. Vielleicht ekelte es ihm auch einfach nur vor dem Anblick der Toten, wie sie da lag in ihrer schmuddeligen Kleidung, mit dreißig Kilogramm Übergewicht. Jedenfalls war er mit dem Totenschein schnell bei der Sache. *Apoplexia cerebri*, schrieb er auf, *bei chronischem Alkoholismus und arterieller Hypertonie*. Was nichts anderes heißt als Gehirnschlag infolge von Alkoholsucht und Bluthochdruck. Eine ziemlich eindeutige Diagnose.

Falsch war sie trotzdem. Das jedoch wäre niemals herausgekommen – wenn Gerd Koslowski mit einer Erdbestattung einverstanden gewesen wäre. War er aber nicht, aus welchen Gründen auch immer. Er bestand darauf, dass Gisela Rolands Leiche verbrannt würde. Hatte er einen Grund für diese Entscheidung, einen, der über den letzten Willen der Verstorbenen hinausging? War es die Entscheidung eines Verbrechers, der – nachdem ihm der leichenschauende Arzt schon wunschgemäß zugearbeitet hatte – nun auf Nummer sicher gehen und sämtliche Spuren beseitigen lassen wollte?

Dann hätte er sich allerdings vorher besser informieren sollen. Denn ganz so einfach geht es mit einer Kremation dann doch nicht. Das Gesetz über die Feuerbestattung und eine entsprechende Verordnung zur Durchführung derselben legt fest, nach welchem Procedere sie durchzuführen ist. Ehe der Leichnam samt Sarg im Verbrennungsofen verschwindet, wo er bei einer Feuertemperatur von zirka 1200 Grad Celsius innerhalb von achtzig bis hundertzwanzig Minuten – je nach Körperstatur – zu Asche wird, sieht ihn sich ein Arzt zum zweiten Mal an. Für die Leichenschau im Krematorium sind in der Regel Amtsärzte zuständig, Ärzte also, die bei der jeweiligen Stadtverwaltung angestellt und für Leichenschauen entsprechend qualifiziert sind oder es wenigstens sein sollten. In einigen Regionen wird für den letzten Blick auf die Leiche auch ein Rechtsmediziner bestellt.

Diese zweite Leichenschau haben die Gesetzesväter aus gutem Grund so bestimmt: Während bei einer Erdbestattung oft auch im Nachhinein noch Spuren einer Gewalttat nachzuweisen sind, wenn die Leiche rechtzeitig exhumiert und sozusagen verspätet obduziert wird, vernichten die Flammen einer Feuerbestattung sämtliche Spuren am und im Körper der Leiche und damit auch wesentliche Beweise, die notwendig wären, um einen Täter zu überführen. Abgesehen von einigen Substanzen vielleicht, die unter Umständen mit großem Aufwand auch in der Knochenasche noch nachzuweisen wären. Nicht aber Stich- und Schussverletzungen, Würgemale und die meisten der tödlichen Giftstoffe.

Nun sollte man ja davon ausgehen können, dass Tote mit dieser Art von Gewaltspuren gar nicht erst in der Leichenhalle eines Krematoriums auftauchen oder höchstens nachdem alle relevanten Spuren gesichert wurden. Dann jedoch ausgestattet mit einer Unbedenklichkeitsbescheinigung der Polizei. Aber tatsächlich sind die Fälle gar nicht so selten, in denen noch unmittelbar vor der Einäscherung Leichen *angehalten* werden. Weil dem Arzt irgendetwas am Körper des Toten nicht geheuer ist. Manchmal ist es auch nur ein bloßer Verdacht, ein ungutes Gefühl, die den jeweiligen Mediziner veranlassen, den letzten Weg des Toten umzulenken. Armin Mätzler berichtet in seinem Buch *Todesermittlungen* von einem solchen Fall: Vor dem betreffenden Arzt lag die Leiche einer dreißigjährigen Frau. *Nicht dass da Verletzungen oder verdächtige Veränderungen an der Leiche gewesen wären, nein, die Leiche war völlig unverletzt, und sein Verdacht hatte sich allein darauf begründet, dass junge Menschen nur selten an Herzversagen sterben …* Genau diese Diagnose aber hatte der Hausarzt der Frau in der Todesbescheinigung angegeben. Wie die Sache ausging? Der Arzt informierte die Kriminalpolizei über seine Bedenken. Die Leiche wurde beschlagnahmt. Anschließend versuchten die Ermittler, die Beweggründe des Hausarztes zu erforschen, der seiner Patientin ein natürliches Ableben bescheinigt hatte. Der konnte sich noch gut an den Einsatz erinnern, der plötzliche Tod einer so jungen Frau habe auch ihn überrascht. Da die Leiche bei seinem Besuch jedoch keinerlei Verletzungen aufwies und er die Familienverhältnisse als geordnet kannte, wusste er sich keinen anderen Rat. Die Rechtsmediziner, an die der Fall übertragen wurde, gingen weitaus gründlicher zu Werke. Und sie wurden fündig. Ohne allzu große Mühe entdeckten sie im Magen der Verstorbenen eine beträchtliche Menge des Pflanzenschutzmittels *E605*, welches vor dreißig, vierzig Jahren schon eine zweifelhafte Berühmtheit durch einige spektakuläre Selbsttötungen und Giftmorde erlangte. Es gab da zum Beispiel Marga Voß*, eine zweigespaltene Frau, die die Zeitung *Die Welt* als *Muttchen vom Niederrhein* beschrieb, als ihr im September 1984 in Krefeld der Prozess gemacht wurde. Einerseits wirkte sie aufopferungsvoll als herzensgute Mutter, andererseits schaffte sie sich den skrupellos vom Leib, der ihr lästig war. Fünf Menschen kamen da zusammen. Im Jahr 1963 beginnend, hatte sie im Lauf der Zeit nicht nur ihren pflegebedürftigen Vater, sondern auch eine Tante und ihre drei Ehemänner ins Jenseits geschickt. Jedes Mal hatte sie eine tödliche Dosis *E605* ins Essen gemixt und es dem Todeskandidaten lächelnd serviert. Das häufige Sterben in der Familie war offenbar niemandem aufgefallen – und alle leichenschauenden Ärzte, die ins Haus kamen, halfen ihr tatenlos, die Morde zu verbergen. Keiner von ihnen schöpfte Verdacht. Erst als das *Muttchen* an einem Tag Anfang der achtziger Jahre mit ihrer Schwiegertochter aneinander geriet, rutschte ihr ein Satz heraus, mit dem sie sich selbst ans Messer lieferte. *Wenn du dich nicht so verhältst, wie ich es will*, soll sie der jungen Frau sinngemäß gedroht haben, *ergeht es dir wie meinen Ehemännern*. Die Schwiegertochter begriff sofort, was sie damit meinte – und verständigte die Polizei. Ohne diesen Lapsus hätte Marga Voß das Geheimnis ihrer Giftmorde wahrscheinlich mit ins Grab genommen.

Zurück aber zu dem Fall der jungen Frau, deren Leiche verbrannt werden sollte: Die Sache ging nicht zufrieden stellend aus. Letztendlich geklärt werden konnte ihr Tod nämlich nicht. Weil bis zuletzt offen blieb, ob sie sich die tödliche Giftdosis womöglich selbst verabreicht hatte. Ihre Mutter jedenfalls, die im gleichen Haus wohnte, bestritt vehement, ihre Tochter vergiftet zu haben. Es fanden sich auch keine Anhaltspunkte, die eine solche Vermutung bestätigt hätten. Andererseits schien ein Selbstmord auch nicht gerade plausibel, da es an einem Abschiedsbrief fehlte.

Als ähnlich verzwickt entpuppte sich ein Todesfall in einer kleinen Ortschaft im Südhessischen. Dort war der Notarzt zu einer männlichen Leiche gerufen worden, die im Halsbereich eindeutige Strangulationsmerkmale aufwies. Die jedoch muss der Mediziner glatt übersehen haben. Kann auch sein, dass der junge Arzt einfach keine Übung darin besaß, Spuren von Verbrechen an Leichen auszumachen. Oder er wollte der verzweifelten Mutter des Toten, die ihn gerufen hatte, einfach keine Unannehmlichkeiten bescheren. Auf jeden Fall kreuzte er auf dem Totenschein *natürliche Todesursache* an. Hätte die Bäuerin ihren Sohn nun in einen Sarg verfrachten und auf dem Friedhof im Ort unter die Erde bringen lassen, wäre auch diese Fehleinschätzung niemals ans Licht gekommen. Da sie den Leichnam allerdings zur Einäscherung gab, erhielt ein zweiter Arzt die Chance, den Fehler seines Kollegen auszumerzen. Was dem Amtsarzt angesichts der Spurenlage nicht einmal schwer fiel. Er erkannte sofort, dass beim Tod des Mannes ein starkes Seil im Spiel gewesen sein musste. Kein Zweifel, er war erdrosselt worden. Während der Blutabfluss dabei oberhalb des Halses durch das Zusammendrücken der Halsblutadern nahezu unterbrochen worden war, stieg durch die tiefer liegenden Schlagadern, die nicht von der Kompression betroffen waren, Blut weiter ins Hirn. Dadurch hatten sich am Hals und am Kopf so genannte Stauungszeichen gebildet. Sie sind wichtige Indizien für Rechtsmediziner. Und eben kaum übersehbar: Der Kopf verfärbt sich dabei blauviolett, punktförmige Blutungen der Gesichtshaut treten auf. Gleiches ist auch in den Augenbindehäuten und in der Mundschleimhaut zu beobachten. Deutlich zu erkennen ist ferner die Drosselmarke, die für gewöhnlich in gleich starker Ausprägung den gesamten Hals umschließt. Direkt darunter vertrocknet die Haut rasch und nimmt eine bräunliche Farbe an. Auch innerlich weist eine solche Leiche Merkmale auf, die einen klaren Befund ermöglichen. Innere Verletzungen am Hals zum Beispiel, Blutungen in der Rachenschleimhaut, an den Schläfenmuskeln und an der Innenseite der Kopfschwarte.

Doch allein die äußeren Zeichen genügten, um einen nicht natürlichen Tod zu erkennen. Warum das der Notarzt nicht vermochte, wurde nicht geklärt. Während anfangs die Staatsanwaltschaft noch in Erwägung zog, die Gründe der vorliegenden und allzu offensichtlichen Fehldiagnose zu erkunden, ließ sie es schnell bei dem Vorsatz bewenden. Es wurde kein Ermittlungsverfahren wegen des Verdachts der versuchten Strafvereitelung eingeleitet, und auch den Vorwurf der Urkundenfälschung sahen die zuständigen Ermittlungsbehörden nicht. Der Notarzt habe sich eben geirrt, erklärte ein Justizsprecher, aber ein Irrtum sei kein Straftatbestand. Ohnehin sehen die Bestattungsgesetze einiger Länder – wenn überhaupt – lediglich geringfügige Geldbußen für den Fall vor, dass einem Arzt die absichtliche Fälschung eines Totenscheines nachgewiesen werden kann. Auf dem Papier zumindest. In der Praxis sind aus jüngerer Zeit keine Fälle bekannt.

Aber so ist es oft. Ärzte werden für Fehler bei der Leichenschau nicht belangt. Und das ist ein Dilemma, eine Lücke in der deutschen Rechtsprechung. Vor Fehlern ist natürlich niemand gefeit, auch nicht derjenige, der seinen Job gründlich erledigt. Und oft ist es kompliziert, an einem Toten auch nur irgendwelche Spuren zu erkennen. Nehmen wir nur eine Leiche, die wochenlang in einem Wald lag und von Würmern zerfressen wurde, oder eine, die tagelang im Wasser trieb. Auch wenn der Körper eines Toten völlig verfärbt und von Fäulnis überzogen vor ihm liegt, ist es für einen Arzt oft unmöglich, die richtige Todesursache zu erkennen. Aber das sind nicht die Fälle, um die es hier geht. Befinden sich Leichen in einem der beschriebenen Zustände, werden sie ohnehin obduziert. Das macht sich häufig allein schon erforderlich, um überhaupt ihre Identität ermitteln zu können. Es geht vielmehr um all die gewöhnlichen Toten, die – so makaber es klingt – aus medizinischer Sicht noch gut erhalten sind, wenn ein Arzt zur obligatorischen Leichenschau gerufen wird. Es geht um Leichen, die Stichverletzungen aufweisen und trotzdem als natürliche Todesfälle verbucht werden, die Würgemale am Hals haben oder Einschüsse in der Brust, deren Münder durch tödliche Gifte verätzt sind oder stark nach solchen riechen. Um Fälle wie den in dem hessischen Ort.

Die Angelegenheit in Potsdam schien da schon klarer. Zehn Tage nach ihrem Tod sollte die Leiche von Gisela Roland eingeäschert werden. Ehe sie an die Reihe kam, beförderte ein Krematoriumsangestellter den Sarg in einen Untersuchungsraum und öffnete den Deckel, damit der Amtsarzt seinen Auftrag erfüllen konnte. Dieser verlangt von ihm, dass er zunächst die amtliche Todesbescheinigung liest. Als er das vorgedruckte

Formular studierte, galt sein Augenmerk besonders den Feldern, in die Todesart und Todesursache eingetragen worden waren. Zugleich prüfte er, woher die Leiche kam. War die Person zu Hause verblichen oder in einem Krankenhaus? Handelte es sich um das Opfer eines Unfalls oder um einen vermeintlich natürlich Verstorbenen? Anschließend wandte er sich der Leiche zu, schob das weiße Hemd beiseite, um den Körper genau betrachten zu können. Sein fachmännischer Blick glitt dabei vom Kopf über den Hals zum Brustkorb, erst die rechte Seite, dann die linke …

An dieser Stelle stutzte er. Es war nur eine kleine Wunde, die ihn innehalten ließ, zwei Fingerbreit unter dem Brustansatz. Auf den ersten Blick sah sie aus wie ein Kratzer, kaum zwei Zentimeter lang. Bei genauerem Hinsehen war ihm jedoch schnell klar, dass es sich um eine Stichwunde handelte. Der Stichkanal wies deutlich in Richtung Herz, er schien ziemlich tief zu gehen. Der Mediziner betrachtete noch den Bauch und die Arme. Auch hier fanden sich Schnittverletzungen, feine nur, die nicht so tief gingen. Aber selbst wenn sie nicht todesursächlich sein konnten, waren es möglicherweise Zeichen eines Kampfes, in dessen Folge die Frau eventuell verstorben war. Und damit lag er gar nicht so falsch.

Ein Anruf bei der Polizei setzte den üblichen Ermittlungsmechanismus in Gang. Der Sarg mit Gisela Rolands Leiche trat nicht seinen letzten Weg in den Ofen des Krematoriums an, sondern den vorletzten. Der führte ihn im Wagen eines Bestatters geradewegs in die Potsdamer Gerichtsmedizin. In der Zwischenzeit nahmen sich Beamte der Mordkommission eines Mannes an, der sich seiner Sache zu sicher gewesen war. Gerd Koslowski leistete keinen Widerstand, als sie ihm Handschellen anlegten. Er versuchte nicht einmal, die Tat zu leugnen. Das hätte ihm auch nichts geholfen. Denn die Polizisten entdeckten in seiner Küche ziemlich schnell das Mordwerkzeug, ein einundzwanzig Zentimeter langes Küchenmesser mit einer elf Zentimeter langen Klinge, die an der breitesten Stelle zwei Zentimeter maß, so viel wie das Wundloch unterhalb der linken Brust. Den Rest erledigten die Gerichtsmediziner. Sie gingen sehr gründlich an die Sache und benötigten nicht viel Zeit, um den ersten Befund des leichenschauenden Kollegen zu korrigieren. Das Verletzungsbild sprach eine unmissverständliche Sprache: *Frau Roland wies eine vierzehn Zentimeter lange Stichwunde im linken Brustbereich mit schräg nach hinten oben gerichtetem Verlauf, Durchsetzung der Brustwand, des Herzbeutels und sieben Zentimeter langer Stichverletzung des Herzens auf. Der Tod trat nach Austritt von Blut aus der Wunde des Herzens in den Herzbeutel mit Ausbildung einer so genannten Herzbeuteltamponade* (-Ausstopfung, d. A.) *auf. Die Verletzung hat innerhalb weniger Minuten zum Tode geführt.*

Alle anderen Wunden am Körper der Leiche waren weniger folgenschwer, aber eigentlich auch nicht zu übersehen gewesen. An der rechten Unterarmbeuge zog sich eine Stichverletzung über zehn Zentimeter hin, etwas tiefer noch eine zweite, kleinere. Auch ihr Kopf war mit dem Messer malträtiert worden, rechts und links der Stirn klafften oberflächliche Stichverletzungen. Es waren also mehr als genug Zeichen vorhanden gewesen, die alles andere als einen natürlichen Tod vermuten ließen. Wie konnte man die nur übersehen?

Das hätte eine Rolle spielen sollen in dem Prozess, der ein halbes Jahr später Gerd Koslowski gemacht wurde. Hat es aber nicht. Hat es wieder einmal nicht. Denn vor Gericht ging es nur um die Frage, wie Gisela Roland zu Tode kam. Und die war schnell beantwortet. Demnach waren die beiden am Nachmittag des 28. Juli 1994 im Streit aneinander geraten, nachdem sie einige Stunden friedlich vor ihrem Bungalow gesessen und ausreichend Alkohol getrunken hatten. Während sich Koslowski wie immer an sein Dosenbier hielt, hatte sich die Lebensgefährtin ein Getränk aus Waldmeister-Likör und Zitronensaft gemixt. Das aber reichte ihr offenbar nicht. Mehrmals verschwand sie in der Wohnung, um sich über eine Flasche Goldbrand herzumachen, die der Hausherr für Besuch gekauft hatte, der am nächsten Tag vorbeischauen wollte. Sie trank heimlich, weil sie wusste, dass er es unterbunden hätte. Einen Schluck nach dem anderen, bald waren zwei Drittel der Dreiviertelliter-Flasche leer. Als er am Abend bemerkte, dass von dem Hochprozentigen fast nichts mehr übrig war, geriet er in Wut, so sehr, dass er sich nicht mehr bremsen konnte. Wie eine Furie ging er auf Gisela Roland los, zunächst nur mit Worten, dann aber hielt er plötzlich das Küchenmesser in der Hand und hieb auf sie ein, mindestens vier Mal.

Ob Gerd Koslowski gleich bewusst war, was er angerichtet hatte, oder ob er zu betrunken war, das Ausmaß seines Tuns in diesem Moment zu erkennen, konnte vor Gericht nicht mit Sicherheit geklärt werden. Zumindest einer der Sachverständigen ging davon aus, dass der Alkohol sein Hirn stark vernebelt haben musste. Am nächsten Morgen jedoch war er klar genug, um die blutverschmierte Leiche etwas ansehnlicher zu gestalten. Er zog ihr die Bluse und den BH vom Körper und warf die Kleidungsstücke in den Müll. Dann wusch er der Toten das Blut ab. Ehe er zum Schluss den Arzt verständigte, beseitigte er noch schnell die Spuren auf dem Fußbodenbelag.

Das Gericht wertete sein Handeln als Totschlag – und bestrafte es mit sieben Jahren Freiheitsentzug. Der leichenschauende Arzt, der so kläglich, ja sträflich versagt hatte, wurde nicht belangt.

Ärzte wie dieser brauchen sich auch in Zukunft keine Sorgen zu machen. Die Strafverfolgungsbehörden jedenfalls nehmen es nicht so genau mit den Leichen in diesem Land. Was macht da schon eine Fehldiagnose, wenn doch die eigentliche

Feststellung stimmt, nämlich dass die betreffende Person tot ist? Und der Gesetzgeber lehnt sich ebenfalls zufrieden zurück, was diese Frage anbetrifft. Anstatt nicht zu übersehende Lücken im Paragraphen-Dschungel zu schließen, öffnet er der Beseitigung von Verbrechensopfern Tür und Tor. Er legalisiert sie geradezu.

Wie sonst ist es zu werten, dass es jedem Bürger dieses Landes möglich und erlaubt ist, die Leiche eines Angehörigen verbrennen und damit sämtliche Spuren von Mord und Totschlag beseitigen zu lassen? Denn so sinnvoll sich eine zweite Leichenschau vor der Einäscherung erweist, so leicht ist sie zu umgehen. Und das ganz legal, staatlich abgesegnet mit Urkunde und Stempel. Nicht einmal besonders teuer ist es. Denn im entsprechenden Bestattungsgesetz findet sich keine Regelung, die es verbietet, Leichen im Ausland einäschern zu lassen. Damit ist dann der Weg frei für die Verbrennung einer Leiche, ohne dass sie ein Amtsarzt oder Rechtsmediziner noch einmal zu Gesicht bekommt. Da die Prozedur z. B. in den Niederlanden auch deutlich billiger ist, hat sich in den letzten Jahren ein regelrechter Bestattungstourismus entwickelt. Die Kolonne der Särge bewegt sich übrigens zunehmend auch in Richtung Osten. In Tschechien und Polen werden vergleichsweise Dumpingpreise für Einäscherungen verlangt. Wer nicht unbedingt Wert auf ein hochmodern ausgestattetes Krematorium legt und wer auch gut mit dem Gedanken leben kann, dass der Sarg des teuren Toten noch per Hand in den Ofen geschoben wird, für den stellt die Reise in ein östlich gelegenes Krematorium durchaus eine Alternative dar. Für einen Mörder, der sein ihm einst nahe stehendes Opfer schnell und komplikationslos beseitigt wissen will, ohnehin.

Möglicherweise können sich Täter diese Wege in Zukunft aber auch sparen. Denn selbst hierzulande gab und gibt es immer wieder Überlegungen politisch Verantwortlicher, die Leichenschau vor einer Kremation abzuschaffen, da sie sich ohnehin als uneffektiv erwiesen habe. Unter anderem aus diesem Grund haben sich Gerichtsmediziner um den Münsteraner Bernd Brinkmann vor einiger Zeit mit einer entsprechenden Studie beschäftigt. *Uns stellte sich daher die Frage nach dem Umfang der bei eventueller Abschaffung der Kremationsleichenschau entstehenden Defizite anhand von tatsächlichen Beobachtungen*, schrieben sie unter der Überschrift *Die Kremationsleichenschau – formaler Akt ohne Effizienz?* Für die Untersuchung wurden über fünfundneunzig Prozent aller Kremationsleichenschauen erfasst, die 1995 Rechtsmediziner durchführten. Das Ergebnis: Von den knapp 885 000 Verstorbenen wurden 197 000 feuerbestattet. In rund 78 000 Fällen kamen Rechtsmediziner vor der Kremation zum Einsatz, den Rest erledigten Amtsärzte. Die Rechtsmediziner legten etwa 2200 Mal ihr Veto vor einer Verbrennung ein, woraufhin die meisten der beanstandeten Leichen auch obduziert wurden. Dabei stellte sich heraus, dass bei 784 ein nicht natürlicher Tod übersehen worden war. Wohlgemerkt handelte es sich dabei nicht immer um Opfer von Tötungsdelikten, sondern auch um Unfalltote, Suizidenten und vor allem um Menschen, die infolge medizinischer Maßnahmen verstorben waren. In fast 600 Fällen hatten es die Krankenhausärzte nicht für nötig befunden, dies auch auf dem Totenschein zu vermerken.

Rechnet man all diese Werte auf die Gesamtzahl der Feuerbestattungen hoch, kommt man auf etwa 1800 Fälle, die erst durch die zweite Leichenschau entdeckt und geklärt werden. Davon dürften etwa 180 Tötungsdelikte sein. Bedenkt man dabei noch zusätzlich, dass auch diese Leichenbegutachtungen nicht selten oberflächlich oder gar nur aus der Ferne durchgeführt werden, wird wohl jedem die Dimension bewusst. *Eine Abschaffung der Kremationsleichenschau käme somit einem amtlichen Verzicht auf die Aufklärung einer großen Zahl rechtsrelevanter Todesfälle sowie einer endgültigen Vernichtung entsprechender Beweismittel gleich*, formulieren die Experten in Auswertung ihrer Studie. Abschaffen darf schon deshalb nicht die Devise sein.

Der Taugenichts

Warum Ärzte mitunter zu bequem sind

Der Tod des vierundachtzigjährigen Rentners Joseph Berlinger* wäre der Lokalzeitung in der baden-württembergischen Kreisstadt in der Nähe von Ulm sicher einen Aufmacher wert gewesen. Und der Artikel hätte – wäre er erschienen und wäre dazu die ganze Wahrheit über das Ableben des Alten herausgekommen – sicher für allerlei Gesprächsstoff im Ort gesorgt. Bei der älteren Bevölkerung für Erschütterung auch, für ängstliche Gedanken daran, wie gefährlich es doch war, im Alter allein zu leben, und dass es so etwas zu ihrer Zeit nicht gegeben hätte. An den Stammtischen wäre wild gestikuliert und spekuliert worden. Und vermutlich wäre jedes Gespräch verstummt, wenn die Verwandten des Verstorbenen den kleinen Lebensmittelladen betreten hätten, in dem sie schon seit Jahren einkauften. Es hätte eine Art Ausnahmezustand geherrscht in den Köpfen der Menschen. Für zwei, drei Tage bestimmt. Vielleicht auch für eine Woche. Denn solche Todesfälle waren hier schließlich nicht an der Tagesordnung.

Doch dieses Szenario trat nicht ein. Die für den Regionalteil zuständigen Redakteure erhielten nicht einmal Kenntnis vom Tod des Rentners. Lediglich bei der Anzeigenabteilung des Blattes ging eine Information ein. Sie war unverdächtig und verbunden mit dem kostenpflichtigen Auftrag zu Veröffentlichung einer Todesanzeige. Der Todesfall fiel sozusagen durchs Rost. Weil niemand erkannte, dass er eine Besonderheit in sich barg.

Der Hausarzt von Joseph Berlinger war der Erste, der das hätte erkennen können. Er wurde an einem Sonntag im April 1995 in die Wohnung seines Patienten gerufen, den er über lange Jahre betreut hatte. Deshalb kannte er sich aus mit dem Gesundheitszustand des Mannes, der nun in so merkwürdiger Pose vor ihm lag. Er hatte wohl auch die Krankenakten eingesteckt, um ganz sicherzugehen. *Asthma* war da eingetragen und *Herzinsuffizienz*. Außerdem wusste er, dass der Kranke schwach auf den Beinen war und kaum noch die Kraft und den Willen besaß, das Haus allein zu verlassen.

Berlingers Schwägerin, die ihn entdeckte, als sie ihn wieder einmal besuchen wollte, hatte ihn so vorgefunden. Sie hatte nichts an seiner Lage verändert, vermutlich, weil ihr auf den ersten Blick klar war, dass er nicht mehr unter den Lebenden weilte. Sie hatte wohl schnell erkannt, dass es keinen Sinn ergab, noch etwas für ihn zu tun. Die Leichenstarre hatte bereits eingesetzt, die Haut des Mannes sich marmorfarben-bläulich verfärbt. Mit einer stabilen Seitenlage wäre ihm so wenig geholfen gewesen wie mit einer Mund-zu-Mund-Beatmung oder einer Herzdruckmassage. Also ließ sie alles so, wie es war, als sie seine Wohnung betreten hatte.

Joseph Berlinger lag auf dem Fußboden seiner Küche. Das heißt, eigentlich saß er auf einem Stuhl, aber eben nicht so, wie man das üblicherweise tut. Der starre Körper hatte zwar die Sitzposition eingehalten, der Stuhl jedoch war samt Leiche nach hinten übergekippt, sodass die Lehne waagerecht auf dem Boden lag, darauf der Rücken des Mannes, sein Unterteil hielt sich auf dem Sitz, die Beine hingen im spitzen Winkel dazu zwischen den Stuhlbeinen herunter.

Eine zumindest ungewöhnliche Stellung für einen Toten, würde ein Laie befinden. Der Hausarzt tat das nicht. Er wunderte sich nicht so sehr darüber. Wie er sich diese Lage erklärte, ist schwer nachzuvollziehen. Vielleicht nahm er an, sein Patient habe sich kraftlos auf den Stuhl plumpsen lassen, sei dabei überraschend umgekippt und als Folge dessen einem Herzinfarkt erlegen. Er könnte aber auch die umgekehrte Variante für möglich gehalten haben: Erst der todbringende Herzaussetzer, dann das vergebliche Mühen, mit letzter Kraft Halt auf dem Stuhl zu finden. Welche Möglichkeit er gedanklich auch favorisierte, sie genügte ihm auf jeden Fall, um seinem Patienten guten Gewissens ein natürliches Ableben zu bescheinigen. In seiner Auffassung wurde er dann auch von dem Bestatter bestärkt, der kurze Zeit später eintraf. Dieser war ein erfahrener Mann, seit Jahrzehnten im Metier tätig, der jedes Jahr um die eintausend Todesfälle erledigte. Auch er sah keinerlei Anhaltspunkte für einen unnatürlichen Tod. Wohl aber schätzte er den Eintritt des Todes auf einen wesentlich früheren Termin als der Mediziner. War dieser von einer Sterbezeit gegen sieben Uhr dreißig des Tages ausgegangen, glaubte der Leichenmann, dass Berlinger bereits vor mehr als zwölf Stunden verstorben sein musste, also schon am Abend des vorherigen Tages.

Für diese Schätzung, die sich später als richtiger erweisen sollte, bemühte er sein Wissen über die so genannten sicheren Zeichen des Todes – und wie deren jeweiliger Ausprägungsstand zu werten ist, welche Rückschlüsse er auf den Todeszeitpunkt erlaubt. Am ehesten sind Totenflecken an der Leiche zu bemerken. Sie treten bereits nach zwanzig bis dreißig Minuten auf, hervorgerufen durch die Hypostase, die Blutsenkung. Dabei fließt das Blut – der Schwerkraft folgend – in die am tiefsten liegenden Körperpartien. Dort wiederum füllen sich die Kapillargebiete der Haut, das sind feinstverzweigte Blut- und Lymphgefäße, mit Blut – grauviolette Totenflecke entstehen. Allerdings können auch andere Farbtönungen auftreten, zum Beispiel wenn eine Leiche längere Zeit in der Kälte liegt. Dann erscheinen die Flecken hellrot. Zu einer deutlich dunkleren Färbung kommt es umgekehrt, wenn der Leichnam entsprechend warm gelagert wurde. Nach dreißig Minuten beginnt die Totenstarre des Herzens. Spätestens nach einer Stunde sind die Totenflecken in Farbe und Häufigkeit deutlich ausgebildet. Etwa nach dieser Zeit sind dann auch Hornhauttrübungen in den Augen festzustellen, allerdings nur, wenn diese geöffnet sind. Bei geschlossenen Lidern dauert dieser Vorgang zirka vierundzwanzig Stunden. Außerdem ist eine fühlbare Abkühlung der Füße, Hände und des Gesichts auszumachen. Nach vier bis fünf Stunden hat sie den gesamten Körper erfasst. Da an seiner Oberfläche Wasser verdunstet, ihm also Wärme entzogen wird, sinkt seine Temperatur sogar unter die der Umgebung ab. Als Richtwert wird angenommen, dass eine Leiche je Stunde um etwa ein Grad Celsius erkaltet. Etwa zwei bis vier Stunden dauert es, ehe die Totenstarre, das zeitlich nächste Zeichen des Todes, eintritt. Sie beginnt nach dem Herzen meist am Kiefergelenk und dehnt sich innerhalb von noch mal zwei bis vier Stunden über den kompletten Leichnam aus. Hervorgerufen wird sie durch die Verhärtung und das Zusammenziehen aller Muskeln. Ist sie vollständig ausgeprägt, kann die Leiche am Kopf oder an den Füßen hochgehoben werden, ohne dass sie sich verbiegt. Nach etwa zwei Tagen löst sie sich wieder. Neben diesen, oft schon von Laien erkennbaren Merkmalen des Todeseintritts, verweist Otto Prokop, zu Lebzeiten Direktor des Instituts für Gerichtliche Medizin in Berlin, in seinem Standardwerk *Forensische Medizin* auf andere. Er beschreibt Fäulnisbildung, die gewöhnlich nach zwei Tagen mit einer grünen Verfärbung der Bauchhaut beginnt, und Autolyse, den Abbau von Körpereiweiß durch frei gewordene Zellenzyme, und die Vertrocknung, die bei den Lippen einsetzt und zu braun-roten Verfärbungen und lederartiger Haut führt. Schließlich wendet er sich dem Tierfraß zu, der gelegentlich zu Verätzungsspuren und anderen Verletzungszeichen führt – und unerfahrene Mediziner häufig auf eine falsche Fährte.

In der Küche von Joseph Berlinger jedoch schien die Sache ziemlich klar. Arzt, Bestatter und die Schwägerin des Verstorbenen einigten sich schnell darauf, dass es überflüssig sein würde, die Polizei zum Fundort der Leiche zu bemühen. Hier lag ein natürlicher Todesfall vor, kein Grund also, polizeiliche Ermittlungen in Gang zu setzen. Man brauchte sich ja nur in der Wohnung umzusehen: nichts Verdächtiges! Sie war aufgeräumt, so wie es bei einem gebrechlichen Mann, der im Wesentlichen sich selbst überlassen war, sein konnte. Weder waren die Schränke in der Küche durchwühlt noch das Bettzeug vom Schlafplatz gerissen. Auf dem Tisch standen sogar noch die übliche Tagesration an Bierflaschen und ein benutzter Aschenbecher. Berlinger hatte bevorzugt Selbstgedrehte geraucht, schon weil diese billiger waren. Sparen war eine Leidenschaft von ihm. Die Verwandten und die Nachbarn im Haus behaupteten sogar, er sei ein richtiger Geizhals gewesen. Neben dem Essen, welches ihm von der Cousine seiner verstorbenen Ehefrau gebracht wurde, gönnte er sich noch vier bis fünf Flaschen preiswertes Bier am Tag, mehr angeblich nicht.

Lediglich der umgestürzte Stuhl durchbrach nun das Bild eines friedlich geordneten Haushalts. Und dafür gab es ja eine Erklärung. Selbst die Tatsache, dass der alte Mann üblicherweise jeden Abend seine Wohnung von innen abschloss, bevor er sich gegen acht schlafen legte, seine Tür an diesem Tag aber nicht zugeriegelt war, bogen sich die Beteiligten so zurecht, dass sie keine Auffälligkeit darstellte. Es konnte ja auch tatsächlich immer eine Ausnahme geben. Wer hatte vorher schon regelmäßig geprüft, ob es tatsächlich an dem war, ob er sie wirklich jeden Abend verschloss?

Eines allerdings hätte wenigstens der Schwägerin auffallen sollen. Womöglich nicht sofort, denn wenn ein naher Verwandter stirbt und man sich um die Beerdigung kümmern und den ganzen Papierkram erledigen muss, hat man den Kopf voll genug. Keine Nerven für Kleinigkeiten. Hätte sie aber nicht später, nachdem die erste Hektik vorbei war, spätestens bei der Auflösung des Haushalts, darauf stoßen müssen? Joseph Berlinger war, wie erwähnt, ein überaus sparsamer Mensch. Und das, obwohl er es auf seine alten Tage gar nicht nötig hatte. Nur einmal hatte er sich unerwartet großzügig gezeigt. Als er nach dem Tod seiner Ehefrau das Mehrfamilienhaus, in dem er das Obergeschoss bewohnte, an eine allein stehende Mieterin verschenkte. Ob er sich damit die Zuneigung der fünfundvierzig Jahre jüngeren Frau ergattern wollte oder sie nur so reichlich bedachte, weil sie eine Verwandte seiner verstorbenen Frau war – diese Unklarheit sorgte im Haus stets für Gerüchte. Der wahre Grund, der ihn zu diesem Schritt bewogen hatte, blieb ein Geheimnis, das er mit ins Grab nahm.

Wenngleich der alte Herr der jungen Frau das Haus großzügig vermacht hatte, erbat er sich im Schenkungsvertrag nicht nur lebenslanges Wohnrecht aus, sondern auch ein Nießbrauchsrecht, welches verlangte, dass sie ihm eine – wenn auch sehr geringe – monatliche Miete zahlte. Auch den Obolus, den die Familie, die ebenfalls noch im Haus wohnte, monatlich zu entrichten hatte, kam ihm zu. Obwohl auf diese Weise nur 550 Mark zusammenkamen, bestritt er davon die Kosten seines täglichen Lebensunterhalts. Da er sich kaum mehr als das Bier und den Tabak für die Selbstgedrehten gönnte, konnte er von diesem Geld sogar noch etwas beiseite legen. Mit der Zeit hatte er auf diese Weise fast 3000 Mark gespart. Diese Summe bewahrte er in einem Schubfach des Küchenschranks auf, manchmal deponierte er es auch im Schlafzimmer. Seine monatliche Rente, die er auf ein Girokonto überwiesen bekam, rührte er nicht an. Dabei war er nicht nur durch diese Ersparnisse abgesichert. Neben dem verschenkten Haus besaß er noch eine zweite Mietimmobilie in der Stadt.

Das gesparte Geld in den Tiefen des Küchenschranks war es auch, das die Verwandten nach seinem Tod hätte stutzig machen müssen. Vor allem die Schwägerin, die jahrelang seine finanziellen Angelegenheiten erledigt hatte und von diesem kleinen Gelddepot wusste. Die 3000 Mark waren plötzlich nicht mehr aufzufinden, nicht in der Küche und auch nicht im Schlafzimmer – in der gesamten Wohnung nicht. Ausgegeben haben konnte er sie aber auch nicht, weil er aufgrund seiner Gebrechlichkeit schon lange nicht mehr in der Lage war, das Haus zu verlassen.

Das Leben und der Bewegungsradius des alten Mannes waren sehr überschaubar. Er stand jeden Tag gegen acht Uhr auf. Er verrichtete die Morgentoilette, kleidete sich an und schloss die Wohnungstür auf. Viel mehr passierte dann aber auch nicht. Meist saß er den ganzen Tag über auf seinem Stuhl am Küchentisch, rauchte, sah fern und trank sein Bier. Mittags kam die Cousine mit dem Essen und den Einkäufen vorbei, die sie für ihn erledigte, nachmittags zwei- bis dreimal die Woche die Schwägerin. Nur gelegentlich schauten ein Bekannter oder ein Nachbar aus dem Haus auf ein Bier vorbei. Das verkürzte dann die Zeit bis zum Schlafengehen. In der Regel war es zwanzig Uhr, wenn Joseph Berlinger sich für die Nacht rüstete. Ehe er zu Bett ging, schloss er die Wohnungstür wieder ab.

Wie also sollte da das Geld verschwunden sein? Ein geiziger Kauz wie er würde eine solche Summe nicht einfach verschenken.

Nur einer konnte sich an das Geld herangemacht haben: Bernd Wengler*, ein junger Mann, der zur Untermiete bei der Hauseigentümerin wohnte. Er war am Abend vor Berlingers Tod bei ihm gewesen. Und der letzte Besuch, den der Rentner empfangen hatte. Nur war dieser eben auch der Einzige, der außer Wengler von diesem Treffen wusste. Und nun war er tot – und der junge Mann, der der wichtigste Zeuge gewesen wäre, weit weg.

Als Berlingers Leiche an jenem Sonntag im April entdeckt wurde, befand sich Bernd Wengler bereits auf dem Weg nach Marokko. Er hatte diese Reise seit längerem geplant. Eigentlich seitdem er das afrikanische Land nach seinem letzten Urlaub in der dritten Märzwoche verlassen hatte. Es war sein dritter Aufenthalt dort gewesen seit dem vergangenen November. Für diese ungewöhnliche Reiselust gab es einen Grund. Während seines ersten Trips hatte er eine junge Marokkanerin kennen gelernt. Sie nannte sich Fatima. Obwohl *kennen lernen* die falsche Bezeichnung für ihre flüchtige Liaison sein dürfte. Sie war jung und hübsch und sie lächelte ihn an, als würde sie verstehen, was er ihr in seiner Verliebtheit entgegenhauchte. Dabei gab es schätzungsweise kaum mehr als ein Dutzend Vokabeln, über deren Bedeutung sich beide im Klaren waren. Selbst wenn sie Hände und Füße, Mimik und Gestik bemühten, wie Dolmetscher in ihre Gespräche aufnahmen, um sich einander verständlich zu machen, dürfte es für eine inhaltsträchtige Konversation kaum gelangt haben. Aber vielleicht war das dem jungen Deutschen auch gar nicht so wichtig. Vielleicht rechnete er damit, dass sich Unzulänglichkeiten dieser Art lösen ließen. Vielleicht glaubte er wirklich daran, die Angebetete eines Tages heiraten und mit nach Deutschland nehmen zu können.

Was in seinem Kopf auch vorging, Vernunft spielt dabei keine Rolle. Er war so vernarrt in sie, dass er – obwohl arbeitslos und keinen Pfennig auf der Bank – alles in Bewegung setzte, um sie so häufig wie möglich zu besuchen. Bei seiner letzten Tour hatte er sich dann dermaßen verkalkuliert, dass ihm plötzlich kein Geld mehr für die Rückreise geblieben war. Erst nachdem ihm eine Freundin auf seinen Hilferuf hin vierhundert Mark per Blitzüberweisung zukommen ließ und ihm damit aus der Patsche half, konnte er sie doch noch antreten.

Da Wengler auf die Stippvisiten bei seiner afrikanischen Schönheit aber auch danach nicht verzichten wollte, sann er nach einer Möglichkeit, wie er die Reisen in Zukunft finanzieren konnte. Seine Gedanken kreisten um dieses marokkanische Mädchen wie um einen Schatz auf dem Meeresgrund, den er zu bergen wünschte, ohne über die notwendige Ausrüstung zu verfügen. Er ging ja nicht einmal einer geregelten Arbeit nach. Und die paar Mark, die er mit kleinen Hilfsjobs als Handwerker schwarz verdiente, reichten bei weitem nicht aus. Doch er wollte zu Fatima, sie sollte seine Frau werden. Dafür war er bereits zum mohammedanischen Glauben übergetreten und hatte sich von den Behörden ein Papier ausstellen lassen, an dessen Kopf so etwas wie *Ehefähigkeitszeugnis* stand.

Mag sein, dass Bernd Wengler zu einer Eheschließung in der Lage gewesen wäre, andere Fähigkeiten ließen bei ihm jedoch zu wünschen übrig.

Was hatte dieser Bernd Wengler bis dahin überhaupt in seinem Leben auf die Reihe bekommen? Gab es etwas, dessen er sich – kurz vor seinem dreißigsten Geburtstag – rühmen konnte? Wohl kaum. Dabei war es nicht allein sein Verschulden, dass er sich in diesem Frühjahr in einer so prekären Situation befand, dass er vermutlich selbst schon die Orientierung verloren hatte und beständig von einer Pleite in die nächste schlitterte. Das Leben hatte es nicht gut gemeint mit ihm. Ja, dieser Satz klingt banal, ein bisschen mitleiderregend auch, so, als wollte er uns sagen: Seht euch diesen Jungen an, diesen armen Kerl, vom Schicksal gebeutelt. Verurteilt ihn nicht gar so hart, zeigt ein Herz, er hatte doch nie einc reelle Chance. Und damit liegt man dann auch gar nicht so verkehrt. Vermutlich konnte der junge Mann nur da ankommen, wo er jetzt gelandet war, wie ein Langstreckenläufer auf einer vorgezeichneten Strecke. Denn in all den Jahren zuvor hatte ihm niemand mitgegeben, wie man sein Leben selbst in die Hand nimmt.

Zuerst waren es seine Eltern, die versagten. Sie ließen sich scheiden, als er gerade ein Jahr alt war. Der Vater verschwand, ließ ihn mit seiner Mutter und zwei Geschwistern sitzen und zeigte nie wieder Interesse an einem Kontakt zu ihnen. Wengler hat seinen Erzeuger auch später nie kennen gelernt. Das Leben bei der Mutter verlief eher beschränkt. Weil sie die Kleinen versorgte, konnte sie keiner geregelten Arbeit nachgehen. Die vier lebten von spärlicher Sozialhilfe. Um diese ein wenig aufzubessern, ging die Mutter stundenweise als Putzfrau. Bald wuchsen ihr Versorgung und Erziehung der Kinder über den Kopf, das Jugendamt schaltete sich ein, brachte die Kinder schließlich in unterschiedlichen Pflegefamilien unter. Bernd kam zu einer im Nachbarort. Dort musste er sich plötzlich dem Willen fremder Menschen fügen und sich gegen fünf andere Kinder durchsetzen, die ebenfalls in dem Haushalt lebten. Die Pflegemutter ging nicht gerade zimperlich vor, wenn es darum ging, den Kindern Anstand beizubringen. Schläge galten als adäquates Mittel zur körperlichen Züchtigung des außerfamiliären Nachwuchses.

Für den kleinen Bernd blieb es nur eine Zwischenstation. Nach zwei Jahren brannte das Anwesen der Familie ab – und der Junge, inzwischen elf Jahre alt, wurde in eine andere Pflegefamilie verfrachtet. Wieder entpuppte sich die Auswahl des Jugendamtes nicht gerade als Glücksgriff. Schon deshalb nicht, weil für den Jungen nach zwei weiteren Jahren erneut ein Umzug anstand. Diesmal lag es an den Ersatzeltern, sie ließen sich scheiden. Als nächste Station wählten die Behörden ein Kinderheim. Hier blieb er bis zu seinem achtzehnten Lebensjahr, absolvierte die Hauptschule und eine Ausbildung als Landwirt. Dann, nach den Wirren seiner letzten Kinderjahre, zog es ihn zurück zu seiner Mutter. Doch der Versuch einer Annäherung, auf den es der junge Mann abgesehen hatte, scheiterte. Jetzt suchte er die Nähe einer acht Jahre älteren Frau, in die er sich als Siebzehnjähriger verliebt hatte.

Mit ihr lebte er fast neun Jahre lang zusammen, in eheähnlicher Gemeinschaft, wie es so schön heißt. Doch die Bezeichnung klang besser, als es in der Wirklichkeit lief. Von Harmonie und geordneten Verhältnissen befand sich diese Beziehung meilenweit entfernt. Seine Partnerin hatte bereits zwei Kinder, um die sie sich so sehr sorgte, dass immer wieder Mutter und Schwester einspringen mussten. Auch Wengler, der in seinem Leben bisher nur Gefühlskälte und Chaos erlebt hatte, legte es nicht gerade auf ein geordnetes Dasein an. Vielleicht vermochte er das gar nicht. Woher hätte er auch wissen sollen, wie das überhaupt ist? Jedenfalls brachte er es nicht fertig, für einen längeren Zeitraum einer Arbeit nachzugehen. Begann er als Hilfsarbeiter in einer Möbelfirma, wechselte er später als Kraftfahrer zu einer Spedition, um sich anschließend als Kranführer, Schweißer und Gelegenheitsarbeiter durchzuschlagen. Sogar als selbständiger Transportunternehmer versuchte er es, auch als Reifenmonteur, Lagerarbeiter, ehe er tageweise als Gipser und Lackierer aushalf.

Obwohl er auf diese Weise kaum über ein regelmäßiges Einkommen verfügte und auch nicht mit einer üppigen Erbschaft belohnt wurde, verschleuderte er das Geld mit beiden Händen. Kaum zweiundzwanzig Jahre alt, standen schon 30000

Mark Schulden für ihn, oder besser gegen ihn zu Buche. Drei Jahre später hatte sich der Betrag verdoppelt, 1994 waren es schließlich 70 000 Mark. Daran war jedoch nicht nur sein verschwenderisches Leben schuld, sondern auch eine ganze Reihe von Straftaten, für die er in der Regel Geldstrafen kassierte. Das ging schon früh bei ihm los. Mit dreizehn stand er das erste Mal wegen Diebstahls vor einem Richter, seitdem in beinahe regelmäßigen Abständen von ein, zwei oder drei Jahren. Die Delikte wurden verwerflicher, die Strafen höher. Aber erst als er sich im Juni 1994 wegen Diebstahl und versuchter Erpressung zu verantworten hatte, griffen die Juristen erstmals wirklich durch. War er bisher mit Geld- und Bewährungsstrafen davongekommen und hatte er sich jeweils einen feuchten Kehricht darum geschert, musste er diesmal in ein Gefängnis einrücken.

So standen die Dinge also, als Wengler, inzwischen fast dreißig, mal wieder gehörig in der Bredouille steckte. Kaum aus der Haft entlassen, war er nach Marokko gereist und hatte sich in diese Fatima verguckt. Er reiste und reiste, brauchte Geld – und hatte keines. Es reichte vorn und hinten nicht. Auch bei seiner Vermieterin – ihm aus irgendwelchen Gründen noch immer wohl gesonnen – waren inzwischen über 2600 Mark Mietschulden angefallen.

Und nun war er der letzte Mensch gewesen, der Joseph Berlinger lebend gesehen hatte, noch dazu in dessen Wohnung, in der Küche, in der man die Leiche des alten Mannes gefunden hatte. Wenn das kein Verdachtsmoment gegen die Vermutung war, dass sich der alte Herr im Moment des Todes selbst mit seinem Stuhl in diese ungewöhnliche Lage manövriert hatte. Aber wer hätte darauf kommen sollen? Dazu wäre wohl nur die Polizei imstande gewesen, aber die informierte ja niemand.

So einfach kann ein perfektes Tötungsverbrechen also sein. Es hatte dem Täter nicht einmal besondere Mühe abverlangt.

Er hatte sich vorher nicht hingesetzt und überlegt, wie es am geschicktesten zu bewerkstelligen ist. Er hatte sich auch keine Liste mit Varianten angelegt, deren Effektivität er gegeneinander abzuwägen gedachte. Nicht einmal für eine Waffe hatte er sich entschieden. Nichts an seinem Tun war vorher geplant. Er hat nicht darauf geachtet, dass ihn niemand sieht. Er hat auch keine Handschuhe übergestreift, um Spuren zu verhindern. Er hat keine Maske aufgesetzt und sich auch keinen Trick ausgedacht, um in die Wohnung des alten Mannes zu gelangen. Er ist einfach zu ihm gegangen, an diesem zweiten Samstag im April 1995. Kurz nach achtzehn Uhr fünfzehn muss das gewesen sein, vermutlich, denn zu diesem Zeitpunkt beendete eine Verwandte Berlingers ihren Besuch und verließ das Haus. Auf jeden Fall aber bevor der Rentner seine Wohnungstür zusperrte. Er ist zu ihm gegangen, hat sich mit an den Küchentisch gesetzt und mit ihm geplaudert. Worüber sie sprachen und was im Anschluss daran passierte, in welchem Moment die Situation eskalierte, konnte bis heute nicht hundertprozentig aufgeklärt werden. Fest steht nur, dass Joseph Berlinger in dieser merkwürdigen Haltung mit seinem Stuhl am Boden lag, als der junge Mann dessen Wohnung wieder verließ.

Ob er zu diesem Zeitpunkt noch lebte und ob er zu retten gewesen wäre, wenn man gleich einen Arzt gerufen hätte, ist hingegen ungewiss. Aber wiederum auch sehr unwahrscheinlich, denn Bernd Wengler konnte nicht daran gelegen sein, dass der alte Mann überlebt. Er war ihm an die Kehle gegangen, um ihm sein gespartes Geld entwenden zu können, die 3000 Mark, die er im Küchenschrank aufbewahrt hatte. Und so ging er nach ein paar Minuten noch einmal zurück in die Wohnung, um sich zu vergewissern. Er drückte mit einiger Kraft auf den Brustkorb des am Boden Liegenden und erlebte, wie die letzte Luft hörbar aus dem Körper entwich. Es war ein Zeichen aus dem Jenseits. Jetzt erst konnte er sicher sein.

Ein Jahr und fast fünf Monate lang. Am 27. August 1996 wurde auf richterliche Anordnung die Leiche von Joseph Berlinger, die auf dem Friedhof seiner Heimatstadt beerdigt lag, exhumiert. Am Morgen danach gingen die Rechtsmediziner der Universität Ulm in aller Frühe daran, den noch recht gut erhaltenen Körper zu sezieren. Auf Grund der örtlichen Bodenverhältnisse, die dafür gesorgt hatten, dass nur wenig Sauerstoff zur Leiche gelangte, befand sich der Verwesungsprozess noch im Anfangsstadium. Das erleichterte die Arbeit der Mediziner. Sie konnten die Obduktion lehrplanmäßig durchführen. Besonderes Augenmerk legten sie auf innere Verletzungen, die eventuell durch Erdrosseln, Erwürgen oder Ersticken hervorgerufen werden. Tatsächlich bestätigte sich der Verdacht. Die Leiche wies *einen vollständigen Querbruch des linken Zungenbeinastes* auf, hieß es im Gutachten, dazu *eine reiskorngroße Absprengung am Ringknorpel links* und *einen kleinen Einriss in der zwischen Ringknorpel und erster Luftröhrenknorpelspange ausgebildeten Membrane*. Eine Diagnose also, die deutlich dafür sprach, dass Joseph Berlinger keineswegs eines natürlichen Todes gestorben war. Der leichenschauende Arzt und auch der Bestatter hatten sich geirrt.

Was den Arzt betrifft, so war dieser offensichtlich nicht gerade bestrebt gewesen, der Sache auf den Grund zu gehen. Er hatte den Totenschein ausgefüllt, ohne den Leichnam sorgfältig untersucht zu haben. Es ist davon auszugehen, dass er die Leiche nicht einmal entkleidete, wie es die Vorschrift eigentlich von ihm verlangte. Sonst hätte er durchaus auch äußere Spuren von Gewalt am Körper entdecken können, die eindeutig gegen seine Diagnose eines natürlichen Todes sprachen. Würgemale oder Drosselmarken am Hals etwa.

Wieder einmal mussten die Gerichtsmediziner den Patzer

eines Kollegen ausmerzen. Sie kamen zu der Erkenntnis, dass der Rentner durch eine *punktuelle Gewalteinwirkung gegen den Hals* verstorben war. Demnach hatte Bernd Wengler den Alten, während dieser auf seinem Stuhl saß, von hinten mit der Armbeuge in einen so genannten Schwitzkasten genommen. Der Kehlkopf seines Opfers muss sich dabei direkt in seiner Armbeuge befunden haben. Wengler drückte zu, so kraftvoll, dass er den Zungenbeinast brach und der Rentner das Bewusstsein verlor. Erst dann ließ er locker, stellte sich vor den Stuhl und griff seinem Opfer mit der geöffneten Hand an die Halsvorderseite, drückte erneut zu und stieß ihn dann nach hinten, sodass er mit dem Stuhl umkippte und reglos liegen blieb. Anschließend machte sich Wengler nicht einmal die Mühe, eventuelle Spuren zu verwischen. Er hätte den alten Mann ausziehen und in sein Bett legen können. Dann hätte er eher darauf vertrauen können, dass seine Tat unentdeckt bleibt. Darauf, dass der Hausarzt so oberflächlich zu Werke geht, kann er kaum spekuliert haben. Aber auch so konnte er sich ja lange Zeit in Sicherheit wiegen.

Und es hätte wahrscheinlich auch niemals jemand von seiner Tat erfahren, würde er, der ewige Verlierer, in seinem Übermut nicht selbst dafür gesorgt haben. Denn zur Exhumierung der Leiche und zu den polizeilichen Ermittlungen kam es nur, weil er vor einem Freund und seiner Frau damit geprahlt hatte.

Das Feuer für Fatima war dann übrigens doch recht schnell erloschen gewesen. Stattdessen hatte er eine Ungarin geheiratet, die zwar der deutschen Sprache mächtiger war, der jedoch weniger an einem liebevollen Gatten als viel mehr an einer deutschen Aufenthaltsgenehmigung gelegen war. Als Wengler, der tatsächlich nie etwas auf die Reihe bekam oder erst zu spät, dies merkte und die Dame mitten in der Nacht aus der Wohnung komplimentierte, wandte diese sich erst an ihren Liebhaber – und dann an die Polizei …

Und so gelangte der Todesfall Joseph Berlinger – mit einiger Verspätung zwar – doch noch in die Zeitung. Der Berichterstattung wurde gebührend Platz eingeräumt. Nicht nur die lokale Presse interessierte sich dafür. Einige Journalisten erschienen sogar zum Prozess. Bernd Wengler wurde im März 1997 nach nur drei Verhandlungstagen im Namen des Volkes zu einer Freiheitsstrafe von dreizehn Jahren verurteilt. Er hatte sich des Verbrechens des Totschlags schuldig gemacht.

Das kalte Versteck

Warum Kinder für immer verschwinden können

Das Urteil, das am 8. März 2000 vor dem Landgericht in einer sächsischen Stadt verkündet wurde, fiel ungewöhnlich knapp aus. Sechseinhalb DIN-A4-Seiten – mehr Papier bedurfte es für die Niederschrift nicht. Dabei wäre eine Menge zu sagen gewesen in dem Prozess gegen Anja Kahlig*. Über ihre Motive zum Beispiel und darüber, wie man es als Mutter übers Herz bringt, die eigenen Kinder zu töten. Drei Mal hatte die Achtundzwanzigjährige einen verhängnisvollen Pakt mit dem Tod geschlossen, im Sommer 1993, im Frühjahr 1995 und im Mai 1999 noch einmal, jeweils im Badezimmer ihrer Wohnung, nur Minuten nach der heimlichen Geburt.

Ihr erstes Opfer wäre ein gesunder Junge geworden, hätte sie ihm nicht die Nabelschnur um den Hals geschlungen und ihn erdrosselt. Dem zweiten Jungen stopfte Anja Kahlig ein Papiertaschentuch in den Rachen, so fest, dass er erstickte. Bei dem dritten Baby handelte es sich um ein Mädchen. Es starb, weil die Mutter ihm einen ihrer Schlüpfer in den Hals steckte. Viel mehr war aber nicht herauszubekommen, denn die Angeklagte schwieg.

Meine Mandantin räumt den ihr zur Last gelegten Sachverhalt in objektiver und subjektiver Sicht vollumfänglich ein, trug stattdessen ihr Verteidiger in reichlich steifem Juristendeutsch vor. Emotionen schienen dem Rechtsanwalt fehl am Platz. Er ahnte wohl, dass die Taten nicht zu rechtfertigen sein würden. Niemand wäre bereit gewesen, eine Erklärung hinzunehmen. Ein Motiv, das überzeugend geklungen hätte, hatte die Angeklagte auch gar nicht vorzuweisen. Ihr Mann, mit dem sie bereits zwei Kinder in die Welt gesetzt hatte, habe keine mehr gewollt, lautete der klägliche Versuch einer Rechtfertigung, den sie in einer früheren Polizeivernehmung unternommen hatte. Aber selbst wenn das tatsächlich der Grund gewesen sein möge, hätte es andere Möglichkeiten gegeben. Warum also? Und warum so oft? Warum keine wirksame Verhütung? Warum keine Abtreibung zur rechten Zeit? Warum keine Adoption? Nichts von dem wurde erhellt in einem Verfahren, dass nur einen Tag in Anspruch nahm.

Vielleicht verbergen sich im Lebenslauf der jungen Frau Auskünfte, die ihr Handeln erklären. Anja Kahlig hatte ihren Mann kennen gelernt, da war sie fünfzehn. Auf einer Klassenreise. Zwei Jahre später bekam sie das erste Kind von ihm, einen Sohn. Sie musste die Konditorlehre abbrechen. Als sie neunzehn war, kam eine Tochter zur Welt. Ein Jahr darauf schritten die jungen Eltern vor den Traualtar, nicht weil sie ihre Liebe als unerschütterlich und vollkommen empfanden, sondern weil die Kinder da waren und die Schwiegereltern es so wollten. Eine gute Ehe war es wohl nie gewesen, eher eine Zweckgemeinschaft. Während Anja Kahlig die Kinder versorgte und im Haushalt wirtschaftete, schaffte ihr Mann das Geld heran. Viel war es nie, aber es reichte, auch wenn er einen Teil regelmäßig in seiner Stammkneipe durchbrachte. Seiner Frau kann das nicht behagt haben, so wenig wie sie mochte, dass er betrunken nach Hause kam. Aber sie rebellierte nicht, sie fügte sich ihrem Schicksal. Und stand plötzlich ganz allein da, als sie wieder schwanger war und keinen Rat mehr wusste. Sie wusste nur, dass sie kein Kind mehr bekommen durfte. So hatte es ihr Mann ihr eingetrichtert.

Die dritte, die vierte und die fünfte Schwangerschaft seien dann auch wie eine Krankheit über sie gekommen, schrieb damals Gerichtsreporterin Gisela Friedrichsen, die den Fall für den *Spiegel* verfolgte. *Sie geht damit auch um wie mit einer Krankheit. Sie wehrt sich dagegen, es ist wie Notwehr. Sie gebiert im Badezimmer, allein, ohne Hilfe. Sie weiß noch nicht einmal, ob das, was sie da gebiert, ein Junge oder ein Mädchen ist. Sie schaut es nicht an* … Erklären aber kann auch das es nicht.

Und da ist dann noch eine andere Sache, die sprachlos macht: Zwei der Kindstötungen wären zu verhindern gewesen. Wenngleich auch das bedauerlicherweise vor Gericht keine Rolle spielte, ist eine gewisse Mitschuld der Polizei kaum zu verleugnen. Denn sie hat sich in diesem Fall wahrlich nicht mit Ruhm bekleckert. Sogar ziemlich stümperhaft haben sich die Beamten angestellt. Mag ja sein, dass sie es mitunter mit ganz gerissenen Tätern zu tun und kaum eine Chance haben, denen auf die Schliche zu kommen. Dass sie von diesen an der Nase herumgeführt werden, ohne dass sie einen Vorwurf verdienen. Das kann durchaus vorkommen. Bei Anja Kahlig war das allerdings nicht der Fall. Sie ist eine einfache Frau von bescheidener Intelligenz. Sie lebte in einer überschaubaren Umgebung, in einem kleinen 2000-Seelen-Ort im Vogtland, wo sie viele kannten und viele etwas über sie zu berichten wussten.

Trotzdem haben es die Ermittler verpasst, sie nach ihrer ersten Tat dingfest zu machen, um weitere zu verhindern. Und das, obwohl sie Hinweise genug erhielten, damals im Frühjahr 1993, kurz nachdem sie den ersten Jungen getötet hatte. Schließlich fällt es in einer Gemeinde von dieser Größe leicht auf, wenn jemand monatelang schwanger geht, dann aber kein Kind zur Welt gebracht haben will, obwohl der Bauch plötzlich weg ist. Zwar sind die Polizisten daraufhin bei der Familie angerückt, haben Haus und Garten durchsucht, sogar eine Güllegrube leer pumpen lassen – den Leichnam eines Neugeborenen fanden sie jedoch nicht. Als ihnen Anja Kahlig dann noch erklärte, dass sie unter Blutschwämmchen leiden würde, die ihren Bauch anschwellen lassen, von Zeit zu Zeit beim Stuhlgang aber abgehen, ließen sie die Angelegenheit auf sich beruhen.

Man muss sich das einmal auf der Zunge zergehen lassen: Da bekommen Polizisten einen so konkreten Tipp, wie es nur selten der Fall ist ... Und was tun sie? Sie lassen es nach einer mehr oder minder oberflächlichen Suchaktion einfach bleiben. Sie beschließen, der Sache, die sich als Tötung herausstellen könnte, nicht weiter nachzugehen. Offenbar sind die Ermittler nicht einmal auf die Idee gekommen, dass man mit einer gynäkologischen Untersuchung der Frau leicht hätte herausfinden können, ob sie tatsächlich ein Kind im Bauch getragen hatte. War das Wissen über die Möglichkeiten der modernen Medizin noch nicht bis zu ihnen vorgedrungen? Doch weg von der hohen Wissenschaft – selbst mit dem Einfachsten ihres Handwerks müssen die Herrschaften damals auf Kriegsfuß gestanden haben. Oder wie war es zu erklären, dass die Suche im Haus keinen Erfolg brachte? Die Leiche des Babys jedenfalls hatte die ganze Zeit über in der Wohnung gelegen. Versteckt zwar, aber durchaus aufzufinden, wenn nur gründlich genug danach gesucht worden wäre.

Zumindest hatten die Polizisten sechs Jahre später, im Juni 1999, knapp eine Woche nachdem das dritte Kind durch Anja Kahligs Hand gestorben war, dazugelernt. Oder es waren andere. Auf jeden Fall gaben sich die Beamten mit deren zweifelhafter Auskunft über eine merkwürdige Krankheit diesmal nicht zufrieden. Sie luden die Verdächtige in einen Streifenwagen und chauffierten sie zur nächsten Frauenklinik. Dort stellten die Mediziner fest, was sie auch nach der ersten Tat schon hätten erkennen können: Anja Kahlig war schwanger gewesen und hatte erst wenige Tage zuvor ein Kind zur Welt gebracht.

Bei einer solchen Diagnose konnten sich die Ermittler freilich nicht mehr zurückhalten. Sie nahmen die junge Frau fest und quetschten sie aus. Wenigstens versuchten sie es. Zunächst schien es eine zähe Vernehmung zu werden. Irgendwann aber muss dann doch der Knoten geplatzt sein: *Ich zeig Ihnen, wo's liegt*, sagte sie da.

Die Wohnung war nicht besonders aufgeräumt, als die Ermittler dort mit ihr erschienen. Auf dem Dachboden oder im Keller hätten sie eine Leiche vermutet, vielleicht auch vergraben im Garten. Sie hatten auch davon gehört, dass getötete Kinder in anderen Fällen von der Mutter in eine Mülltonne geworfen wurden oder in die Schonung eines verlassenen Waldstücks. All diese Möglichkeiten werden sie in Betracht gezogen haben. Sie alle stellten sich jedoch als falsch heraus. Anja Kahlig hatte sich kein raffiniertes Versteck ausgedacht, sie hatte sich auch nicht darum gekümmert, die Leiche wirklich verschwinden zu lassen. Vielleicht ein bisschen, aber nicht richtig. Nicht wie ein ausgebuffter Verbrecher, der alles daransetzt, Spuren zu verwischen, um nicht gefasst zu werden, der sich einen Plan zurechtlegt und diesen Schritt für Schritt in die Tat umsetzt. So clever war sie nicht gewesen. Psychologen werden später zu ergründen versuchen, warum sie all das nicht tat, warum sie die Leichen der Babys ganz in ihrer Nähe aufbewahrte, auch dann noch, als sie mit Sack und Pack in eine andere Wohnung zog. Da die Mutter sich selbst nie dazu äußerte, blieb es bei Vermutungen, wissenschaftlichen Deutungen, denen jedoch keinerlei empirische Erkenntnisse zu Grunde liegen konnten, da es einen solchen Fall nie zuvor in Deutschland gegeben hatte.

Anja Kahlig führte die Beamten als Erstes in die Küche. Dort steuerte sie zielgerichtet die Tiefkühltruhe an, die in einer Ecke stand, so unscheinbar, dass sie leicht zu übersehen war. Zumal sie den Deckel als Abstellfläche für ein paar elektrische Küchengeräte genutzt hatte. Diese nahm sie nun beiseite, um den Gefrierschrank öffnen und in sein Inneres langen zu können. Oben lag eine angebrochene Packung Toastbrot, daneben drei Becher mit Eiskrem, Familienpackungen zu je 500 Gramm. Darunter gelangte sie an eine größere Plastiktüte mit der Aufschrift des Supermarktes *Netto Markendiscount*. Sie griff sie und überreichte sie einem der Polizisten. Gab sie ihm einfach, ohne eine Regung zu zeigen. Der ahnte ziemlich schnell, was er in den Händen hielt. Tatsächlich handelte es sich um die Leiche eines neugeborenen Kindes, des letzten, das sie umgebracht hatte.

Sicher ist ein solcher Moment auch für die Ermittler von größter psychischer Belastung, das soll nicht unterschätzt sein. Auch geprägt von Fassungslosigkeit und Widerwillen. Soviel sie bisher gehört und erlebt hatten, all ihre Erfahrungen – sie wurden jetzt um eine neue erweitert, die sie vielleicht nicht für realistisch gehalten hätten, wenn sie ihnen nicht selbst widerfahren wäre. Möglicherweise hat sie das so stark beeinträchtigt, dass sie nun auch in dieser Situation ihren Job nicht mit der nötigen Sorgfalt erledigten. Sie begnügten sich mit der einen Tüte, denn die betraf ihren Fall, den sie zu klären hatten. Damit lag in ihren Händen, was sie gesucht hatten, was sie brauchten. Es war der letzte Beweis, der sicherste, der unwiderlegbare. Sie wussten, dass er ausreichen würde, um die Mutter für Jahre ins Gefängnis zu bringen. Kam ihnen deshalb nicht in den Sinn, auch noch die restlichen Dinge aus der Kühltruhe zu räumen? Nur so, um der Sorgfalt Genüge zu tun.

Auch das sagt etwas darüber aus, wie schludrig manchmal ermittelt wird und wie leicht es deshalb sein kann, eine Leiche zu verbergen. Es vergingen erst noch einige Stunden, ehe die Beamten noch einmal in die Wohnung einrückten, um ihre Hausaufgaben vollständig zu erledigen. Das wäre für Anja Kahligs Mann durchaus genug Zeit gewesen, um seiner Frau zur Hilfe zu eilen. Es hätte ihm kaum Mühe bereitet, einige der anderen Plastiktüten aus der Wohnung verschwinden zu lassen. Falls er überhaupt von ihrer Existenz gewusst hatte. Er tat es nicht. Nur diesem Umstand war es zu verdanken, dass die Polizisten, als sie zum zweiten Mal kamen, zur kriminalistischen Nachschau, in dem Kühlgerät noch zwei Tüten mit der gleichen Supermarkt-Aufschrift fanden. Sie sahen so aus wie die erste. Die zusammengepressten Körper der Säuglinge waren als solche kaum zu erkennen, dass sich hinter der bedruckten Plastikhülle gefrorenes Blut befand, schon.

Die Angeklagte ist schuldig des Totschlags in drei Fällen, erkannte der Richter.

Die Angeklagte wird deswegen zu einer Gesamtfreiheitsstrafe von dreizehn Jahren und sechs Monaten verurteilt.

Die Angeklagte hat die Kosten des Verfahrens zu tragen.

Alle anderen Beteiligten, auch die, die die zwei letzten Tötungen erst ermöglichten, weil sie nach der ersten in ihrer Arbeit versagten, blieben bis heute unbehelligt. Werden auch deshalb Morde und andere Tötungsdelikte viel zu oft nicht entdeckt? Weil Ermittler wissen, dass sie in solchen Dingen schlampig arbeiten können, ohne dafür belangt zu werden!

Man möchte es fast glauben. Denn Fälle schlaffer Ermittlungsarbeit sind nicht selten. Nicht immer ist es die Polizei, die nicht tut, was zu tun wäre. Auch in den Behörden, bei den Jugend- und Sozialämtern, werden wichtige Hinweise nicht beachtet oder in den Akten einfach verschwinden gelassen, sodass sie in Vergessenheit geraten. Wenn ein junges Mädchen von einem wohlhabenden Ehepaar adoptiert wird, sich später aber herausstellt, dass es den überzogenen Wünschen der Stiefeltern nicht entspricht und deswegen erst geschlagen und dann verstoßen wird, wenn so ein Mädchen sich mit vierzehn Jahren eine Überdosis Heroin in die Venen spritzt und stirbt – wer ist dann daran schuld? Wer, wenn das zuständige Amt –

wie in einer großen nordrhein-westfälischen Stadt geschehen – von diesen psychischen und physischen Misshandlungen wusste, weil die Betroffene dort mehrfach um Hilfe ersuchte, aber nichts unternahm? Und wem muss der Tod von zwei Babys angelastet werden, die von der alkoholkranken Mutter nicht mehr mit Nahrungsmitteln versorgt wurden, so lange, bis ihnen die Tapete an den Wänden kein Lebensmittelersatz mehr sein konnte und sie qualvoll verhungerten? Wem, wenn auch hier Jugendamt und Sozialbehörde informiert waren, wenn beiden Institutionen klar sein musste, das genau das zu erwarten war? Wenn die staatliche Betreuerin der Familie trotzdem alle Warnsignale übersah und seelenruhig in den Urlaub verreiste?

Sind nicht auch diese Fälle vertuschte Tötungen?

Zu dem Eindruck, dass Verbrechen an Kindern offenbar von Staats wegen nicht erkannt werden sollen, gelangen übrigens auch andere. Erfahrene Gerichtsmediziner wie Alfred Du Chesne zum Beispiel und seine Kollegen Thomas Bajanowski und Bernd Brinkmann. Und die müssen es eigentlich wissen. Die drei Wissenschaftler vom Institut für Rechtsmedizin der Universität Münster gingen dieser Vermutung in der Praxis nach. Innerhalb eines Projekts zur Erforschung des plötzlichen Kindstods untersuchten sie zwischen 1990 und 1995 insgesamt 337 verstorbene Säuglinge und Kleinkinder. Damit landeten in dieser Zeit zwischen siebzig und neunzig Prozent aller Toten dieses Alters auf ihren Seziertischen. Üblich ist sonst nicht einmal die Hälfte davon. Die zusätzliche Arbeit hat sich gelohnt. Neben den wissenschaftlichen Erkenntnissen, die sie gewannen, zeigte sich Verblüffendes: Unter den 337 Todesfällen befanden sich 274, bei denen im Vorfeld kein konkreter Verdacht auf ein Tötungsdelikt oder einen anderen nicht natürlichen Tod bestand. Immerhin acht Mal stießen sie unerwartet auf deutliche Spuren, die für einen Mord, Totschlag beziehungsweise für eine Körperverletzung mit Todesfolge sprachen. Jeder dreißigste zunächst unverdächtig aussehende Fall entpuppte sich als Tötungsdelikt. Dabei ist die Fehlerquote in diesem Fall nicht unbedingt den leichenschauenden Ärzten zuzuschreiben. Rechtsmediziner sprechen von *spurenarmen Tötungsdelikten an Kindern.* Soll heißen, dass zum Beispiel ein Schütteltrauma als Todesursache nicht unbedingt auf den ersten Blick zu erkennen sein muss. Ähnlich verhält es sich, wenn ein Baby mit einer weichen Bedeckung, einem Bettkissen, erstickt wird oder durch eine Giftgabe an Lungenentzündung stirbt. Die Leipziger Rechtsmediziner Reinhard Vock und Ingo Dilger fanden übrigens anhand von Studien heraus, dass ungefähr jede zweite Kindesmisshandlung mit Todesfolge unentdeckt bleibt.

Rechnet man das Ergebnis von Münster auf die Gesamtzahl der jährlich bundesweit zu verzeichnenden Todesopfer im Säuglings- und Kleinkindalter hoch, kommt man zu dem Ergebnis, dass pro Jahr etwa zwanzig Tötungsdelikte dieser Art nicht entdeckt werden. Dem kann eigentlich nur wirkungsvoll begegnet werden, wenn jede Kinderleiche obduziert wird. Das geht nicht, das wäre zu teuer!? Von wegen. Selbst in der ehemaligen DDR, in der die Mittel wirklich knapp bemessen waren, lag das im Bereich des Möglichen. Dort nämlich wurde jedes verstorbene Kind unter sechzehn von Gerichtsmedizinern oder Pathologen seziert. Aber genau das lehnt der Gesetzgeber aus unerfindlichen Gründen ab. Deutlicher kann man ein Desinteresse nicht zum Ausdruck bringen.

Die Folge wird sein, dass Tötungsdelikte an den Jüngsten, an den Hilf- und Schutzlosesten in der Gesellschaft, auch in Zukunft kaum oder nur per Zufall entdeckt werden.

Ein Fall aus einer Stadt im Harz macht die Misere noch deutlicher, zeigt auf, dass nicht nur Polizisten, Ärzte und

Staatsanwälte daran schuld sind, dass Morde, so grausam sie auch sind, unentdeckt bleiben:

Auf den ersten Blick war es ein ganz normales junges Paar, das da im Mai 1971 auf dem Standesamt erschien, um den Bund fürs Leben zu schließen. Er, Werner Fitzen*, war einundzwanzig Jahre alt und arbeitete als Heizer. Sie, Margot*, gerade achtzehn, hatte noch keinen Beruf erlernt. Weil es ihr aber Freude bereitete, ging sie kellnern. Sie mochte Gaststätten, so wie sie gesellige Abende liebte, Tanzen und Alkohol dazu. Noch im gleichen Jahr stellte sich bei der jungen Familie Nachwuchs ein, ein properer Junge. Was die Eltern nicht davon abhielt, ihr Leben wie bisher weiterzuführen. Sie genossen ihre Liebe und den Sex noch mehr. Nur mit der Verhütung klappte es nicht so recht. In den folgenden elf Jahren kamen noch vier Kinder zur Welt, alle waren sie Söhne.

Dann kam irgendwann der Punkt, an dem das Leben von Margot und Werner Fitzen aus dem Ruder lief. Sie verliebte sich in andere Männer oder glaubte zumindest, dass es solche Gefühle waren, die sie in deren Betten trieb. Sogar als ihr Gatte davon erfuhr, dachte sie nicht einmal daran, auf ihren Spaß zu verzichten. Kam hinzu, dass sie gleichzeitig beim Alkohol nicht mehr Maß hielt, ihm regelrecht verfiel. Ein Teufelskreis begann. Denn ihren Job wurde sie auch bald los. Eine schwankende Kellnerin machte sich nicht gut, ihr wurde gekündigt. Zu Hause war niemand, der sie in die Schranken wies. Und auch keiner, der professionelle Hilfe organisierte. Stattdessen verwahrlosten die Kinder. Der Ehemann sah bei allem hilflos zu. Er erkannte seine oberste Pflicht darin, den Lebensunterhalt für seine Familie zu verdienen. Für eine Familie, die keine mehr war. Wenn seine Frau schon versagte, musste wenigstens auf ihn Verlass sein, dachte er. Er ging nicht nur abwechselnd in vier Schichten arbeiten, er kümmerte sich zu Hause auch um den Haushalt, bügelte die Wäsche, bereitete die Mahlzeiten zu und versuchte, die Kinder zu versorgen, so gut es eben ging. Wir wissen nicht, warum er diesen Zustand ertrug. Vielleicht, weil er seine Frau trotz allem noch liebte und deshalb zu ihr hielt und alles verzieh und ihr am Ende wie ein Schoßhund gehorchte. Es ist aber auch möglich, dass er in dieser Zeit selbst den Boden unter den Füßen verlor und einfach keine Kraft besaß, sich dagegen aufzubäumen. Also fragte er nicht lange, wenn sie ihm etwas auftrug – er erledigte es einfach. Aber kann das erklären, was sich zwischen Juli 1984 und Dezember 1988 in der Wohnung der Familie zutrug?

Ende 1983, ein Jahr nach der Geburt des fünften Sohnes, wurde Margot Fitzen wieder schwanger. *Ich habe mich geschämt, so viele Kinder zu haben*, wird sie später in einem Zeitungsinterview zu erläutern versuchen, was sie offenbar von dem Zeitpunkt an plante, als sie von ihrer mittlerweile sechsten Schwangerschaft erfuhr. *Die Leute redeten schlecht über uns, tuschelten: Die hecken ja wie Kaninchen.* Was sie sich ausdachte, war nicht sonderlich kompliziert. Es umzusetzen jedoch nur in einer Familie wie ihrer möglich.

Zunächst verschwieg sie allen, dass wieder ein Kind unterwegs war. Nicht einmal einem Arzt vertraute sie sich an und auch nicht ihrem Mann. Der erfuhr erst wenige Tage vor der Geburt davon. Auch das ist schwer vorstellbar, aber jetzt als gegeben hinzunehmen. Am Abend dieses Tages saßen sie lange beisammen und als sie danach schlafen gingen, waren sie sich einig, dass sie nicht ins Krankenhaus fahren würden, wenn es denn so weit war.

In einer Nacht im Juli, an das genaue Datum erinnerten sie sich später nicht mehr, setzten die Wehen ein. Noch ehe der Morgen graute, gebar Margot Fitzen einen Sohn im Ehebett. Ihr Mann leistete Geburtshilfe, um dem Säugling noch in derselben Stunde das Leben zu nehmen. Dafür hatte er sich Zellstoff bereit gelegt, den er dem Kind so in den Mund stopfte, dass es nicht mehr Luft holen konnte. Er wickelte den sterbenden Säugling in eine Decke und versteckte ihn im Wäschekorb. Drei Tage später, das Neugeborene war inzwischen verhungert und erstickt, packte er die kleine Leiche wie ein Stück Abfall in einen Papiersack und nahm ihn mit zur Arbeit. Dort warf er das Paket in einen großen Ofen, den er zu beheizen hatte. Der perfekte Mord – er war so einfach. Es gab keine Zeugen, keine Spuren und nun auch die Leiche nicht mehr.

Obwohl die Familie in einem Mehrfamilienhaus wohnte und die Nachbarn aufmerksam genug waren, die Schwangerschaften zu bemerken, wiederholten sich die Hausgeburten bei den Fitzens in den folgenden vier Jahren noch vier Mal, ohne dass die Leute von nebenan jemals eines der Babys zu Gesicht bekamen. Die Frau sei ja ständig schwanger gegangen, berichtete eine Nachbarin später der Polizei, aber sie habe angenommen, dass sie die Kinder immer gleich zur Adoption freigegeben hätte. Nun sind Nachbarn nicht unbedingt für das rechtmäßige Verhalten ihrer Mitmenschen verantwortlich und schon gar nicht dafür, was diese in ihren eigenen vier Wänden tun. Trotzdem gab es Menschen im Umfeld der Familie, die zumindest hätten stutzig werden müssen.

Da die Fitzens mit fünf Kindern lebten und zu den sozialen Problemfällen in ihrer Stadt zählten, hatte ihnen die zuständige Jugendhilfe einen Betreuer zugewiesen. Dieser erschien auch fast jede Woche in der Wohnung der Familie, um nach dem Rechten zu sehen. Doch offenbar litt der betreffende Mitarbeiter unter erheblicher Sehschwäche. Denn wenngleich ihm die Unordnung in der Wohnung nicht entgangen war, auch nicht, dass die Mutter so manches Mal nach Alkohol roch, so hatte er doch stets übersehen, dass sie schwanger war. Wenn ihm ihr ungewöhnlich korpulenter Körper doch einmal aufgefallen war und er sie darauf ansprach, so begnügte er sich mit ihrer fadenscheinigen Antwort. Nicht, dass sie sich eine überzeugende Ausrede einfallen ließ, sie stritt es einfach ab, schwanger zu sein. Und so konnten Margot und Werner Fitzen noch vier Mal in ihrem Schlafzimmer ungestört ein Kind zur Welt bringen, auf dieselbe Weise wie das erste ersticken – und beseitigen …

Erst die Menschenkenntnis und Aufmerksamkeit der Chefin einer Putzkolonne, in der Margot Fitzen 1988 einen Job übernommen hatte, sorgten schließlich dafür, dass dem Töten in der Familie ein Ende gesetzt wurde. Ihr war die Schwangerschaft nicht entgangen. Als der Bauch ihrer Angestellten Mitte Dezember 1988 plötzlich wieder dünner, aber kein Kind zur Welt gekommen war, schickte sie diese zum Betriebsarzt. Dem konnte Margot Fitzen nun nichts mehr vormachen. Er überwies sie in ein Krankenhaus, wo eine Ausschabung vorgenommen wurde. Kaum dass sie aus der Betäubung erwacht war, traten zwei Polizeibeamte an ihr Krankenbett. Kurz nach dem Jahreswechsel wurden Margot und Werner Fitzen verhaftet. Ihre Kinder kamen in Pflegefamilien unter.

Ein gutes Jahr später fand der Prozess gegen das Ehepaar statt. Der Richter verurteilte Margot Fitzen und ihren Mann wegen mehrfachen Mordes zu jeweils fünfzehn Jahren Gefängnis. Da sich beide als vorbildliche Häftlinge auswiesen und sich weiter nichts zu schulden kommen ließen, durften sie die Justizvollzugsanstalt inzwischen auf Bewährung verlassen. Nachdem sie sich während ihrer Haftzeit zunächst scheiden ließen, dann – noch hinter den Gefängnismauern – aber doch wieder heirateten, leben sie auch jetzt in Freiheit weiter zusammen. Zu ihren ersten fünf Kindern besteht kein Kontakt. Sie wissen nicht einmal, wo sie abgeblieben sind.

Die Krankenschwester

DDR und Stasi – ein Sonderfall

Ich bin der schlechteste Mensch der Welt. Wird man mich aufhängen? Köpfen?

Vielleicht verbrennen?

Ich muss krank sein, allgemein gefährlich!

O Gott, ich glaub, ich kann mir selbst nicht mehr helfen – ich rutsche immer tiefer hinab, und es ist noch lange kein Grund in Sicht.

Ich – ein Mörder?

Was war bloß in die junge Frau gefahren? Was schrieb sie da in ihr Tagebuch? War es nur ein böser Traum, der sie quälte und den sie loswerden, aus ihren Gedanken vertreiben wollte, indem sie ihn aufschrieb? Das hatte ihr eine Psychologin geraten. Sie solle sich ein Tagebuch anlegen, hatte sie gesagt, und sich befreien, einfach herausschreiben, was in ihrem Kopf rumorte. War es an diesem Abend, dem sechsten Oktober 1985, mal wieder so weit?

Eine anstrengende Schicht lag hinter ihr. Die Spätschicht war immer anstrengend. Aber daran hatte sich Bärbel Kortz* eigentlich gewöhnt. Die Neunzehnjährige arbeitete nicht erst seit gestern als Krankenschwester. Und im Krankenhaus war immer was los, genug zu tun. Das fand sie auch gut so. Sie jammerte nicht. Sie hatte sich diesen Beruf ausgesucht. Ganz bewusst. Ihre Wahl war keine Notlösung. Die hatte sie auch gar nicht nötig gehabt. Sie hatte die Schule mit einer glatten Eins abgeschlossen. Ihre Eltern waren stolz auf sie.

Bärbel Kortz arbeitete in der Städtischen Frauenklinik einer sächsischen Großstadt. Auf der Kinderstation, im Intensivzimmer meist da, wo die Neugeborenen versorgt wurden, deren Zustand die Ärzte als kritisch einschätzten. Nur kritisch, nicht lebensbedrohlich, denn diese Fälle wurden sofort in die Kinderklinik gebracht. Die junge Frau hatte eine Ausbildung als Säuglings- und Kinderkrankenschwester absolviert. Durch Fleiß war sie aufgefallen und Einsatzbereitschaft während der vorgeschriebenen Praktika auf verschiedenen Kinderstationen. Auch in der Frauenklinik gab es keine Klagen, ihre Vorgesetzen waren zufrieden mit ihr. *Mit den Neugeborenen pflegte sie einen liebevollen Umgang*, schrieben sie ihr ins Zeugnis. *Im dritten Studienjahr konnte sie schon in den Überwachungsraum eingeführt werden. Alle Anweisungen erfüllte sie exakt und gewissenhaft*. Nach der Ausbildung steigerte sie sich noch: *Ihre schnelle, zu dieser Zeit überdurchschnittlich gute Arbeit, die sie mit großem Verantwortungsbewusstsein durchführte, wurde von der Betriebsleitung mit einer Sofortprämie honoriert …*

Und nun das. Dieser Eintrag in ihrem Tagebuch. Es muss gegen dreiundzwanzig Uhr gewesen sein, als sie den Stift beiseite legte. Sie hatte von Mord geschrieben. Aber wen sollte sie, gutherzig und zierlich, wie sie war, schon umgebracht haben? Sie sprach mit niemandem darüber. Richtige Freunde hatte sie nicht, dafür lebte sie zu verschlossen. Sie ließ keinen wirklich an sich heran, als bräuchte sie im Leben wie beim Autofahren einen Sicherheitsabstand. Und Termine bei der Psychologin nahm sie schon lange nicht mehr wahr. Die Niederschrift blieb ihr Geheimnis. Noch sieben Monate lang.

In der Zwischenzeit starben vier Menschen, ehe sie richtig Mensch werden konnten.

Am siebzehnten April 1986 wurde ein Brief an den damaligen Vorsitzenden des Ministerrates der DDR, Willi Stoph, verfasst:

Sehr geehrter Genosse Vorsitzender!

Ich erachte es für notwendig, Sie davon in Kenntnis zu setzen, dass seit Anfang April des Jahres bei Neugeborenen in der Städtischen Frauenklinik ... auffällige Erscheinungen der Nahrungsverweigerung und mit Sicherheit bei einem Neugeborenen akute Herz-Rhythmusstörungen festgestellt wurden.

Die Nahrungsverweigerung wurde, wie inzwischen einwandfrei nachgewiesen werden konnte, durch einen außerordentlich hohen Kochsalzgehalt der von Spenderinnen stammenden verabreichten Muttermilch hervorgerufen. Die schweren Herz-Rhythmusstörungen sind durch eine verabreichte Überdosis des Herzpräparates Digitoxin offenkundig verursacht worden.

Es besteht der dringende Verdacht, dass sowohl der nachweislich hohe Kochsalzgehalt in der Muttermilch als auch die Überdosis einer durch den Gesundheitszustand des Säuglings nicht indizierten Gabe von Digitoxin auf eine Fremdeinwirkung zurückgeführt werden muss.

Die zuständigen territorialen Organe haben mit der Überprüfung dieser Vorkommnisse begonnen ...

Mit sozialistischem Gruß

...

Genosse Stoph war nicht der Erste, der über die Auffälligkeiten in der Klinik informiert wurde. Auch Erich Mielke, gefürchteter Chef des Ministeriums für Staatssicherheit (MfS), erfuhr davon. Denn nicht die Kriminalpolizei führte vor Ort die Ermittlungen. Bei dem, was da geschehen war, handelte es sich eindeutig um ein Politikum. Für die hohen Herren war es kein Kriminalfall, sondern ein Anschlag auf das sozialistische System. In solchen Fällen mussten die Mielke-Schnüffler ran. Aber das ist nur ein – im Nachhinein – amüsanter Nebenaspekt, der jedoch zu kaum Vorstellbarem führte. Doch darüber wird später zu berichten sein. Zunächst ging es darum, dem Verursacher der Nahrungsmittelvergiftungen auf die Schliche zu kommen.

Dieser Brief, der sich später in den geheimen Stasi-Akten wieder fand, zeigte eines deutlich: Nicht der Tod eines der Säuglinge war es, der die Ermittler auf den Plan rief. Zumindest drei von ihnen waren gestorben, ohne dass jemand in der Klinik Verdacht schöpfte, sie könnten durch einen Dritten ins Jenseits befördert worden sein. Dabei versagten nicht nur die leichenschauenden Ärzte, sondern auch Gerichtsmediziner. Denn in der DDR war es üblich und gesetzlich vorgeschrieben – wovon bundesdeutsche Rechtsmediziner nur träumen können –, dass nicht nur Schwangere, Kreißende, Wöchnerinnen und Unbekannte, die gestorben waren, obduziert werden mussten, sondern auch Menschen, die vor ihrem Tod an einer meldepflichtigen Infektionskrankheit litten, an Berufskrankheiten, Geschwulsterkrankungen, an Folgen einer Schutzimpfung, auch Patienten mit transplantierten oder implantierten Organen oder Herzschrittmachern, Totgeborene und eben alle Kinder unter sechzehn Jahren. Doch was nützte das im vorliegenden Fall, wenn auf Blut- und andere toxikologische Untersuchungen verzichtet worden war? Nur dem Täter nützte es, er konnte ungehindert weitermachen. Und das ist durchaus auf die heutigen Gegebenheiten zu übertragen, in Ost und West: Gibt es keinen begründeten Anfangsverdacht mit äußeren Verletzungen, kann nur eine vollständige und sorgfältige Sektion ausschließen, dass ein Tötungsdelikt übersehen wird.

Aber was war in der ostdeutschen Frauenklinik geschehen? War der Tagebucheintrag der jungen Schwester doch nicht nur ein Hirngespinst, ein Ausdruck depressiver Verstimmung? Führte Bärbel Kortz heimlich ein Doppelleben?

So in etwa soll sie ihr Dasein beschrieben haben, als sie im späten Frühjahr 1986 verhaftet wurde. Sie sprach von einem äußeren und einem inneren Bild, wobei sich beide deutlich voneinander unterschieden, in ihrem Charakter kaum gegensätzlicher sein konnten. Da war auf der einen Seite die junge dynamische Frau, die von klein auf all dem gerecht wurde, was man von ihr verlangte. Sie war ihren Eltern ein unkompliziertes Kind, das ihnen mit den Leistungen, die es in der Schule erbrachte, Freude bereitete. Sie besaß eine gute Auffassungsgabe, verfügte über logisches Denkvermögen und zeichnete sich auch sonst durch Fleiß aus. Darin ließ sie auch nach der Schulzeit nicht nach. Sie absolvierte ein Studium an einer medizinischen Fachschule, wo sie zur Säuglings- und Kinderkrankenschwester ausgebildet wurde. Nach außen hin lief alles bestens.

In ihrem Inneren sah es dagegen ganz anders aus. Sie war schüchtern und in sich gekehrt. Nur unwillig ließ sie Menschen an sich heran. Selbst zu den Eltern und ihrer Schwester hielt sie distanzierten Kontakt. Sie sah sie nicht als Vertrauenspersonen. Und so kannte sie niemanden, mit dem sie über ihre Befindlichkeiten sprechen mochte. Auch eine Psychologin, die sie mit sechzehn aufsuchte, half ihr nicht weiter, nicht wirklich. Und so vertraute sie eigentlich nur ihrem Tagebuch an, was sie bewegte. Schon früh waren das auch Gedanken an eine Selbsttötung. Sie kehrten immer wieder zurück, all die Jahre lang. Wenngleich sie auch das nach außen nicht zeigte. Da strebte sie nach Anerkennung und Beachtung, pflegte oberflächliche Kontakte zu Mitschülerinnen und übernahm in ihrer Klasse sogar den Posten des FDJ-Sekretärs, der heute mit dem eines Klassensprechers vergleichbar ist.

Viel Zeit nahmen sich die Ermittlungsbehörden nicht, um das Wesen der jungen Frau zu ergründen. Ein paar Stunden mussten einem Facharzt für Neurologie und Psychiatrie genügen, um sich ein Bild von dem Untersuchungshäftling machen zu können. Soll auch das fachliche Vermögen des erfahrenen Mediziners keineswegs angezweifelt werden, so erscheint es dennoch unmöglich, innerhalb weniger Stunden dazu in der Lage zu sein. Trotzdem fühlte er sich berufen genug, nach einem einzigen Zusammentreffen die komplizierte Persönlichkeitsstruktur von Bärbel Kortz einschätzen zu können. Er attestierte ihr eine *schwer wiegend abnorme Entwicklung der Persönlichkeit* und beschrieb psychische Störungen in Form von *Kontakt- und Bindungsschwäche,* einer *Verschiebung der Wahrnehmung psychischer und sozialer Sachverhalte, anhaltend depressiven Verstimmungen,* einer *sexuellen Fehlentwicklung und permanenten Suizidwünschen.* Auch ein *subjektiv empfundenes sexuelles Erlebnis* ergründete er, womit er die Begegnung mit einem jungen Mann umschrieb, der sie im Alter von siebzehn oder achtzehn Jahren gewaltsam zum Geschlechtsverkehr gezwungen haben soll. Darin erkannte er das Schlüsselerlebnis, das sie zu den Taten getrieben haben soll. Seit diesem Tag habe sie Männer gehasst.

Warum sollte sie dann Kinder getötet haben?

An einem Tag im Herbst 1985 kam in der Städtischen Frauenklinik ein Junge zur Welt, für den die Eltern den Namen Sebastian* ausgewählt hatten. Bei der Geburt stellten sich geringfügige Komplikationen ein. Sie waren für den Neugeborenen nicht lebensbedrohlich. Trotzdem wurde der Junge in das so genannte Intensivzimmer gelegt und dort mit einer Dauertropfinfusion versorgt. Bärbel Kortz arbeitete an diesem Tag in der Spätschicht. Ihr Dienst ging von halb zwei nachmittags bis halb zehn abends. Sie war allein für die Betreuung der Kinder im Intensivzimmer zuständig. Dazu gehörte, die Infusionsgaben für die Säuglinge zu überwachen. Gegen zwanzig Uhr zwanzig war Sebastian an der Reihe. Seine Flasche mit der Nährlösung war durchgelaufen, die Krankenschwester zog eine neue Spritze auf. Dafür entnahm sie aus dem Medikamentenschrank nicht nur die notwendigen Utensilien, sondern auch eine Ampulle *Digitoxin.* Dieses Medikament wurde eingesetzt, wenn die Kleinen unter einer Herzschwäche litten. Richtig dosiert, stärkte es die Herzkraft. Zur Heilbehandlung Neugeborener wurde es tropfenweise verabreicht. Doch an diesem Abend hatte kein Arzt dieses Medikament verordnet.

Bärbel Kortz nahm trotzdem die kleine Ampulle und feilte deren Kopf ab. Anschließend griff sie nach einer Fünf-Milliliter-Spritze, zog den gesamten Inhalt auf, dazu noch vier Milliliter Glukose, und mischte es. Sie schaltete die Infusionsmaschine aus, entfernte den Schlauch von der Infusionsspritze und führte dort das *Digitoxin*-Glukose-Gemisch ein, das über eine Vene in den Körper des Kindes gelangte. Zuletzt stellte sie den Ausgangszustand wieder her. Es waren nur wenige zusätzliche Handgriffe vonnöten. Sie dauerten lediglich ein paar Minuten. Niemand bemerkte etwas. Eine halbe Stunde später entfaltete die Überdosis ihre Wirkung. Das Herz des Kindes schlug ungleichmäßig. Bärbel Kortz verständigte den Stationsarzt, blieb neben dem Kinderbett stehen und schwieg, während sich der Zustand des Kindes weiter verschlechterte. Die Dosis, die sie dem kleinen Sebastian verabreicht hatte, war jedoch nicht hoch genug. Er wurde noch in derselben Nacht in die Kinderklinik verlegt und dort intensivmedizinisch behandelt. Bärbel Kortz fuhr nach ihrer Schicht nach Hause und schrieb die eingangs zitierten Sätze in ihr Tagebuch. Mit dem Wort *Mörder* sollte sie jedoch falsch liegen, zunächst noch. Denn nach ungefähr zehn Tagen zeigte die Behandlung auf der Intensivstation Wirkung. Die Digitoxinvergiftung klang ab. Sebastian wurde gesund.

Die nächsten Kinder, die Bärbel Kortz auf die gleiche Weise mit dem Herzmittel vergiftete – sie verdoppelte die Dosis –, hatten nicht so viel Glück. Innerhalb weniger Wochen, zwischen Februar und April, starben drei. Zwei Jungen und ein Mädchen. Und jedes Mal sah die Krankenschwester seelenruhig zu, wenn das Gift zu wirken begann und die Neugeborenen hilflos Schmerzen litten. Ein Wort zum Arzt hätte genügt, um ihnen das Leiden zu ersparen. Mit einem schnellen Gegenmittel wäre ihnen womöglich zu helfen gewesen.

Doch Bärbel Kortz bestimmte den Tod für sie.

Niemand erfuhr die Wahrheit, keiner wurde misstrauisch. Erst als das vierte Baby im Sterben lag, schöpfte ein Arzt Verdacht. Er erkannte die Zeichen einer Digitoxinvergiftung, zu spät freilich, auch dieses Kind starb noch. Dass eine seiner zuverlässigsten Schwestern dafür verantwortlich sein könnte, schloss er aus.

Fast gleichzeitig waren in der Frauenklinik Ermittlungen angelaufen, da die Kinder auf der Station immer wieder die Nahrungsaufnahme verweigert hatten. Als man der Sache nachging, stellte man fest, dass jemand die Gefäße, in denen sich Muttermilch und Tee befanden, mit Kochsalz und einer bitter schmeckenden Chemikalie versetzt hatte.

Nach dem Tod des vierten Kindes überschlugen sich die Ereignisse. Bald stand fest, wer im Intensivzimmer Dienst geschoben hatte, als den Neugeborenen die *Digitoxin*-Gaben beigebracht worden sein mussten: Bärbel, die ach so vorbildliche Kinderkrankenschwester.

Als sie verhört wurde, lamentierte sie nicht lange herum. Sie gestand nicht nur, die Flüssigkeiten versalzen zu haben, sondern auch die letzte tödliche *Digitoxin*-Injektion. Die anderen Tötungen wären vermutlich gar nicht herausgekommen, wenn sie sie nicht in ihrem intimen Kummerkasten, dem Tagebuch, vermerkt hätte. Erst als die Ermittler das Beweisstück in den Händen hielten, redete sie sich ihre Schuld von der Seele. Sie wirkte wie befreit, als hätte sie lange auf diesen Moment gewartet. Vermutlich war es sogar an dem, denn sonst hätte sie kaum bis zuletzt Salz in die Getränke der Kinder geschüttet. Dieses Verhalten kennt man auch von Menschen, die an

Selbstmord denken, aber durch ein Alarmzeichen dafür sorgen wollen, dass sie rechtzeitig gerettet werden.

Nachsatz: Dieser außergewöhnliche Kriminalfall, der sich jederzeit auch im vereinten Deutschland wiederholen könnte, ist bis zum heutigen Tag nicht bekannt geworden. Darin allerdings liegt eine DDR-typische Besonderheit. Taten sich die greisen Herren der Ostberliner Regierung ohnehin schwer, zuzugeben, dass auch eine sozialistische Gesellschaftsordnung Menschen hervorbringt, die andere töten, so durfte es schon gar nicht sein, dass sich eine junge Frau gleich vier Mal in so schändlicher Weise an Kindern vergreift. Ein solches Verbrechen gefährdete die innere Sicherheit. Nicht nur der Klassenfeind durfte davon nichts erfahren, auch den rechtschaffenen Bürgern des Arbeiter-und-Bauern-Staates musste dieser Auswuchs an Unmenschlichkeit verheimlicht werden. In einem streng vertraulichen Schreiben formulierte es der Leiter der betreffenden Bezirksverwaltung der Staatssicherheit dann auch mit gewichtigen Worten: *Der Gerichtsprozess erfolgte … unter Ausschluss der Öffentlichkeit zur Verhinderung negativer Öffentlichkeitsauswirkungen und Schadensabwendung vom staatlichen Gesundheitswesen …* Versteht sich von selbst, dass Bärbel Kortz nicht in einem gewöhnlichen Gefängnis untergebracht worden war. Für eine Verbrecherin ihrer Kategorie war das MfS-Gefängnis vorgesehen.

Stasi-Boss Mielke persönlich hatte zuvor entschieden, dass alle Gesetzesvorschriften auszuhebeln sind, um ein Bekanntwerden der Serientötungen zu verhindern. Dafür wurde als Erstes ein Stasi-Arzt auf der betreffenden Station der Klinik eingesetzt. Die Ermittlungen unterlagen höchster Geheimhaltung. Nicht einmal die Betroffenen, die Eltern der getöteten Kinder, erfuhren offiziell davon. Meldeten Richter, Staatsanwalt und einige Ermittler in ersten Vorbesprechungen noch

Bedenken an, das DDR-Recht auf diese Art außer Kraft zu setzen, hatten sie sich schließlich den Befehlen aus Ostberlin zu fügen.

Die Hauptverhandlung fand vor geladenen Stasi-Mitarbeitern statt. Zeugen waren nicht zugelassen. Lediglich zwei Gutachter, ein eingeweihter Gerichtsmediziner und der Psychiater, der die Angeklagte während der Untersuchungshaft exploriert hatte, wurden vorgeladen. Auch der Rechtsanwalt, der Bärbel Kortz zu vertreten hatte, wurde zu Stillschweigen verdonnert. Obwohl er seit einigen Monaten Rentner ist, hält er sich bis heute daran. Vermutlich in der Hoffnung, dass niemand auf die Idee kommt, die Verfahrensbeteiligten von damals wegen Rechtsbeugung zu belangen.

Eigentlich hätte es keines Prozesses bedurft. Das Urteil stand ohnehin schon fest, bevor der Richter das Verfahren überhaupt eröffnete: Bärbel Kortz bekam lebenslänglich. Außerdem wurden ihr die staatsbürgerlichen Rechte aberkannt. Sie ist heute in einer psychiatrischen Klinik untergebracht.

Das ist die eine Seite des Falls. Die andere betrifft die Eltern: Entsprechend den Mielke-Weisungen wurden auch sie aus dem Ermittlungsverfahren herausgehalten. Nicht einmal informiert wurden sie, auch nicht darüber, dass eine junge Frau wegen Mordes an ihren Kindern verurteilt wurde. Geheime Stasi-Unterlagen belegen, dass die Mütter und Väter der getöteten Säuglinge stattdessen selbst eine Zeit lang wie Kriminelle von Horch-und-Guck-Beamten bespitzelt wurden.

Noch heute, fünfzehn Jahre danach, leben sie übrigens in dem Glauben, dass ihre Kinder an einer normalen Infektionskrankheit gestorben sind …

DAS RESÜMEE

Wohin die Praxis führen kann

Als wir die Druckfahnen dieses Buches zur Korrektur Anfang Dezember 2000 zugeschickt bekamen, befand sich die deutsche Medienwelt in Aufruhr. Die Geschehnisse in der sächsischen Kleinstadt Sebnitz erhitzten die Gemüter in einem nie da gewesenen Maße. Was war geschehen? Und was haben die Ereignisse mit dem Buch zu tun?

Sebnitz, der beschauliche und wenig einladende Ort mit 10 000 Einwohnern an der Grenze zu Tschechien, war innerhalb weniger Tage zu d e m Nachrichtenereignis Deutschlands, ja, ganz Europas geworden. Dafür gesorgt hatte eine Schlagzeile der *Bild*-Zeitung, die am 23. November titelte: *Neonazis ertränkten Kind*, und etwas kleiner darunter: *und eine ganze Stadt hat es totgeschwiegen.* Noch ehe die letzten Exemplare des Boulevardblattes verkauft waren, nahm der journalistische Supergau seinen Lauf. Wie feindliche Besatzer fielen Heerscharen von Redakteuren, Reportern, Berichterstattern, Kommentatoren und Moderatoren über die Provinz herein, im Schlepptau eine Armee von Fotografen, Kameraleuten, Kabelträgern und all den anderen, die notwendig sind, um Beiträge in die Redaktionen zu übermitteln und Sendungen von vor Ort aus dem Boden zu stampfen. Übertragungswagen aller deutschen und zahlreicher ausländischer Fernseh- und Radiostationen verstopften die engen Straßen der kleinen Gemeinde.

Sie alle glaubten die Story, die ihnen da von einer Familie hingeworfen wurde, die aus dem Westen nach Sebnitz gekommen war und sich dort nie richtig eingelebt hatte. Sie alle waren bereit, für bare Münze zu nehmen, was eigentlich nicht sein konnte. Selbst der Bundeskanzler persönlich schaltete sich ein, verlangte eine schnelle Klärung des Falls und empfing die Mutter zu einem Gespräch. Höher kann ein Thema hierzulande nicht angebunden sein.

Junge Leute, Neonazis, behauptete die Familie, die aus einer deutschen Frau, ihrem irakischen Ehemann und der fünfzehnjährigen Tochter besteht, hätten ihren Sohn Joseph umgebracht, damals im Schwimmbad, am 13. Juni 1997, ziemlich genau um fünfzehn Uhr.

Immer wieder behauptete das die Familie in den letzten Jahren, nur hatte es niemand so recht geglaubt. Und auch die zuständigen Ermittler ließen sich nicht einnehmen von dieser Meinung. Sie erledigten ihren Job. Und das – unabhängig von merkwürdigen Gerüchten und Beschuldigungen – ziemlich mies. Nachdem der sechsjährige Junge an dem heißen Junitag leblos aus dem Wasser des Spaßbades im Ort gezogen wurde, ließen sie vieles im Ungewissen vor sich hin dümpeln. Der Notarzt kritzelte *Ertrinken beim Spiel im Wasser* auf die Todesbescheinigung, eine Obduktion hielt er nicht für angebracht. Vier Tage später kommt es trotzdem dazu. Der Gerichtsmediziner erkennt: *Ein bloßes Tauchen oder «Tunken» durch fremde Personen ist ... weder beweisbar noch auszuschließen.* Insgesamt eine schwache Diagnose, die lediglich für einen Badeunfall spricht, den Ermittlern aber offenbar genügt. Weder wird von ihnen eine feingewebliche Untersuchung des Herzens gefordert noch eine toxikologisch-chemische Analyse angeordnet, um vielleicht eine körperfremde Substanz zu finden.

Noch stümperhafter gebärdete sich der Kriminaloberkommissar, der die Ermittlungen im Fall Joseph leitete, *ein Wald-und-Wiesen-Kriminalist von der Polizei Pirna*, wie die *Zeit* später befand, *der zwischenzeitlich wegen anderer Verstöße vom Dienst suspendiert wurde.* Er ging den Widersprüchen zahlreicher Zeugenaussagen nicht auf den Grund, ließ sich überhaupt Zeit, Zeugen zu suchen und zu befragen, und vergaß gleich ganz, Josephs Schwester, die ebenfalls am Unglückstag im Schwimmbad weilte, anzuhören. Obwohl die Staatsanwaltschaft wenigstens einmal Nachermittlungen von der Kriminalpolizei forderte, sind auch ihr Versäumnisse vorzuwerfen. Erst gab sie sich mit einer halbherzigen Obduktion zufrieden, später dann weigerte sie sich, die ergebnislos abgebrochenen Ermittlungen wieder aufzunehmen, als ein erfahrener Rechtsmediziner neue Verdachtsmomente fand. Josephs Eltern hatten den Experten aus Gießen privat beauftragt, nachdem sie eine Exhumierung der Leiche ihres Sohnes durchsetzen konnten. Sie hatten seit dem Tod des Jungen nicht lockergelassen, weil sie an eine rechtsradikale Verschwörung glauben und davon überzeugt sind, dass Joseph, das Kind eines Irakers, in dem Schwimmbad von Neonazis betäubt und ertränkt wurde. Deshalb auch unternahmen sie eigene Nachforschungen, *verhörten* Kinder und Nachbarn, fertigten Videomitschnitte davon an, ließen sich eidesstattliche Versicherungen unterzeichnen. Bei ihrer Suche nach der Wahrheit sollen sie dem einen oder anderen sogar Geld zugesteckt haben.

Das aber kam erst später heraus. Eine Woche nach dem anfänglichen Medienhype wendete sich das Blatt. Josephs Mutter geriet selbst in die Kritik und wurde beschuldigt, Belastungszeugen gekauft zu haben. Schließlich richteten sich die Ermittlungen sogar gegen sie.

In Sebnitz ist seitdem nichts mehr, wie es war. Und auch die öffentliche Meinung im ganzen Land ist gespalten. Handelt es sich nun um die Verunglimpfung von Ausländern oder darum, kahlköpfige Jugendliche bloßzustellen, die in aller Öffentlichkeit den Arm zum Hitlergruß recken? Geht es überhaupt noch um den Tod des kleinen Jungen oder nur noch um die Verfolgungsphantasien einer leidenden Mutter?

Das Rätsel wird so schnell nicht gelöst werden. Genauso wenig, wie die wahren Hintergründe des Todes im Schwimmbad jetzt noch festzustellen sein dürften. Unter Umständen wird das nach alldem überhaupt nicht mehr möglich sein. Obwohl es dringend erforderlich wäre, um endlich Klarheit zu schaffen, um den Menschen in Sebnitz ihre Ruhe zurückzugeben – und unserem Land Ansehen. Denn was sich in der sächsischen Stadt abspielte, hatte nicht mehr nur mit Ermittlungspannen der Polizei und der Trauer einer Familie zu tun. Hier ging es um mehr, um eine politische Dimension, wenn man so will, von Weltrang. Die Frage, die sich die anderen Regierungen stellen, ist nämlich nicht, wie dusselig die deutschen Ermittlungsbehörden sind, sondern was in einem Deutschland los ist, in dem nicht einmal der Tod eines Jungen ordnungsgemäß aufgeklärt werden kann.

Und das nur, weil Polizisten, Staatsanwälte und in gewisser Weise auch Rechtsmediziner so arbeiteten, dass Platz blieb für die wildesten Spekulationen, für Beschuldigungen, Beschimpfungen und Hass. Hätten sie ihre Aufgaben ordentlich erledigt, wäre es niemals so weit gekommen.

Noch etwas anderes verdeutlicht der jüngste Fall, die Brisanz des Themas nämlich. Er zeigt, wozu mangelnde Qualifikation und Schlamperei führen können: Aus einem unauffälligen Einzelfall in der unbeachteten Provinz kann ein Politikum von nationaler Bedeutung erwachsen. Bleibt zu hoffen, dass diejenigen, die auf höchster Ebene über Intensität und Mittel und die zukünftige Qualität der Todesermittlungen zu entscheiden haben, endlich entsprechend handeln.

Nachtrag

Am 10. Oktober 2000 nahm sich Professor Reinhard Vock das Leben. Der Zweiundfünfzigjährige arbeitete über fünfundzwanzig Jahre als Pathologe und Gerichtsmediziner, unter anderem in Amberg, Erlangen und Würzburg. Zuletzt leitete er das Rechtsmedizinische Institut der Universität Leipzig. Er gehörte zweifellos zu den Erfahrensten auf seinem Gebiet. Sein Beruf war für ihn Berufung. Er fühlte sich stets der Wahrheit verpflichtet.

Als der studierte Mediziner sieben Tage nach seinem Freitod beerdigt wurde, sagte einer seiner engsten Mitarbeiter: *Wir hatten niemals einen besseren Chef*. Was er damit meinte? Obwohl er in einem Arbeitsbereich tätig war, der nicht nur fachlich alles abverlangt, sondern einem täglich auch das Vordringen in menschliche Grenzbereiche abnötigt, war Reinhard Vock ein verständnisvoller Vorgesetzter geblieben – und ein liebenswerter Mensch.

Das haben auch wir zu spüren bekommen, die wir während unserer Recherchen für dieses Buch bei ihm jegliche Unterstützung fanden. Dafür haben wir uns nicht mehr bedanken können. Wir hätten ihm gern eines der fertigen Exemplare überreicht. Weil das Erscheinen des Buches auch in seinem Sinne gewesen wäre.

Die Leiche von Reinhard Vock wurde gegen einundzwanzig Uhr in einem Badezimmer gegenüber seinem Büro in der Gerichtsmedizin gefunden. Der Professor hatte sich an einem Hosengürtel erhängt. Das Motiv seiner Tat wird im Persönlichen vermutet. In einem Abschiedsbrief soll er seine Gründe mitgeteilt haben.

Dank

Dieses Buch wäre nicht zustande gekommen ohne die Hilfe zahlreicher Personen, die uns bei der Arbeit angeregt und beraten haben, die uneigennützig ihr Wissen und ihre Kenntnisse weitergaben, die uns Einblick gewährten in Vorgänge, die für die meisten Menschen im Verborgenen bleiben, die uns die Türen ihrer Studierzimmer öffneten, Studien, Ermittlungsakten und zahlreiche Fachaufsätze zur Verfügung stellten, und die uns schließlich die schwierige Arbeit in Leichenkellern erleben ließen, um aus erster Hand berichten und urteilen zu können.

Der Namen zu nennen gäbe es viele. Rechtsmediziner, Polizisten, Kriminalisten, niedergelassene Ärzte, Rechtsanwälte, Richter, Staatsanwälte, Mitarbeiter verschiedener Behörden und Krankenhäuser und Bestatter. Diejenigen davon, die ihren Namen offen nennen konnten und wollten, sind im Buch auch erwähnt. Dank gilt vor allem aber auch denjenigen, die als namenlose Informanten zum Gelingen der Arbeit beitrugen, Fachleuten wie Hinterbliebenen von Opfern. Wir sind sicher: Auch die nicht Genannten wissen um ihre Verdienste für den vorliegenden Text.

Schließlich soll auch Bernd Gottwald gedankt sein, dem Lektor, der uns bereits bei unserem zweiten Projekt betreute. Von ihm stammt die Einladung zu diesem Buch. Er leitete uns und zeigte Verständnis, wenn es Schwierigkeiten gab. Dank ihm auch für seine Großzügigkeit, was die leidigen Termine betrifft.

Literatur

Bauer, Georg u. a.: *Gerichtsmedizin.* München, Wien 1991

Biereth, Dieter: *Verkennung gewaltsamer Todesursachen bei der Leichenschau.* Der Kriminalist 10, 1998

Brinkmann, Bernd u. a.: *Fehlleistungen bei der Leichenschau in der Bundesrepublik Deutschland.* Archiv für Kriminologie 199, Heft 1–4, 1997

Brinkmann, Bernd u. a.: *Die Kremationsleichenschau – formaler Akt ohne Effizienz?* Archiv für Kriminologie 201, 1997

Brinkmann, Bernd; Püschel, Klaus: *Definition natürlicher, unnatürlicher, unklarer Tod. Todesursachenklärung. Derzeitige Praxis.* Medizinrecht 9, 1991

Brinkmann, Bernd; Du Chesne, Alfred: *Die Misere der ärztlichen Leichenschau in der Bundesrepublik Deutschland.* Medizinische Welt 44, 1993

Du Chesne, Alfred u. a.: *Spurenarme Tötungsdelikte an Kindern.* Archiv für Kriminologie 198, 1996

Duden: *Das Wörterbuch medizinischer Fachausdrücke*, 1998

Dürwald, Wolfgang: *Ermittler in Weiß. Tote sagen aus.* Leipzig 2000

Dürwald, Wolfgang: *Gerichtliche Medizin.* Leipzig 1986

Dürwald, Wolfgang: *Tötungsdelikte in Krankenhäusern.* Versicherungsmedizin 45, 1993

Fischer-Homberger, Esther: *Medizin vor Gericht. Gerichtsmedizin von der Renaissance bis zur Aufklärung.* Göttingen 1989

Fricke, Torsten: *Unerwartete und unklare Todesfälle – Forensische Differentialdiagnose.* Aachen 1995

Friedrichsen, Gisela: *Ich zeig Ihnen, wo's liegt.* Der Spiegel 11/2000

Gibiec, Christiane: *Tatort Krankenhaus. Der Fall Manuela Röder.* Berlin 1990

Hamperl, Herwig: *Leichenöffnung Befund und Diagnose. Eine Einführung in den pathologisch-anatomischen Seziersaal und Demonstrationskurs.* Berlin, Göttingen, Heidelberg, New York 1964

Herber, Friedrich: *Sezierte Wahrheit.* Leipzig 2000

Höpker, Wilhelm-Wolfgang; Wagner, Stephan: *Die klinische Obduktion.* Deutsches Ärzteblatt, 19. Juni 1998

Koischwitz, Christine u. a.: *Detektive am Seziertisch* und *Verordnete Vertuschung.* Der Spiegel 37/2000

Leopold, Dieter; Hunger, Horst; Hrsg.: *Die ärztliche Leichenschau. Praktische Hinweise und Analysen.* Leipzig 1979

Ludwig, Udo u. a.: *Exitus durch Vernachlässigung.* Der Spiegel 2/1999

Madea, Burkhard, Hrsg.: *Die Ärztliche Leichenschau,* Berlin 1999

Maisch, Herbert: *Patiententötungen,* München 1997

Mätzler, Armin: *Todesermittlungen,* Heidelberg 1997

Maresch, Wolfgang: *Atlas der Gerichtsmedizin.* Stuttgart, New York 1988

Peschel, Oliver; Priemer, Fritz; Eisenmenger, Wolfgang: *Letzter Dienst am Menschen.* Münchener Medizinische Wochenschrift 1997 (Sonderdruck)

Polizeiliche Kriminalstatistik der Bundesrepublik Deutschland, Wiesbaden 1999

Prokop, Otto: *Forensische Medizin.* Berlin 1966

Schneider, Volkmar: *Die Leichenschau. Ein Leitfaden für Ärzte.* Stuttgart, New York 1987

Rückert, Sabine: *Tote haben keine Lobby.* Hamburg 2000

Rückert, Sabine: *Bitte wegschauen!* Die Zeit, 7. Januar 1999

Schneider, Kerstin u. a.: *Täter in Weiß.* Stern 35/2000

Spann, Wolfgang: *Kalte Chirurgie. Ein Leben zwischen Medizin und Recht.* Landsberg 1995

Strafprozeßordnung. C. H. Beck'sche Verlagsbuchhandlung, München 1995 (42. Aufl.)

Thorwald, Jürgen: *Die Stunde der Detektive.* Band I, II und III. München, Zürich 1976

Vock, Reinhard; Hofmann, Maria: *Verschleierte Tötungsdelikte.* Kriminalistik, 6–12/96 und 1–4/97

Vock, Reinhard u. a.: *Tödliche Kindesmisshandlung (durch physische Gewalteinwirkung) in der Bundesrepublik Deutschland im Zeitraum 1. 1. 1985 bis 2. 10. 1990.* Archiv für Kriminologie 203, 1999

Vock, Reinhard u. a.: *Tödliche Kindesvernachlässigung in der Bundesrepublik Deutschland im Zeitraum 1. 1. 1985 bis 2. 10. 1990.* Archiv für Kriminologie 204, 1999

Vock, Reinhard u. a.: *Tödliche Kindesmisshandlung (durch physische*

Gewalteinwirkung) in der DDR im Zeitraum 1. 1. 1985 bis 2. 10. 1990. Archiv für Kriminologie 204, 1999

Vock, Reinhard u. a.: *Tödliche Kindesvernachlässigung in der DDR im Zeitraum 1. 1. 1985 bis 2. 10. 1990.* Archiv für Kriminologie 205, 2000

Vock, Reinhard; Dilger, Ingo: *Das tödliche Schütteltrauma (von Säuglingen und Kleinkindern) in Deutschland.* Vortrag auf der 78. Jahrestagung der Gesellschaft für Rechtsmedizin, Frankfurt/M., 26.–29. 9. 1999

Wirth, Ingo; Strauch, Hansjürg: *Lehr- und Studienbriefe Kriminalistik 18. Todesermittlung I: Rechtliche, kriminalistische und rechtsmedizinische Grundlagen.* Hilden 1998

Wirth, Ingo; Strauch, Hansjürg: *Lehr- und Studienbriefe Kriminalistik 19. Todesermittlung II: Folgen verschiedener Arten von Gewaltanwendung auf den menschlichen Körper.* Hilden 1998

Wirth, Ingo: *Tote geben zu Protokoll. Berühmte Fälle der Gerichtsmedizin.* Augsburg 1999

Die Autoren

Fred Sellin, Jahrgang 1964, studierte nach dem Abitur Journalistik. Anschließend war er als Redakteur bei Tages- und Wochenzeitungen in Leipzig und Köln beschäftigt. Jetzt lebt er in Hamburg, arbeitet als freier Journalist und Autor.

Buchveröffentlichungen: *Fänger im Schatten* (Privatdetektive in Deutschland – Methoden und Machenschaften einer Branche), Bergisch Gladbach 1994; *Das Milchgesicht.* Wenn Kinder töten: Der Fall Marco F., Reinbek 1999 (2. Aufl.)

Klaus Weber, Jahrgang 1953. Der geborene Leipziger studierte Maschinenbau, arbeitete später nebenberuflich als Fotojournalist, ehe er komplett zum Journalismus wechselte. Zunächst als Redakteur bei Leipziger Tageszeitungen beschäftigt, arbeitet er seit zehn Jahren erfolgreich als Freiberufler für Zeitschriften und Fernsehsender.

Buchveröffentlichung: *Das Milchgesicht.* Wenn Kinder töten: Der Fall Marco F., Reinbek 1999 (2. Aufl.)